Sprachliche Bildung

LinguS 8

LINGUISTIK UND SCHULE

Von der Sprachtheorie zur Unterrichtspraxis

Herausgegeben von
Sandra Döring und Peter Gallmann

Elvira Topalović / Julia Settinieri

Sprachliche Bildung

narr\f
ranck
e\atte
mpto

Bibliografische Information der Deutschen Nationalbibliothek
Die Deutsche Nationalbibliothek verzeichnet diese Publikation in der Deutschen Nationalbibliografie; detaillierte bibliografische Daten sind im Internet über http://dnb.dnb.de abrufbar.

DOI: https://doi.org/10.24053/9783823392651

Dischingerweg 5 · D-72070 Tübingen

Internet: www.narr.de
eMail: info@narr.de

CPI books GmbH, Leck

ISSN 2566-8293
ISBN 978-3-8233-8265-2 (Print)
ISBN 978-3-8233-9265-1 (ePDF)
ISBN 978-3-8233-0495-1 (ePub)

MIX
Papier aus verantwortungsvollen Quellen
FSC
www.fsc.org
FSC® C083411

Inhalt

1 Einleitung

Die Frage, was genau **sprachliche Bildung** bedeutet, ist nicht leicht zu beantworten. In manchen Einführungen wird sprachliche Bildung von literarischer und medialer Bildung (im weiteren Sinne auch digitaler Bildung) unterschieden. Damit werden die Bereiche **Sprache**, **Literatur** und **Medien** – und die wissenschaftlichen Teildisziplinen Sprachdidaktik, Literaturdidaktik und Mediendidaktik – in ihrer Besonderheit gestärkt (vgl. Frederking/Krommer/Maiwald 2018). Ihre Schnittstellen treten zunächst in den Hintergrund. Zuweilen wird sprachliche Bildung auch mit dem Erwerb von **Bildungssprache** gleichgesetzt und beide – je nach wissenschaftlicher (Teil-)Disziplin oder Forschungsdiskurs – mit dem Erwerb konzeptioneller Schriftlichkeit, literater Sprachstrukturen, von **C**ognitive **A**cademic **L**anguage **P**roficiency (= CALP) oder sprachlich-kulturellem Kapital (→ 3). Allen gemeinsam ist, dass sie jeweils sprachliche Ausbauprozesse bzw. Sprachhandlungsfähigkeiten in den Blick nehmen, die in der Schule in besonderem Maße initiiert, begleitet und unterstützt werden sollen. Unabhängig von der gewählten Definition sind zwei Schlagwörter grundlegend: einerseits **Sprache** und damit ein für die Gattung Mensch spezifisches Kommunikationssystem, das Kinder in kulturellen Rahmungen erwerben, und andererseits **Bildung**, die in literalen Gesellschaften nicht nur in Familien, sondern auch institutionell in Bildungseinrichtungen erworben wird – von der Kita bis hin zu Berufskolleg oder Universität, letztlich jedoch ein Leben lang. Eine sowohl kultur- als auch – im aktuellen bildungspolitischen Diskurs – kompetenzorientierte Definition von Bildung bieten Kilian/Brouër/Lüttenberg (2016, XI) an:

> „Unter **Bildung** wird Konstruktion, Konstitution und Transfer kulturell geprägten Wissens und Könnens verstanden […]. Dabei umfasst die Begriffsbedeutung sowohl den Prozess als auch das Produkt dieser Wissensformung und -übergabe."

Was sprachliche Bildung an **sprachlich-kommunikativen Fähigkeiten** implizieren kann, wird über die sprachlichen Grundfertigkeiten deutlich:

1. (Zu)hören
2. Sprechen
3. Schreiben
4. Lesen

Erweitert um die Inklusionsperspektive könnten ergänzt werden:

5. Gebärden
6. Gebärden verstehen

Unterteilen kann man die sechs Grundfertigkeiten auch in a) rezeptive (verstehende) Sprachfähigkeiten und b) produktive (handelnde) Sprachfähigkeiten. Sie gelten für jede Sprache und finden sich auch in den **Bildungsstandards** von der Primarstufe bis zur Allgemeinen Hochschulreife. Die Fähigkeit zu bestimmten **Sprachhandlungen** brauchen Lernende im Unterricht aller Fächer. Hier kommen Sprachhandlungen vor wie: ERZÄHLEN, BESCHREIBEN, ERKLÄREN, ARGUMENTIEREN, ERÖRTERN. Sie erscheinen in Aufgabenstellungen häufig als Handlungsanweisungen (Operatoren).[1] Eine Fähigkeit, die sich auf den ersten Blick nicht aus den Grundfertigkeiten ableiten lässt, ist die **Sprachbewusstheit** bzw. **Sprach(en)bewusstheit**. Sie ist explizit das Ziel des Lernbereichs „Sprache und Sprachgebrauch untersuchen" und wird häufig mit Schlagwörtern verbunden wie **Sprachreflexion**, **Sprachaufmerksamkeit** oder **Language Awareness**.

> „Sprachbewusstheit zielt darauf ab, das menschliche Sprachvermögen besser zu verstehen, seine Rolle beim Denken, Lernen und im sozialen Leben zu begreifen, sich der Macht und Kontrolle durch Sprache bewusst zu werden und die verwickelten Beziehungen zwischen Sprache und Kultur zu erkennen. Es kommt darauf an, dass Schüler Sprache als einen lebendigen Teil ihres eigenen Menschseins erleben, verstehen und kritisch begleiten und so sich selbst und andere besser verstehen lernen." (Steinig/Huneke 2011, 184)

Streng genommen ist sie jedoch – zumal in einem **integrativen Deutschunterricht** – Ziel *aller* Lernbereiche des Deutschunterrichts. Sprachbewusstheit ist aber nicht nur im Fach Deutsch, sondern in allen schulischen Fächern von großer Bedeutung. Denn **fachliches Lernen** ist immer auch **sprachliches Lernen**. Mehr noch: Sprachfähigkeiten entscheiden mit über den Erwerb fachlicher Fähigkeiten, z. B. im Fach Mathematik (vgl. Prediger et al. 2013). Zu beachten ist, dass auch das **Fach Deutsch** natürlich ein „Fach" ist und hier also in besonderer Weise sprachliches und fachliches Lernen zusammenfallen (z. B. bei grammatischer Terminologie oder literarischen Gattungen).

1 Isler/Wiesner/Künzli (2016, 4) zeigen anhand der Sprachhandlung BESCHREIBEN, dass „Formen eines ‚schulnahen' Sprachgebrauchs" bereits im Kindergarten erworben werden können.

Der Erwerb von Sprache wird häufig mit dem Erwerb und dem Zusammenhang von zwei sprachlichen Bereichen verknüpft: **Wortschatz** und **Grammatik** (vgl. z. B. Szagun 2013). Beiden wird nicht selten auch eine besondere Rolle im Deutschunterricht zugewiesen. Gesprochen wird dann von „Wortschatzarbeit" und „Grammatikarbeit". Gleichwohl wird ihre Vernetzung gefordert. Da sie „sprachfördernde Funktionen" haben, sollten sie „nicht zum Selbstzweck unterrichtet werden" (Oomen-Welke/Kühn 2011, 140). Wir erwerben allerdings nicht nur **Sprachsysteme**, die rein linguistisch beschrieben werden können (z. B. auf der Ebene der Morphologie, Syntax oder Semantik). Wir wachsen sprachlich auch in eine Welt hinein, ein soziales Umfeld, in dem bestimmte Werte und Normen gelten. Und diese beeinflussen unser Wahrnehmen und Fühlen, unser Denken und Handeln, unsere eigenen Werthaltungen und Einstellungen. Spracherwerb ist also immer auch der Erwerb einer Zugehörigkeit zu einer Gesellschaft, einer Gemeinschaft, einer Gruppe und damit auch der Erwerb von Kultur und Identität. Oder anders gesagt: Kinder erwerben Sprache über verschiedene (interaktive) Formate, die immer „in eine kulturelle Matrix" (Bruner 2002, 102) eingebunden sind. Sprache(n) zu erwerben, bedeutet also immer auch, Kultur(en) zu erwerben. In **mehrsprachigen Gesellschaften** sind die sprachlichen und kulturellen Zugehörigkeiten selbstredend komplex. Zu Mehrsprachigkeit kommt es unter anderem durch das Miteinander von Dialekt, Umgangssprache und Standardsprache, aber auch von Fremd- und Migrationssprachen. In der Migrationspädagogik wird entsprechend vermehrt von „Transnationalem", von „Mehrfachzugehörigkeiten", von „Hybridität" gesprochen (vgl. z. B. Castro Varela/Mecheril 2010, 51 ff.). Auch Identitäten sind dann hybrid bzw. fluid zu denken. Sprachliche Bildungsprozesse erfassen im Idealfall die Gesamtheit der sprachlichen Ausdrucksmöglichkeiten, die einem Individuum zur Verfügung stehen, d. h. sein gesamtes **Sprach(en)repertoire**.

Wir werden die **sprachliche Bildung** begrifflich weit fassen und auch „ästhetische Zugänge zu sprachlicher Bildung" (Steinbrenner 2018, 15) thematisieren. Die eingangs formulierte künstliche Trennung von Sprache, Literatur und Medien wird damit wieder aufgehoben. In den Blick genommen werden dann sowohl die **Literalität**, die Wissen über Schrift(kulturen) und damit über Lese- und Schreibkultur(en) meint, als auch die **Literarität** – im Sinne von Erfahrungen mit literarischen Stoffen und Motiven. Mit anderen Worten: **Literacy**. Wird Literacy weiter ausdifferenziert, dann können nach Kümmerling-Meibauer (2012) unterschieden werden:

1. *Verbal Literacy* (Sprache)
2. *Visual Literacy* (Bilder, Symbole)
3. *Literary Literacy* (Literatur)
4. *Media Literacy* (Printmedien/AV-Medien)

Erweitert um die Digitalkultur kann auch von 5. *Digital Literacy* gesprochen werden. Nun kann Literacy gleich in mehreren Sprachen (d. h. multilingual) und mehreren Modi ausgebildet werden, d. h. „with linguistic, visual, audio, gestural and spatials modes of meaning […] in everyday media and cultural practices“ (Cope/Kalantzis 2009, 166) (vgl. Kasten). Entsprechend wird auch von *Multiliteracies* oder Multiliteralität und Multiliterarität gesprochen.

Multilingual meint die Integration *mehrerer Sprachen* (lat. *lingua* ‚Zunge').

Multimedial meint die Integration *mehrerer Medien* (analoger/digitaler Speichermedien u. a.), z. B. Buch, Film und Hörbuch.

Multicodal meint die Integration *mehrerer Codes* (Zeichen-/Symbolsysteme), z. B. Gesten und Lautsprache oder (Schrift-)Text und Bild.

Multimodal meint die Integration *mehrerer Modi* (Sinne), z. B. des visuellen (Sehen) und auditiven (Hören) Sinns. Multimodal wird häufig auch als Oberbegriff für *multicodal* und *multimodal* gebraucht und umfasst dann mehrere Codes und Modi (zur Abgrenzung u. a. von Multimodalität und Multicodalität vgl. z. B. Weidenmann 2002).

Um die (sub)kulturelle, sozial-situative und diskursiv-interaktionale Geprägtheit sprachlicher Bildungsprozesse, aber auch ihre Mehrdimensionalität, Mehrsprachigkeit und Multimodalität zu verdeutlichen, wollen wir das **IALT-Sprachmodell** nutzen.[2] Es orientiert sich sprachtheoretisch an Martin/Rose (2008) und steht für das sprachliche Konzept von EUCIM-TE (= *European Core Curriculum for Mainstreamed Second Language Teacher Education*). Im Rahmen dieses multilateralen Comenius-Projekts wurde das *European Core Curriculum for Inclusive Academic Language Teaching* (= ECC IALT) entwickelt, das sprachliches und fachliches Lernen in Zweitsprachen miteinander verbindet (vgl.

2 Das IALT-Sprachmodell wird auch in Fortbildungen für Lehrkräfte und Multiplikator:innen genutzt, u. a. bei „BikUS“ (= Berater_in für interkulturelle Unterrichts- und Schulentwicklung NRW).

EUCIM-TE 2011). Wir haben das IALT-Sprachmodell weiter ausdifferenziert und adaptiert (= AA-IALT-Sprachmodell). Dabei haben wir auch das Fünf-Ebenen-Modell von Rose (2018) mit einbezogen. Die in Klammern gesetzten Pluralformen sollen sowohl die Dynamik als auch die Variabilität (z. B. in der begrifflichen Weite) symbolisieren: So kann der Kulturkontext weiter gefasst werden (z. B. regional, national, gesamtgesellschaftlich), aber auch enger; er bezieht sich dann z. B. auf Schul-, Fach- und Unterrichtskultur(en).

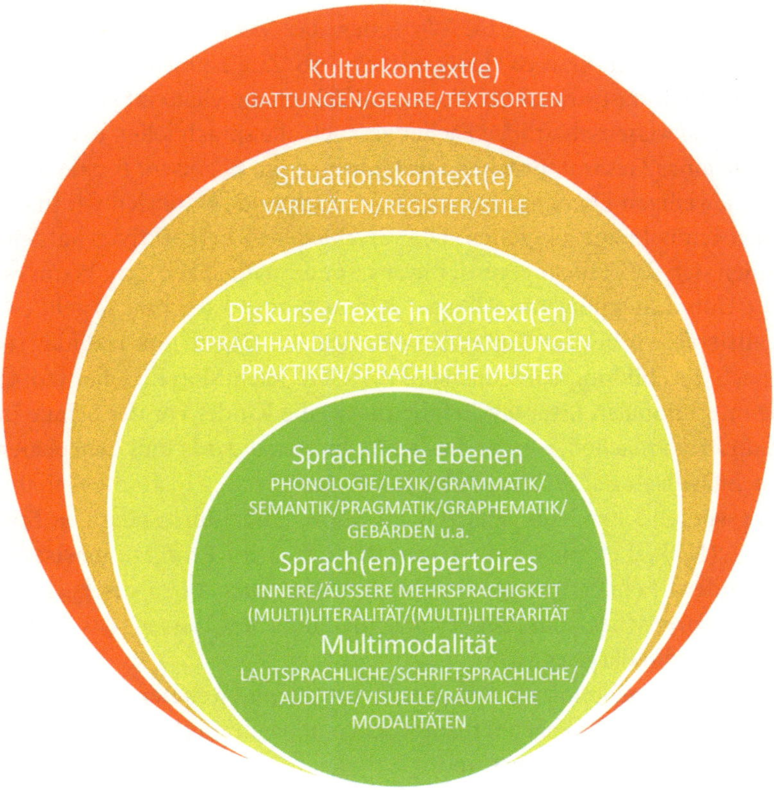

Abb. 1: Ausdifferenziertes und adaptiertes IALT-Sprachmodell (= AA-IALT-Sprachmodell)

Das AA-IALT-Sprachmodell ist **ausdifferenziert**, weil es Ansätze verschiedener Wissenschaftsdisziplinen miteinander verbindet. Dazu gehören neben der systemisch-funktionalen Linguistik (SFL) die ethnomethodologische Konversationsanalyse, die Psycholinguistik, die Varietätenlinguistik, die Text- und Gesprächslinguistik, aber auch die Literacy-Forschung und die Mehrsprachigkeitsforschung und -didaktik. Darüber hinaus bezieht das Modell die Multimodalität von Kommunikation mit ein (z. B. Text-Bild-Relationen verstehen; Gestik und Lautsprache gebrauchen). Und es berücksichtigt die Sprach(en)repertoires der Lernenden, die in der Schule weiterentwickelt werden. Das AA-IALT-Sprachmodell ist **adaptiert**, weil es in Anlehnung an Rose (2018) *alle* linguistischen bzw. (schrift)sprachlichen Ebenen aufnimmt, bis hin zur Graphematik und Gebärden. Es beschränkt sich also nicht wie das IALT-Modell vor allem auf die Bereiche Grammatik und Wortschatz (vgl. EUCIM-TE 2011, 14; Quehl/Trapp 2015, 24). Und darüber hinaus: Wir sehen das Modell als **grundlegend für jeden sprachlichen Erwerb** (Erstspracherwerb, Zweitspracherwerb usw.) und für Sprachbildungsprozesse in allen Schulfächern an. Gemeint sind dann z. B. sowohl naturwissenschaftliche Fächer als auch alle sprachlichen Fächer – ganz im Sinne eines **Gesamtsprachencurriculums** (vgl. Hufeisen/Topalović 2018). Auf die jeweiligen Ebenen des AA-IALT-Sprachmodells werden wir in den jeweiligen Kapiteln zurückgreifen. Die verschiedenen Perspektiven auf Sprache schließen sich dabei nicht gegenseitig aus, sondern ergänzen sich. Wenn es z. B. um die Unterscheidung von Alltags-, Bildungs- und Fachsprache geht (→ 3.5), thematisieren wir bei den Varietäten den Register-Begriff von Halliday (1985), aber auch die „bildungssprachlichen Praktiken" nach Morek/Heller (2019).

Die multimodalen **Literacy-Erfahrungen**, die Kinder vor der Schule in Familie und Kita machen, werden in den Bildungsstandards und Lehrplänen für das Fach Deutsch als „Ansatzpunkte für die weitere systematische Anbahnung bildungssprachlicher Kompetenzen im Sinne einer durchgängigen Sprachbildung" (NRW-Lehrplan 2021, 11) verstanden. Zum **Professionswissen** von (angehenden) Lehrkräften gehört entsprechend auch linguistisches, spracherwerbstheoretisches, didaktisches und methodisches Wissen, das in den folgenden Kapiteln dargelegt wird:

- **Kapitel 2** beschreibt, wie Sprachen erworben und weiterentwickelt werden. Der Schwerpunkt liegt auf theoretischen und empirischen Ergebnissen, die von schulischer Relevanz sind.
- **Kapitel 3** zeigt, wie die Sprach(en)repertoires der Lernenden modelliert werden können. Es führt Modelle unterschiedlicher Forschungstraditionen zusammen, die die gesamte Bandbreite an mündlichen und schriftlichen Sprach(handlungs)fähigkeiten abzubilden versuchen.
- **Kapitel 4** ist der durchgängigen Sprachbildung gewidmet. Der kontinuierliche Sprachausbau – insbesondere auch in schulischen Kontexten – wird

dabei als Selbstverständlichkeit verstanden, gültig für *alle* Menschen mit *all* ihren Sprachen und Sprachvarietäten.

- **Kapitel 5** zeigt Möglichkeiten, wie Lernende in einem integrativ-inklusiven Deutschunterricht ihre Sprach(en)repertoires für *sprachliches* und *literarisches Lernen* nutzen können. Ein Schwerpunkt liegt auf der Entwicklung von Sprach(en)bewusstheit.
- **Kapitel 6** setzt den Fokus auf *sprachliches* und *fachliches Lernen* und stellt verschiedene Konzepte und Methoden für sprachbildenden Fachunterricht vor, z. B. Planungsrahmen innerhalb von Scaffolding-Konzepten.
- **Kapitel 7** beschreibt ausgewählte Verfahren, mit denen Sprachdaten von Lernenden analysiert und Sprachstände informell und standardisiert erhoben werden können.

Wir wollen in allen Kapiteln – wann immer möglich – auf aktuelle **empirische Studien** zurückgreifen. Sie werden (angehenden) Lehrkräften die nötige Handlungssicherheit geben, wenn es um umfassende **sprachliche Bildung** in Schule und Unterricht geht – auch im Sinne von *Wissen*, *Können* und *Einstellungen*.

2 Sprache(n) erwerben

Wenn wir sprachliche Bildung begrifflich weit fassen, dann beginnt sie bereits in der Familie, setzt sich im Kindergarten fort und wird ausgehend von den vorschulischen **Literacy-Erfahrungen** in der Grundschule und später in den weiterführenden Schulen weiter ausgebaut. In der Forschungsliteratur wird in diesem Zusammenhang nicht selten zwischen **Erwerben** und **Lernen** unterschieden: Erwerben bezieht sich dann prototypisch auf implizite, Lernen auf explizite, genauer: institutionell angeregte, vermittelte Sprachentwicklungsprozesse, oder anders gesagt: auf ungesteuerten Input (Erwerben) im Gegensatz zum gesteuerten Input (Lernen) (vgl. Hufeisen/Topalović 2018, 18). Die Grenzen erweisen sich trotz einiger Unterschiede – z. B. beim Lesen- und Schreibenlernen im Gegensatz zum Tempuserwerb (ebd.) – allerdings als fließend. Eindrucksvolle Beispiele kommen aus der **Literacy**- bzw. **Schriftspracherwerbsforschung**. Diese zeigen, dass Erwerbs- *und* Lernprozesse sowohl *vor* der Schule als auch *in* der Schule ablaufen bzw. initiiert und unterstützt werden können. Wenn Eltern z. B. bewusst bilinguale Kindergärten wählen, um die Zwei- bzw. Mehrsprachigkeit ihrer Kinder institutionell zu fördern, unterliegt der Input – sicherlich auch mit Blick auf seine Qualität und Quantität – einer bewussten ‚Steuerung'. Allerdings verfügen hier nicht alle Familien über dieselben Ressourcen. Bildungsangebote hängen vor allem von der Bildung der Eltern ab:

> „Dies führt zu den bekannten Leistungsunterschieden in den Schulvergleichsuntersuchungen in Abhängigkeit vom Berufsstatus und dem Ausbildungshintergrund der Eltern […]." (Buhl/Wiescholek 2016, 53)

Oder mit Bourdieu (2012, 69) gesprochen, der mit der (Re)produktion „legitimer Sprachkompetenz" durch Familie und Bildungssystem auch die Reproduktion der „unterschiedlichen Ausgangslagen" und damit von Chancenungleichheit in Gesellschaft und Schule erklärt:

> „Da die Gesetze der Übertragung des sprachlichen Kapitals ein Sonderfall der Gesetze der legitimen Übertragung von kulturellem Kapital von einer Generation zur nächsten sind, kann man davon ausgehen, dass die Sprachkompetenz, die nach *schulischen* Kriterien bewertet wird, genau wie andere Formen des kulturellen Kapitals vom Bildungsniveau abhängt, das nach Bildungstiteln und sozialem Lebenslauf gemessen wird."

Und wenn bei Lernenden innere Regelbildungsprozesse erkennbar sind, weil sie sprachstrukturelles Wissen *erwerben*, ohne dass dies von Lehrkräften als explizites Lernziel formuliert worden wäre, dann verschwimmt auch hier der Unterschied zum *Lernen*. Letzteres hebt Primus (2010, 9) mit den folgenden Worten – hier bezogen auf den Schriftspracherwerb – hervor:

> „Der Erwerb des Schriftsystems beruht zu einem Großteil auf der impliziten, unbewussten Anwendung von Prinzipien und Problemlösungsstrategien. Er läuft in diesem Sinne eher als unbewusste Entdeckung schriftsprachlicher Prinzipien und Beschränkungen ab und weniger als bewusstes Erlernen orthographischer Regeln. Das bedeutet unter anderem, dass der Erwerbsprozess maßgeblich von den strukturellen Gegebenheiten des Lerngegenstandes geprägt ist."

Wir wollen in den folgenden Ausführungen einen Schwerpunkt auf jene Aspekte sprachlicher Erwerbsprozesse legen, die mit Blick auf **schulische Lehr-Lern-Prozesse**, in denen die sprachliche Bildung im Fokus steht, von besonderer Bedeutung sind. Das umfasst unter anderem die kritische Diskussion von Begrifflichkeiten, die einen Einfluss auf Orientierungen, Ein-/Vorstellungen bzw. Überzeugungen von Lehrkräften haben könnten (vgl. dazu auch die deutschdidaktischen Beiträge in Bräuer/Wieser (2015) im Teil „Untersuchung von Vorstellungen und Orientierungen von Lehrenden"). Die von Lipowsky (2006) referierten Metaanalysen zeigen, dass neben dem **fachlichen, fachdidaktischen** und **pädagogischen Wissen** die „epistemologischen" **Überzeugungen** (sog. *beliefs*) zu den wirkungsmächtigsten Einflussfaktoren auf erfolgreiche Lernprozesse von Schüler:innen gehören. Sie nehmen „für die Planung, Gestaltung und Wahrnehmung von Unterricht eine wichtige Rolle" ein (ebd. 54).

Metaanalyse = statistisches Verfahren, bei dem Einzelstudien mit vergleichbaren Forschungsfragen zusammengeführt und ausgewertet werden;
epistemologisch = auf Wissen bzw. Wissenserwerb bezogen

2.1 Erwerbstypen: L1, L2 … – Erstsprache, Zweitsprache …

Je nach Wissenschaftsdisziplin und -tradition haben sich unterschiedliche Bezeichnungen für Erwerbstypen bzw. für Erwerbsreihenfolgen von Sprachen etabliert. Aus der internationalen englischsprachigen Forschung kommen z. B. **L1, L2, L3, 2L1**. Sie stehen für *language one*, *language two*, *language three* usw. und damit für die erste, zweite und alle weiteren Sprachen, die erworben werden, bzw. für den doppelten oder bilingualen Erstspracherwerb (2L1) – in diesem Fall werden zwei oder mehr Sprachen **simultan** erworben. Gebraucht werden auch die sprachsoziologisch grundierten Bezeichnungen Majoritätssprache/Minoritätssprache (engl. *majority language/minority language*) bzw. Mehrheitssprache/Minderheitssprache (vgl. Tracy/Gawlitzek i.V.).

Vergleichbar ‚neutral' sind auch die analogen deutschsprachigen Bezeichnungen **Erstsprache, Zweitsprache** und **Drittsprache** (auch Tertiärsprache, z. B. DaFnE für Deutsch als Fremdsprache nach Englisch); die *Erstsprache* wird ab Geburt bzw. genauer: prä- und postnatal natürlich erworben; die *Zweitsprache* – in der Definition der deutschsprachigen Forschung – wird **sukzessive** ab dem 3./4. Lebensjahr oder später z. B. im Erwachsenenalter erworben und hat eine hohe soziokulturelle bzw. kommunikative Relevanz (vgl. Ahrenholz 2017).

Klein (2001) unterscheidet als **prototypische Erwerbstypen** a) den monolingualen Erstspracherwerb, b) den ungesteuerten Zweitspracherwerb im Erwachsenenalter und c) den traditionellen Fremdspracherwerb in der Schule.

> „Nun sind, wie gesagt, diese drei Formen Extremfälle, zwischen denen es zahlreiche Zwischenstufen gibt – etwa den bilingualen Erstspracherwerb (weltweit gesehen vielleicht sogar der häufigere Fall als der monolinguale Erstspracherwerb), den Zweitspracherwerb im Kindesalter, den Fremdspracherwerb im kommunikativ orientierten, vielleicht gar monolingualen Unterricht, usw. usw. Ein weiterer Grenzfall ist der ‚Wiedererwerb' einer Sprache, die einmal gelernt worden war, dann aber mehr oder minder vergessen wurde." (Klein 2001, 606)

Damit wird auch deutlich, warum einfache Zuschreibungen zu klar abgrenzbaren Erwerbstypen verzerrend sein können – auch mit Blick auf die Variabilität der Sprach(handlungs)fähigkeiten, die Qualität und Quantität des Inputs, die „natürlichen Antriebsfaktoren im Spracherwerb" (Klein 2001). Und dennoch: Auch in der Deutschdidaktik wird nicht selten von **Deutsch als Zweitsprache** (DaZ) und **Deutsch als Fremdsprache** (DaF) im Gegensatz zu **Deutsch als Muttersprache** (DaM) gesprochen. Für DaM hat sich mittlerweile auch die Bezeichnung **Deutsch als Erstsprache** (DaE) etabliert. Mit DaF ist prototypisch der institutionelle Fremdspracherwerb außerhalb eines deutschsprachigen Landes gemeint, z. B. in Schulen oder Sprachinstituten. Im Gegensatz zu DaF sind die Bezeichnungen DaM und DaZ nicht unumstritten und werden in den letzten Jahren immer kontroverser diskutiert: Bei DaM wird moniert, dass die „Mutter“ als sprachliches Vorbild betont wird, obwohl an der Sprachentwicklung viel mehr oder auch (nur) andere Menschen (z. B. Väter, Geschwister, Großeltern, Erzieher:innen, Lehrkräfte) beteiligt sind (vgl. Ahrenholz 2017). Bei DaZ wird insbesondere in den letzten Jahren dafür sensibilisiert, dass die Bezeichnung aufgrund der statischen Zuordnung zu zwei **distinkten Erwerbsgruppen** (DaZ vs. DaE) als ausgrenzend oder gar stigmatisierend wahrgenommen werden kann.

> „Da der Begriff ‚Deutsch als Zweitsprache‘ als Bezeichnung für den persönlichen Sprachbesitz inferiorisierende Effekte für als DaZ-SprecherInnen geltende Personen nach sich ziehen kann, ist er mit Bedacht zu verwenden. Jenseits didaktischer und methodischer Notwendigkeiten der Verwendung des Begriffs ‚Deutsch als Zweitsprache‘ ist Deutsch, unabhängig davon, ob jemand diese Sprache als Erst- oder Zweitsprache verwendet und in jeglicher Perspektive gleichermaßen wertvoll.“ (Dirim 2015, 300)

Mehr noch: Solch eine Unterscheidung kann eine polarisierende Sichtweise unter Umständen sogar erst virulent machen. Wenn DaZ vermehrt in Kollokation mit „Sprachförderung“ genutzt wird und „Sprachförderung“ mit „besonderem Sprachförderbedarf“ gleichgesetzt wird, dann wird der Erwerbstyp – der zudem eine hohe Varianz aufweist – generalisierend in erster Linie als defizitär konnotiert (vgl. z. B. Becker-Mrotzek/Roth 2017, 17). Er verhindert letztlich auch dynamische **sprachlich-kulturelle Zugehörigkeiten** und Identitätsbildungen, auch weil Lernende bzw. Jugendliche selbst von ihren Sprach(en)repertoires nicht in Kategorien wie L1, Zweitsprache, DaZ sprechen würden oder aber den wissenschaftlich definierten DaZ-Erwerbstyp sogar als ihre Muttersprache bezeichnen (vgl. z. B. Hufeisen 2017, 507; Ahrenholz 2017, 4). Eine defizitorientierte und zudem auch eher „ausländerpädagogisch“ beeinflusste Sicht belegen Döll/Hägi-Mead/Settinieri (2016) in einer Pilotstudie zur formativen Evaluation des verpflichtenden DaZ-Moduls in allen Lehramtsstudiengängen in Nordrhein-Westfalen. Die Autorinnen warnen zurecht:

> „Die DaZ-Biografien zeigen, dass viele Studierende erst durch das DaZ-Modul auf die Themen Migration und DaZ aufmerksam werden. Problematisch wäre, wenn im Zuge dessen problem- und defizitorientierte Sichtweisen auf Migration und Mehrsprachigkeit überhaupt erst konstruiert würden.“ (ebd. 213)

DaZ „mit Bedacht zu verwenden“, wie es Dirim (2015) fordert, hieße unter anderem, dichotomisierende sprachliche Zuschreibungen wie „DaZ-Kinder“,

„DaZ-Schüler/innen“, „DaZ-Studierende“ (im Gegensatz zu „DaE-Kindern“ usw.) zu vermeiden – insbesondere dann, wenn sie als geradezu euphemistische Verhüllung für generell ‚ausländische‘ Kinder verstanden werden könnten. Alle Lernenden in ihrer **Gesamtheit an sprachlichen Ausdrucksmöglichkeiten** wahrzunehmen, d. h. in ihren je individuellen Sprach(en)repertoires, könnte ein möglicher Weg sein (→ 3). Einen Grund mehr, diese verschiedenen Erwerbstypen immer als **vereinfachende Modellierungen**, die sich aus mehreren eigentlich skalaren Definitionskriterien – wie z.B. „Alter des Erstkontaktes (*age of onset*)“ oder „Kontaktzeit (*length of exposure*) in Jahren oder Monaten“ (Dimroth 2019, 30) – zusammensetzen, zu verstehen, liefert die Spracherwerbsforschung auch mit Blick auf die Unterscheidung von DaZ und DaF:

> „Eine glasklare Trennung von Zweit- und Fremdsprache ist aber weder möglich noch sinnvoll. Letztlich zählt das Ergebnis, das heißt, das im Kopf repräsentierte System, mehr als der Erwerbsweg.“ (Tracy 2014, 24)

Und dies kann auch für Erst- und Zweitsprachen gelten, nicht zuletzt, weil „sich Sprachen im Kopf der Lernenden nicht trennen lassen“ (Hufeisen 2017, 511), sie also keine „clearly definable languages […] in the mind of an individual“ (Franceschini 2016, 97) sind. Mit anderen Worten: Die allgemeinen **Sprach- und Kommunikationsfähigkeiten** in den Sprach(en)repertoires der Lernenden zu einem bestimmten Erwerbszeitpunkt zählen als die wohl wichtigste Größe – aus Sicht des Deutschunterrichts, aber auch jedes anderen (Sprach-)Faches.

2.2 Statt Semilingualismus: Emergenter Spracherwerb

Ein Terminus, der sich trotz heftiger, berechtigter Kritik geradezu hartnäckig in Forschungsdiskursen und Handreichungen zum bilingualen Spracherwerb bzw. Zweitspracherwerb hält,[3] ist „Semilingualismus“ bzw. „Halbsprachigkeit“ – und mit explizitem Bezug auf beide Sprachen „doppelte Halbsprachigkeit“. Dieser Hartnäckigkeit ist es geschuldet, dass wir drei überzeugende Stimmen zu Wort kommen lassen möchten, die eines verdeutlichen können: Es handelt sich bei Semilingualismus um ein weder empirisch noch linguistisch tragfähiges Konstrukt, das forschungshistorisch obsolet geworden ist. Wir beginnen mit dem vielleicht einflussreichsten ‚Multiplikator‘ des „semilingualism“ selbst,

3 Vgl. dazu z. B. die Lemmata „Schwellenhypothese“ und „Bilingualismus“ im Digitalen Lexikon Fremdsprachendidaktik (DLF) (https://www.lexikon-mla.de/, 10.4.2020).

dem kanadischen Erziehungspsychologen Jim Cummins, der den Ausdruck im Zusammenhang mit der **Schwellenniveau- und Interdependenzhypothese** (vgl. z. B. 1982) vertreten hatte. Er berief sich dabei auf die finnische Studie von Skutnabb-Kangas/Toukomaa (1976), die anhand von Schwellen („thresholds") die „cognitive effects of different types of blingualism" modellieren wollten; sie unterschieden dabei a) „additive bilingualism", b) „dominant bilingualism" und eben c) „semilingualism" als eine Form von „Halbsprachigkeit" in beiden Sprachen (hier: Finnisch/Schwedisch) mit entsprechend a) positiven, b) weder positiven noch negativen und c) negativen Auswirkungen auf die kognitive Entwicklung. Cummins (2000, 99 ff.) referiert die Genese der Kritik seit den späten 1970er Jahren und kommt zu dem Schluss:

> „At a sociopolitical level the term has assumed pejorative connotations and may be misinterpreted as suggesting that linguistic deficits are a primary cause of bilingual students' academic difficulties, despite denials to the contrary. Furthermore, the futile debates to which use the term has given rise suggest that its continued use is contraproductive." (Cummins 2000, 104)

Und noch klarer:

> „The fact that the term 'semilingualism' potentially stigmatizes the victims of inappropriate schooling and coercive power relations in the society is good enough reason to drop it from the lexicon." (Cummins 2000, 105)

Die zweite Stimme ist eine 2011 öffentlich gemachte „sprachwissenschaftliche Stellungnahme" namhafter Vertreter:innen aus der **Linguistik, Mehrsprachigkeitsforschung** und **Anthropologie**, die online verfügbar, aber auch als Anhang in Wiese (2012, 276 ff.) abgedruckt ist. Sie macht klar:

> „Die sogenannte doppelte Halbsprachigkeit ist ein populärer Mythos, der auf einer Fehlschätzung von Sprache und sprachlicher Vielfalt beruht."

Mit Verweis darauf, dass Kinder „ein besonderes Sprachprofil [haben], bei dem die beiden Sprachen unterschiedliche Spezialisierungen haben können", verdeutlichen sie unter anderem, a) dass die sprachlichen Varianten der „neuen urbanen Dialekte" wie Kiezdeutsch, „die so reich und bunt sind wie andere deutsche Dialekte auch", keine „Fehler" darstellen, b) dass die „Kompetenz in der Standardsprache […] nach wie vor ein schulisches Ziel bleiben" soll und c) dass die Kinder auf dem Weg zur Standardvarietät bzw. zur Erweiterung ihrer sprachlichen Ausdrucksmöglichkeiten vor allem schulische Unterstützung brauchen. (Die Unterscheidung in einsprachige und mehrsprachige Lernende in der Stellungnahme erübrigt sich u. E., wenn aufgrund innerer Mehrsprachigkeit (→ 3.1) jeder Mensch mehrsprachig ist.) Aus schulischer Perspektive betrachtet, liegt die Quintessenz dieser Stellungnahme in ihrem impliziten Plädoyer für einen die jeweiligen Sprach(en)repertoires der Lernenden **wertschätzenden** und vor allem **sprachbildenden Unterricht**. Und damit wären wir bei der dritten, aktuellsten Stimme: Baker/Wright (2017, 9 ff.) lehnen jegliche defizitär ausgerichteten, monolingualen Sichtweisen auf Bilingualismus im angloamerikanischen Forschungsdiskurs ab, weil die Sprachen der Lernenden dann nicht holistisch oder heteroglossisch als Repertoire – das wäre das Ziel –, sondern als gleichsam voneinander unabhängige, diskrete Systeme betrachtet werden. Stattdessen plädieren sie für neue Zugänge zum Bilingualismus, die problematische Kategorien wie *semilinguals*, aber auch geradezu erschreckende Bezeichnungen wie *limited English proficient (LEP)* oder gar *non-nons* (gekürzt von ‚non-English-speaking' und ‚non-Spanish-speaking' (vgl. MacSwan/Rolstad/Glass 2002)) für Lernende lateinamerikanischer Einwanderer in den USA, überflüssig machen. Zu den **ressourcenorientierten** „new directions" zählen sie einen Ansatz von Ofelia García (2009), in dem zweisprachige Lernende als „emergent bilinguals" (*emergent* = ‚sich (weiter) entwickelnd, sich verändernd') ihre Sprachen flexibel nutzen.

> „O. García (2009a) introduced the term **dynamic bilingualism** to focus on the ways bilinguals draw on the range of features associated with socially-constructed languages within their linguistic repertoire in complex and dynamic ways as they communicate with others and engage in collaborative tasks." (Baker/Wright 2017, 11)

Eng verbunden mit dem dynamischen Bilingualismus ist ihre handlungsorientierte Modellierung mehrsprachiger sozialer Praxis – auch in schulischen Lehr-Lern-Kontexten – als „Translanguaging" (vgl. García/Wei 2014). Verstanden wird darunter „a practice that involves dynamic and functionally integrated use of different languages and language varieties" (ebd.). Und diese mehrsprachigen Praktiken sind verortet „in a variety of educational contexts where the school languages or the language-of-instruction is different from the languages of the learners" (Wei/Lin 2019, 211) (→ 5). Ein vergleichbares, ebenfalls breiter gefasstes sprachliches Konzept vertreten Hufeisen/Topalović (2018) mit der **mehrsprachigen emergenten Literacy** im Rahmen einer Pluralen Mehrsprachigkeitsdidaktik; es involviert explizit verschiedene Sprachen (*languages*) und Sprachvarietäten (*language varieties*), so dass nach diesem Konzept *alle* Lernende mehrsprachig sind:

> „Wir verstehen darunter durch Literalität und Literarität geprägte, sprachlich-ästhetische Erfahrungen, die Menschen in ihrer Familie und später in Institutionen des Lernens – von der Kita bis zur Universität und Beruf – und ihrem gesamten Leben mit all ihren Sprachen und Sprachvarietäten machen, diese im Sinne einer ‚Sprachigkeit' (Busch 2013) für vielfältige Transferprozesse nutzen und auf diese Weise ihr Sprach(en)repertoire quantitativ und qualitativ weiterentwickeln und verändern. Es handelt sich also um dynamische Erwerbs- und Lernprozesse, die kultur-, sprachen- und fächerübergreifend und letztlich auch ein Leben lang stattfinden können." (Hufeisen/Topalović 2018, 22)

Alle ressourcenorientierten Ansätze und Zugänge, die bewusst eine sprachliche Könnensperspektive einnehmen – idealerweise kombiniert mit einer positiven, wertschätzenden Feedbackkultur (→ 5) –, betonen also vor allem die **Dynamik** und **Emergenz des Spracherwerbs**. Im Gegensatz zu defizitären Konstrukten wie Semilingualismus können Lehrkräfte ausgehend von einem **Konzept des emergenten Spracherwerbs** *alle* Schüler:innen in der Entwicklung ihrer – nota bene: mehrsprachigen – sprachlichen Repertoires (→ 3) positiv beeinflussen.

2.3 Spracherwerb: Von Theorien und Lernersprachen

Die seit Jahrzehnten virulente Frage, ob der Spracherwerb einem angeborenen Mechanismus folgt oder (interaktiv) erlernt wird, ist als sog. *Nature-Nurture*-Debatte bekannt geworden (engl. *nature*, dt. ‚Natur'; engl. *nurture*, dt. ‚Nahrung, Pflege'). Sie teilte die Theorien des Erstspracherwerbs gleichsam in zwei ‚Lager' und hatte mit der Auseinandersetzung zwischen Chomsky (1959), dem Begründer des Nativismus, und Skinner (1957), einem bekannten Vertreter des Behaviorismus, einen ihrer Höhepunkte (Chomskys überaus kritische Rezension zu Skinners Buch „Verbal Behaviour" ist online einsehbar). Vereinfacht gesagt, stellt die Debatte unterschiedliche Perspektivierungen dar: Die *Nature*- oder „Von-innen-nach-außen"-Theorien fokussieren die menschliche genetische Ausstattung als (mit)entscheidenden Faktor des Spracherwerbs, die *Nurture*- oder „Von-außen-nach-innen"-Theorien die Umwelt, die Interaktion bzw. den Input (vgl. z. B. Dittmann 2006). Rohlfing (2019, 19 ff.) unterscheidet in Anlehnung an Szagun (2013) *nativistische* und *epigenetische Positionen* und differenziert diese weiter aus. Bei der Beschreibung der jeweiligen „Positionen",

„Erklärungskonzepte“, „Erklärmodelle“ oder „Lerntheorien“ – so die verschiedenen Bezeichnungen – spielt vor allem die Frage der empirischen Evidenz für die jeweilige Theorie eine bedeutende Rolle und die Ausdifferenzierung der theoretischen Ansätze. Die folgende Tabelle verdeutlicht exemplarisch die Gemeinsamkeiten und Unterschiede zwischen den Darstellungen der Psycholinguistin Klann-Delius (2016) und der DaF- bzw. Sprachlehrforscherin Riemer (2002).

L1-Erklärungskonzepte (Klann-Delius 2016)	**L1-Lerntheorien** (Riemer 2002)
	Behavioristische Lerntheorie (= Lernen als Konditionierung) [Imitation / Verstärkung / Reiz-Reaktion-Mechanismus] L2: Kontrastivhypothese
Nativistische Erklärungskonzepte[4]	Nativistische Lerntheorie (= Lernen als Entfaltung angeborenen sprachlichen Wissens) [LAD / Spracherwerbsmechanismus / Universalgrammatik (UG)] L2: Identitätshypothese
Kognitivistische Erklärungskonzepte	Kognitivistische[5] Lerntheorie (= Lernen als Prozess der Informationsverarbeitung) [Kognitive Entwicklung / Sprachliche Entwicklung / Äquilibration, Assimilation, Akkommodation] L2: Identitätshypothese
Interaktionistische Erklärungskonzepte[6]	Konstruktivistische Lerntheorie (= Lernen als sozialer und konstruktiver Prozess der Angleichung neuen Wissens an Vorhandenes) [LASS / Interaktion / Konstruktion / Kultur(matrix)] L2: Interlanguagehypothese

Tab. 1: In der rechten Spalte zu Riemer (2002) sind auch die sog. ‚großen' L2-Hypothesen, die den L1-Theorien z.T. zugeordnet werden können, angegeben (vgl. ebd. 61 ff. zu „Hypothesen zum L2-Erwerb"); in eckigen Klammern stehen zudem bekannte Schlagwörter, die exemplarisch ergänzt wurden.

Laut Riemer (2002) besteht die Gemeinsamkeit aller von ihr beschriebenen L1-Lerntheorien darin, dass sie – mit jeweils unterschiedlicher Gewichtung –

4 Statt „Konzeptionen“ (vgl. Klann-Delius 2016, 49).
5 Statt „kognitive“ (vgl. Riemer 2002, 59 und 61).
6 Z.T. deckungsgleich mit der konstruktivistischen LT bei Riemer (2002).

„Lernen a) auf der Basis einer Befähigung zum Sprachenlernen und b) innerhalb einer sozialen Umwelt" beschreiben (ebd. 57 ff.). Während Szagun (2013), Klann-Delius (2016) und Ibbotson/Tomasello (2017) mehr oder weniger deutliche Kritik am Nativismus üben, wird das nativistische Paradigma in verschiedenen Zusammenhängen weiterhin als theoretische Grundlage genutzt bzw. diskutiert (vgl. z. B. Klein 2001, Riemer 2002, Müller et al. 2011, Dimroth 2019). Dass die Theorien nicht zwingend als unvereinbare Gegensätze, sondern auch als sich ergänzende theoretische Zugänge betrachtet werden können, zeigt Tracy (2011) anhand frühkindlicher Sprachdaten zur Satzstellung des Deutschen. Die theoretische Grundlage „bildet die Vorstellung von einer universalgrammatisch gestützten Selbstorganisation, in der sowohl Erkenntnisse der generativen Linguistik als auch der Theorie dynamischer Systeme eine wichtige Rolle spielen" (ebd. 398); sie verbinde „[m]inimalistische und (trotzdem) konstruktivistische Überlegungen zum Spracherwerb" (ebd. 397). Ein hybrides Modell, das beim Wortschatzerwerb „multiple factors, including cognitive constraints, social-pragmatic factors, and global attentional mechanisms" (Hollich et al. 2000, v) und damit verschiedene theoretische Zugänge zusammenführt und jeweils „komplettiert", stellt auch die *Emergentist Coalition Theory* dar (vgl. ebd.):

> „In dem Modell wirken […] Mechanismen unterschiedlicher Natur, zum einen die angeborene Priorisierung der wahrgenommenen Signale, aber auch die erworbene Sensibilität für soziale Hinweise (wie z. B. die Blickrichtung) sowie die sich entfaltende Wirkung von statistischen Mustern, die durch Erfahrungen mit Sprache in sozialen Interaktionen entsteht." (Rohlfing 2019, 31)

Da es in unserer Einführung einerseits um die komplexen Zusammenhänge von Lehr-Lern-Prozesse, in denen Lehrende und Lernende interagieren, geht und andererseits um die Frage, wie sich Sprach(en)repertoires von Lernenden in der Institution Schule (weiter)entwickeln, werden wir im Folgenden **konstruktivistisch-interaktionistische Lerntheorien**, die **Interlanguagehypothese** und die **Mehrsprachigkeitshypothese** näher beschreiben (zu Spracherwerbstheorien vgl. umfassender Tracy/Gawlitzek i.V. und Rohlfing 2019).

In ihrem Artikel „Lernen als konstruktiver Prozess" nennen die Erziehungswissenschaftler Neubert/Reich/Voß (2001) in einer Art chronologischer Wissenschaftsgeschichte unter anderem *Jean Piaget*, *Lew Vygotskij* und *Jerome Bruner* als Verfechter konstruktivistischer Ansätze und damit gleich drei Vertreter, die auch in der Spracherwerbsforschung immer wieder genannt werden:

1) Piaget hat mit seinen Arbeiten zu Kognition und Sprache (auch: Kognitivismus) die konstruktivistische Lerntheorie (mit)begründet – hier werden die Schnittstellen der oben gelisteten Lerntheorien deutlich:

> „Piaget hat erkannt, dass ein Lerner zunächst immer aus eigener Aktion heraus lernt, dass er dabei sich seine Wirklichkeit konstruiert, die er dann in Abgleich mit seiner Umwelt bringen muss. Das daraus entstehende Wechselspiel zwischen innerer Schematisierung und Abgleich mit der Umwelt – Assimilation und Akkommodation – ist für diesen Ansatz entscheidend, um den Aufbau der menschlichen Wirklichkeitsbildungen zu begreifen." (ebd. 254f.)

2) Vygotskij, ein bekannter Vertreter interaktionistischer Theorien (auch: Interaktionismus), hat den **kulturellen Aspekt** und die **Zone der nächsten Entwicklung** beim konstruktivistischen Lernen betont (→ 5). „Dies bedeutet, dass aus der Lernumwelt den SchülerInnen Angebote unterbreitet werden müssen, die sie konstruktiv vorantreiben, aber nicht solche, die bloß einen bestehenden und zu reproduzierenden Wissensstand sichern." (ebd. 255)

3) Und Bruner, der auch für Vygotskijs Ansatz warb, „fügte zu Piagets Konstruktivismus insbesondere die Bedeutung von sozialen Interaktionen, aber auch historisch-kulturelle Dimensionen und ein verändertes Sprachverständnis hinzu [...]" (ebd. 255). Bruner (2002) steht sprachtheoretisch für alle **Scaffolding-Methoden** in Lehr-Lern-Prozessen (→ 6), die auf dem von ihm postulierten LASS (= *Language Acquisition Support System*) und der KGS (= an das **K**ind **g**erichtete **S**prache) basieren. Bei LASS handelt es sich um eine Erweiterung zu Chomskys LAD (= *Language Acquisition Device*). Bruner steht wie Vygotskij auch für die kulturelle Geprägtheit sozialer Interaktionen bzw. „Formate":

Scaffolding (engl. *scaffold* ‚Baugerüst') = Unterstützungsangebote beim Lernen

> „Zusammenfassend meine ich, daß Formate beim Spracherwerb verschiedene sehr entscheidende Funktionen erfüllen. Erstens betten Formate die kommunikativen Absichten des Kindes in eine kulturelle Matrix ein. Sie dienen ebenso sehr zur Übermittlung der Kultur als zur Übermittlung der betreffenden Sprache. [...] Weil sie endlich, geordnet und interaktiv sind, liefern sie auch einen Kontext für die Interpretation dessen, was hier und jetzt gesagt wird." (Bruner 2002, 116)

Kognition, Interaktion und Kultur sind Schlagwörter, die auch die neuere gebrauchsbasierte Spracherwerbstheorie der **geteilten Intentionalität** und des **kulturellen Lernens** von Tomasello (1999, 2003) in *The Cultural Origins of Human Cognition* und *Constructing a Language: A Usage-Based Theory of Language Acquisition* prägen – er steht in der Tradition der oben Genannten und könnte diese Chronologie weiterführen. Laut Ibbotson/Tomasello (2017) stellt sie „mit einer Reihe von mentalen Mehrzweckmodulen für Kategorienbildung, Deutung kommunikativer Absichten und Erfassen von Analogien" eine „Alternative zu Chomskys Bild der Sprache" dar, welches die Linguistik des 20. Jahrhunderts revolutionierte und wirkungsmächtig prägte.

Die von Selinker (1972) entwickelte **Interlanguagehypothese** (auch: Lernersprachenhypothese) gilt laut Riemer (2002) als „bis heute einflussreichste Hypothese" zum L2-Erwerb (ebd. 63). Charakteristisch für **Lernersprachen** (auch: Interimssprachen, Lernervarietäten) ist, dass es sich um temporäre, variable Zwischenstufen handelt, die durch Merkmale der L1 (*native language*), Merkmale der L2 (*target language*), aber auch durch eigenständige, weder der L1 noch der L2 zugehörige Merkmale gekennzeichnet sind. Und vor allem: Sie sind durch entsprechende Lernangebote im Rahmen von Erwerbssequenzen (→ 2.4) veränderbar (vgl. Edmondson/House 2006, 228). Dass Lernersprachen in ihren temporären Strukturen systematisch sind, dass sie soziokulturell geprägt sind und – vor allem – dass sie als Beschreibungskategorie auch bei der **inneren Mehrsprachigkeit** mit ihren variablen Sprachvarietäten anwendbar sein könnten (→ 3), verdeutlicht Klein (2001, 615 f.):

> „Lernervarietäten sind nicht unvollkommene Nachahmungen einer ‚eigentlichen Sprache' – nämlich der Zielsprache –, sondern eigenständige, in sich fehlerfreie Systeme, die sich durch ein besonderes lexikalisches Repertoire und besondere morphosyntaktische Regularitäten auszeichnen. Voll entwickelte Sprachen wie Deutsch, Englisch, Latein sind einfach Grenzfälle von Lernervarietäten. Sie repräsentieren einen relativ stabilen Zustand des Spracherwerbs – jenen Zustand, zu dem der Lerner mit seinem Erwerbsprozess aufhört, weil es zwischen seine[n] Varietäten und der Sprache seiner jeweiligen sozialen Umgebung keinen wahrnehmbaren Unterschied mehr gibt. In dieser Betrachtungsweise sind alle Lernervarietäten, und darunter als Grenzfall auch die ‚eigentlichen' Sprachen, Manifestationen der menschlichen Sprachfähigkeit."

Verschiedene Prozesse bzw. Konzepte werden im Zusammenhang mit Lernersprachen diskutiert, insbesondere gilt dies für **Transfers** und **Übergeneralisierungen**. Transfers sind z. B. auch Bestandteil der Kontrastivhypothese, die zur

Entwicklung der kontrastiven Linguistik bzw. Fehleranalyse (insbes. negative Transfers/Interferenzen) geführt hat; und Übergeneralisierungen sind z. B. im Nativismus (L1-Theorie) als Indikatoren innerer Regelbildungsprozesse vertreten. Beides spielt jedoch auch in anderen Theorien bzw. Hypothesen eine Rolle: Wie der Erstspracherwerb verläuft auch der L2-Erwerb nicht linear, sondern u-kurven-förmig. So kommen zielsprachlich korrekte Formen nicht selten in einem frühen Stadium vor, in dem sie allerdings durch Imitation gelingen bzw. als Chunks (d. h. holistische, unanalysierte Wortgruppen) gebraucht werden. *Wie geht's (dir)?* ist z. B. eine grammatisch komplexe Äußerung, die L2-Lernende trotzdem bereits sehr früh in ihrem Repertoire zeigen. In einem späteren Stadium können beim Gebrauch von Pronomen, etwa des semantisch leeren „es", **Übergeneralisierungen** als Indikatoren von Restrukturierungen auftreten, bis irgendwann im Erwerb nur noch zielsprachlich korrekte, eigenständig gebildete Formen gebraucht werden. Eine Mischung aus zielsprachlich korrekten und übergeneralisierten Formen kann daher ein Zeichen dafür sein, dass Lernende diesen sprachlichen Bereich gerade restrukturieren, wodurch es zu auffällig viel Variation kommt. Und genau diese Variation bietet gute Ansatzpunkte für adaptive Lernangebote, da sie eine gerade stattfindende Eigenaktivität der Lernenden gezielt aufgreift und unterstützt. Übergeneralisierungen treten sowohl im L2- als auch im L1-Erwerb auf, z. B. wenn Lernende Formen wie *gehte* statt *ging* nutzen und damit zeigen, dass sie das Bildungsmuster schwacher präteritaler Verbformen kognitiv durchdrungen haben, aber noch temporär übergeneralisieren. Andere Ansätze, die den Spracherwerb z. B. als nicht gerichtet oder einer „Entwicklungslogik" folgend betrachten, betonen nicht Übergeneralisierungen, sondern die **Frequenz** (Häufigkeit) und **Salienz** (Auffälligkeit) von Formen im Input, die von Lernenden imitiert werden (gebrauchsbasierte Ansätze). Oder sie modellieren – wie die *Dynamic Systems Theory* (Theorie dynamischer Systeme) – Erwerbsprozesse, in denen „Variation und Variabilität nicht etwa Randphänomene, sondern die zentrale Triebkraft der Entwicklung darstellen" (Dimroth 2019, 28); sie sind dann nonlinear, multidimensional und vor allem emergent. **Transfers** erfassen den Einfluss von Erstsprache(n) – letztlich aber des gesamten Sprach(en)repertoires – auf eine neue Sprache, z. B. bei Lernenden mit 2L1 Schwedisch/Finnisch auf die Fremdsprache Englisch (vgl. Edmondson/House 2006, 224). Gemeint ist damit „die partielle Übertragung verfügbaren Sprachwissens auf eine neue Sprache" (Dimroth 2019, 32).

> „Wie in allen Fällen, in denen vorhandenes Wissen den Aufbau neuen Wissens beeinflusst, in der Wissenschaft wie im Leben, kann dieser Einfluss positiv oder negativ sein; dementsprechend spricht man von positivem wie von negativem Transfer." (Klein 2001, 607)

Vereinfacht gesprochen, können z. B. ähnliche bzw. unterschiedliche lexikalische oder syntaktische Strukturen zu positiven bzw. negativen Effekten auf den L2-Erwerbsprozess führen (vgl. Beispiele bei Müller et al. 2011). Lernende sollen sogar die „Transferfähigkeit" zwischen Sprachen einschätzen können, um diese dann als **Lernstrategie** zu nutzen (vgl. Edmondson/House 2006, 224). Positive Transfers in Lernersprachen bzw. in den Sprach(en)repertoires generell stellen eine Schnittstelle zur **Mehrsprachigkeitshypothese** dar (vgl. Riemer 2002, 64 f.). Diese besagt, dass Lernende ihre Sprach(en)repertoires nutzen können, um weitere Sprachen zu lernen bzw. um sie – insbesondere falls zur gleichen Sprachfamilie (z. B. zur germanischen, romanischen oder slavischen) gehörig – bei sprachlichen Teilfertigkeiten als Strategie einzusetzen, z. B. beim Lesen eines fremdsprachigen Textes. Eindrucksvolle Beispiele kommen aus der **Interkomprehensionsdidaktik**, die den Transferbegriff von Selinker (1969) erweitert (vgl. Meißner 2004) und unter anderem die Lese-Methode „Die sieben Siebe" entwickelt hat (vgl. Hufeisen/Marx 2007). Leser:innen könnten z. B. die Sprachen Deutsch und Englisch aus ihrem Sprach(en)repertoire nutzen, um die ebenfalls germanischen Sprachen Niederländisch, Schwedisch oder Norwegisch zu verstehen (vgl. Oleschko 2011). Möglichkeiten des positiven Transfers betreffen allerdings nicht nur sprachliche Ebenen wie Lexik und Syntax, transferiert werden können auch **Literacy-Erfahrungen** wie Sprachbewusstheit (z. B. phonologische Bewusstheit, Wissen über Schrift) und Textsortenwissen (vgl. Topalović 2019). Die hier vorgestellten Erklärmodelle bzw. Lerntheorien und L2-Erwerbshypothesen können – ergänzt um Bourdieu (2012) – aufgrund ihrer interaktionalen, mehrsprachigen und soziokulturellen Ausrichtung auf allen Ebenen im AA-IALT-Modell (→ 1) verortet werden.

2.4 Erwerbssequenzen und Meilensteine

Die empirischen Studienergebnisse aus der Spracherwerbs- bzw. Fremdsprachenforschung legen nahe, dass der L1- und L2-Erwerb – wenn wir Erwerbsprozesse als lineare Entwicklungen modellieren – in verschiedenen grammatischen Bereichen im Wesentlichen ähnlich verläuft. Insbesondere gilt dies im

A Verbalbereich	B Satzmodelle	C Kasus (ohne Präposition)
I Präkonjugale Phase *(Infinitive; Personalformen nur als chunks)*	I Hauptsatz *(Subjekt-Verb)*	
II regelmässige Konjugation der Verben im Präsens	II Koordinierte Hauptsätze W-Fragen Ja/Nein-Fragen	I Ein-Kasus-System *(nur N-Formen)*
III Konjugation der unregelmässigen Verben im Präsens Modalverb + Infinitiv	III Distanzstellung *(Verbalklammer)*	
		II Ein-Kasus-System *(beliebig verteilte N-, A-, D-Formen)*
IV Auxiliar + Partizip	IV Nebensatz	
	V Inversion *(X-Verb-Subjekt)*	III Zwei-Kasus-System Nominativ + Objektkasus *(N-Formen + beliebig verteilte A- und D-Formen)*
V Präteritum		
	Erwerb der Satzmodelle I – V abgeschlossen	IV Drei-Kasus-System Nominativ + Akkusativ + Dativ *(N-Formen + A-Formen + D-Formen)*
VI übrige Formen		

Abb. 2: Erwerbssequenzen zum Verbalbereich, zu Satzmodellen und zum Kasussystem aus Diehl et al. (2000, 364)

Bereich der Syntax (vgl. Settinieri/Spaude 2014). Eine viel zitierte Tabelle mit Erwerbssequenzen – im Sinne fester Erwerbsverläufe – stammt aus der Genfer DiGS-Studie (*Deutsch in Genfer Schulen*) (vgl. Diehl et al. 2000) (vgl. Abb. 2).

Die Grundlage bilden Sprachdaten von 220 Schüler:innen mit L1 Französisch und der schulischen Fremdsprache Deutsch in der 4.–13. Jahrgangsstufe (vgl. Diehl et al. 2000). Sie verdeutlicht zum einen, dass **adaptive Lernangebote** im Sinne der Zone der nächsten Entwicklung nur im Rahmen dieser Erwerbssequenzen das Lernen unterstützen können (→ 5). Interlanguages bzw. Lernersprachen gelten – je nach Phase – als „resistent gegen eine Beeinflussung von außen, etwa durch unterrichtliche Maßnahmen oder ein explizit negatives Feedback“ (Haberzettl 2014, 9). Zum anderen wird ersichtlich, dass Lehrkräfte den Fehlerbegriff kritisch reflektieren sollten. Wenn sich L2-Lernende (z. B. sog. „Seiteneinsteiger:innen“) noch in der Phase I des Ein-Kasus-Systems befinden und bei der Deklination ‚nur‘ Nominativformen gebrauchen, dann machen sie streng genommen keine Fehler, sondern können zunächst nur diese eine Form nutzen.

Als „[e]lementares Rüstzeug für die pädagogische Praxis“ bezeichnet Tracy (2007, 18) fachliches Wissen über „Regularitäten der Wortstellung und der Subjekt-Verb-Kongruenz“, die Lehrkräfte recht einfach mit dem topologischen Modell erfassen können, u. a. also mit der Satzklammer (vgl. dazu Gallmann (2019), Müller/Schönfelder (2019) und Uhl (2019), die das topologischeModell aus linguistischer, spracherwerbstheoretischer und sprachdidaktischer Perspektive beschreiben). Tracy (2007) unterscheidet folgende „Meilensteine“ in den L1-Erwerbssequenzen (Alter von 18–48 Monaten):

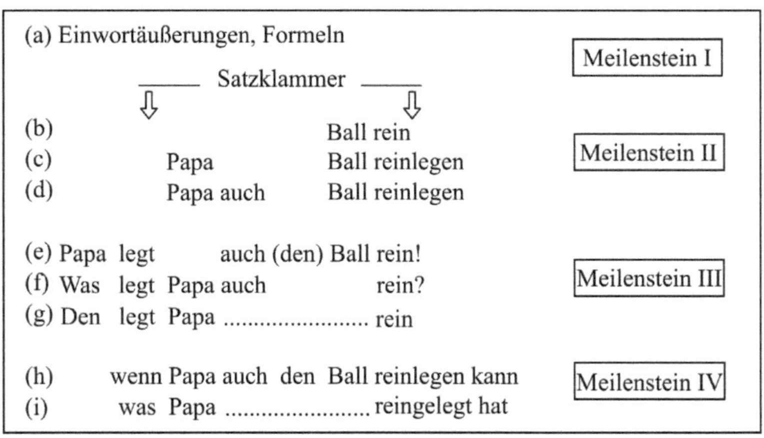

Abb. 3: Vier Meilensteine des Spracherwerbs (Tracy 2007, 21)

Im Gegensatz zu Diehl et al. (2000) setzt Tracy (2007) – ebenso wie Grießhaber (2010) und Schulz/Tracy (2011) – die Inversion (d. h. Subjekt nach linker Satzklammer in (f) *Was legt Papa auch rein?*) in der Erwerbsreihenfolge vor die Verbendstellung (d. h. (h) *wenn Papa auch den Ball reinlegen kann*) (vgl. Abb. 3). Dieser Unterschied ergibt sich aus der spezifischen Konstellation L1 Französisch / Fremdsprache Deutsch in der DiGS-Studie (vgl. umfassend Settinieri/Spaude 2014). Auf die Möglichkeit, den Sprachstand von Lernenden syntaktisch zu analysieren und ausgehend davon adaptive Lernangebote anzubieten, werden wir in Kap. 7 näher eingehen. Die von Diehl et al. (2000) rekonstruierte Erwerbsreihenfolge im Verbalbereich wird in Studien zum **Aspekt- und Tempuserwerb** sowohl für Deutsch als Erst- und Zweitsprache als auch für Deutsch als Fremdsprache in der Sprachproduktion bestätigt: 1. Infinite Formen, 2. Präsens, 3. Perfekt, 4. Präteritum (vgl. Topalović/Uhl 2014). Auf einen weiteren wichtigen Aspekt mit Blick auf das **Professionswissen** von Lehrkräften machen Peuschel/Burkard (2019) und Haberzettl (2005) aufmerksam. Der Erwerb von Zweitsprachen unterliegt in besonderer Weise emotionalen, kognitiven und linguistischen Einflussfaktoren:

> „Der Erwerb der für schulische Teilhabe und Lernerfolg notwendigen Deutschkenntnisse mehrsprachiger Kinder und Jugendlicher wird [...] wesentlich von der Kontaktdauer mit dem Deutschen, von Maßnahmen der frühkindlichen Bildung (vgl. z. B. Lengyel 2017), von Literalitätserfahrungen in verschiedenen Sprachen im Kindesalter und auch von der oder den bereits erworbenen Erstsprache(n) beeinflusst. Auch spielt die Möglichkeit, in zwei mündlich verfügbaren Sprachen lesen und schreiben zu lernen und zweisprachig schulisch alphabetisiert zu werden, eine große Rolle für den Ausbau sprachlicher Ressourcen – oder auch für deren Verlust. Der Prozess der schulischen Alphabetisierung ist zudem für alle Kinder mit dem Eintritt in die Grundschule eine neue Art des Umgangs mit Sprache, wobei das Erlernen von Lesen und Schreiben auch ohne den Faktor Deutsch eine Herausforderung darstellt.“ (Peuschel/Burkard 2019, 21)

Zu den linguistischen Faktoren zählen also auch die „bereits erworbenen Erstsprache(n)“ (ebd.), die einerseits positive Transfers ermöglichen, andererseits aber auch Einfluss nehmen auf die Erwerbsdauer. In ihrer Längsschnittstudie konnte Haberzettl (2005) belegen, dass der **Erwerb der Verbstellungsregeln** des Deutschen je nach der L1 der Lernenden (Russisch bzw. Türkisch) und der L1-Satzstrukturen schneller oder langsamer verläuft. Auch fachliches Wissen über verschiedene Sprach- und Schriftsysteme kann Lehrkräften helfen, die jeweiligen Sprachfähigkeiten und Entwicklungsprozesse ihrer Schüler:innen besser zu analysieren (→ 7). Empirische Ergebnisse zum **bilingualen Fremdspracherwerb** im Sachfachunterricht (auch: CLIL = *Content and Language Integrated Learning*) legen nahe, dass die Einflussvariablen **Kontaktdauer** und **Kontaktintensität** die größten Effekte auf den schulischen Erwerb von (Fremd-)Sprachen (hier: Englisch) haben. Kersten (2019) demonstriert dies anhand des folgenden Vergleichs zweier „Studien aus immersiven Grundschulen zum Wortschatz- und Grammatikerwerb in Deutschland, die die gleichen Ergebnisse verdeutlichen, die auch aus der internationalen Forschung bekannt sind" (ebd. 41):

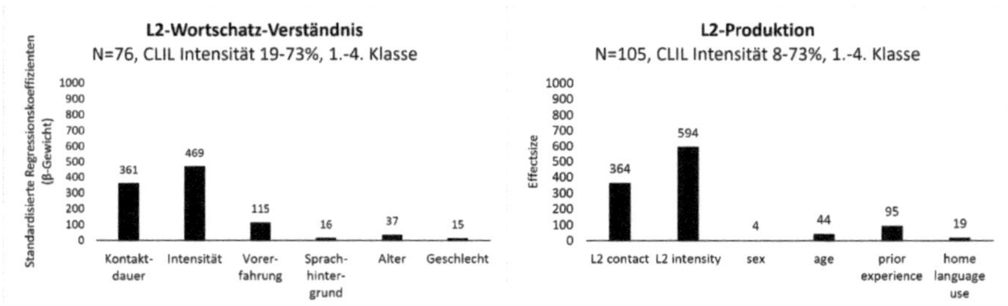

Abb. 4: Einflussvariablen und ihre Effektstärken aus den Studien Couve de Murville et al. (2016, 103) und Maier et al. (2016, 181), zitiert nach Kersten (2019, 41). Die Effektstärke gibt an, wie wirksam eine beobachtete Einflussvariable ist (z. B. klein, mittel oder groß auf einer Skala 0 bis 1).

Aus schulischer Perspektive können wir daraus ableiten, dass die Lernenden in ihren Sprachbildungsprozessen vor allem von einem quantitativ wie qualitativ sprachlich anregungsreichen Unterricht in allen Fächern profitieren können, und zwar während ihrer gesamten Schulzeit.

2.5 Aufgaben

A. Unter https://wals.info/feature/30A#2/26.7/149.1 finden Sie eine Karte, die die Anzahl an Genera in den Sprachen der Welt erfasst. Bei welchen L2-Lernenden des Deutschen könnte der Erwerb des Genussystems aufgrund ihrer L1 länger dauern?

B. In Lernaufgaben werden häufig Verberstsätze gebraucht, die aus einer linken Satzklammer (SK; Verbteil), einem Mittelfeld und einer rechten Satz-

klammer (Verbpartikel) bestehen. Bestimmen Sie bei den folgenden Sätzen die Satzklammern und füllen Sie das Mittelfeld aus. Was leiten Sie aus dem Ergebnis für die Gestaltung von Aufgabenstellungen ab?
Schreibe die Verben ab. Schreibe aus dem Text die Verben ab. Schreibe aus dem Text die zusammengesetzten Verben ab. Schreibe aus dem Text die zusammengesetzten Verben mit dem Wortbaustein weg- ab.

Linke SK	Mittelfeld	Rechte SK

2.6 Weiterführende Literatur

Baker, Colin/Wright, Wayne E. (2017): Foundations of Bilingual Education and Bilingualism. 6. Aufl. Bristol: Multilingual Matters.
Tracy, Rosemarie/Gawlitzek, Ira (i.V.): Mehrsprachigkeit, Spracherwerb. Tübingen: Narr Francke Attempto (= LinguS 10).
Wei, Li/Lin, Angel M.Y. (2019): Translanguaging classroom discourse: pushing limits, breaking boundaries. In: Wei, Li/Lin, Angel M.Y. (Hrsg.): Translanguaging Classroom Discourse. Classroom Discourse 10. Nr. 3–4, 209 –215. Online-Ressource.

3 Sprach(en)repertoires: Mehrsprachig sein

Sprachliche Bildungsprozesse in der Schule setzen voraus, dass die jeweiligen Sprachhandlungsfähigkeiten von Lernenden und ihre Entwicklung beschrieben werden können – zum einen als sprachliche Vorerfahrungen, zum anderen aber auch als Ziel des schulischen Unterrichts. Je nach Forschungsdisziplin werden unterschiedliche Modellierungen genutzt, die auch Eingang in länderspezifische Lehrpläne gefunden haben (z. B. konzeptionelle Schriftlichkeit in bayrischen Lehrplänen). Die verschiedenen Zugriffe auf Sprachen und Sprachvarietäten schließen einander nicht zwingend aus, sie werden nicht selten sogar synonym gebraucht (z. B. Bildungssprache und konzeptionelle Schriftlichkeit). Sie können aber auch dazu genutzt werden, verschiedene Perspektiven einzunehmen oder zu stärken. Wenn etwa die Erwerbsreihenfolge verschiedener Sprachsysteme im Vordergrund steht, wird häufig gezählt, z. B. L1 (= *Language 1*) oder Erstsprache, L2 oder Zweitsprache, oder aber es wird ‚gemixt' und z. B. von Erst-, Zweit-, Tertiär- und Fremdsprachen gesprochen, je nach Wissenschaftstradition (→ 2). Nicht selten werden dann in schulischen Zusammenhängen (vermeintlich) *einsprachige* Lernende von *mehrsprachigen* Lernenden unterschieden oder es wird von Lernenden „mit" *DaE/DaM* und Lernenden „mit" *DaZ* gesprochen. Im ersten Fall wird die innere Mehrsprachigkeit ausgeblendet; Einsprachigkeit bezieht sich dann nur auf das Sprachsystem Deutsch, Zwei- bzw. Mehrsprachigkeit auf Deutsch neben einer weiteren nicht deutschen Erstsprache (z. B. Deutsch/Französisch, Deutsch/Türkisch). Im zweiten Fall werden die Lernenden aus der Perspektive der Standardsprache Deutsch in den Blick genommen und einer möglichen Erwerbsreihenfolge (DaE, DaZ): Mehrsprachigkeit, ob innere oder äußere, wird nicht weiter oder nur am Rande betrachtet. Sie bleibt sogar sprachlich unsichtbar, weil „Zweitsprache" bei DaZ nicht zwingend die zweite Sprache im Erwerb sein muss; nicht selten erwerben gerade ältere zugewanderte Schüler:innen Deutsch nach Englisch oder Französisch. Und diese Sprachfähigkeiten könnten z. B. in mehrsprachigen Lehr-Lern-Kontexten fruchtbar gemacht werden (→ 5). Aus einer schulisch normativen Perspektive wiederum werden Modelle vor allem in ihrem jeweiligen standard- oder bildungssprachlichen Extrem-Pol fokussiert, z. B. konzeptionelle Schriftlichkeit oder CALP. Wir wollen von „Sprach(en)repertoires" als Oberbegriff ausgehen: Mit ihm lässt sich die „Gesamtheit der sprachlichen Möglichkeiten, die einem Sprecher in spezifischen Situationskontexten zur Verfügung stehen" (Pütz 2004, 226), erfassen.

> „Das Repertoire wird als Ganzes begriffen, das jene Sprachen, Dialekte, Stile, Register, Codes und Routinen einschließt, die die Interaktion im Alltag charakterisieren. Es umfasst also die Gesamtheit der sprachlichen Mittel, die Sprecher_innen einer Sprechgemeinschaft zur Verfügung stehen, um (soziale) Bedeutungen zu vermitteln." (Busch 2017, 21)

Mit dieser *holistischen* (‚ganzheitlichen') oder *heteroglossischen* (‚vielstimmigen'/ ‚vielsprachigen') Modellierung können Lehrkräfte ihren Blick dafür schärfen, dass sie selbst und auch *alle* ihre Schüler:innen mehrsprachig sind. Wir übernehmen hier die von Baker/Wright (2017) formulierte „holistic or heteroglossic perspective of bilingulism" (‚holistische oder heteroglossische Perspektive auf Zweisprachigkeit') und übertragen diese auf alle Sprachen und Sprachvarietäten. Diese Mehrsprachigkeit wird mit Eintritt in Bildungsinstitutionen (Kita, Schule, Universität), in den Beruf, letztlich jedoch ein Leben lang, weiter ausgebaut; sie verändert sich stetig und ist entsprechend dynamisch zu denken (→ 4). Gleichzeitig bietet sie die Chance, trotz des primären Bildungsziels der Schule, Lernende zur „Bildungssprache" Deutsch zu führen, alle anderen Sprachen und Sprachvarietäten der Lernenden nicht abzuwerten oder gar zu stigmatisieren, dies umso mehr als sie Teil der Identität sind. Dengscherz (2019, 523) nutzt „Sprach(en)repertoire" als Oberbegriff für „*Sprach*repertoire" im obigen Sinne (d. h. einer translingualen Gesamtheit) und für „*Sprachen*repertoire", wenn die Sichtbarmachung von Einzelsprachen innerhalb des Repertoires doch benötigt wird. Diese Sprach(en)repertoires wollen wir im Folgenden durch bekannte Modellierungen, die in der Forschungsliteratur immer wieder herangezogen werden, dennoch aufbrechen und zeigen, woraus sich diese Gesamtheit an sprachlichen Ausdrucks- und Handlungsmöglichkeiten zusammensetzen könnte und wie sie in verschiedenen Forschungsdiskursen je nach gewählter Perspektivierung modelliert wird. Sie bilden den Ausgangspunkt des sprachlichen Lernens (→ 5) und des fachlichen Lernens (→ 6) in der Schule und gehören entsprechend zum Professionswissen von Lehrkräften.

3.1 Innere und äußere Mehrsprachigkeit

In der linguistischen Mehrsprachigkeitsforschung werden drei bzw. vier Dimensionen der Mehrsprachigkeit unterschieden: a. individuelle Mehrsprachigkeit, b. gesellschaftliche Mehrsprachigkeit, c. institutionelle Mehrsprachigkeit und – dafür plädiert Franceschini (2011, 346 f.) – d. diskursive Mehrsprachigkeit (vgl. Riehl 2013, 378). Sie wird häufig auf verschiedene Sprachsysteme bezogen (z. B. Deutsch, Französisch und Letzeburgisch in Luxemburg als Beispiel gesellschaftlicher Mehrsprachigkeit), sie kann jedoch auch die jeweilige Standardsprache und Dialekte meinen (z. B. deutsche Standardsprache und Plattdeutsch oder Bairisch als Beispiel individueller Mehrsprachigkeit). Aus schulischer Perspektive ist die **institutionelle Mehrsprachigkeit**[7] interessant, weil sie unter anderem danach fragt, inwieweit Institutionen bzw. Bildungseinrichtungen, also auch Kindergärten, Schulen und Berufskollegs, die individuelle Mehrsprachigkeit ihrer Akteur:innen (Kinder/Schülerschaft, Erzieher:innen/Lehrkräfte, Kollegien) sichtbar machen, stärken und sogar in Lehr-Lern-Prozessen als diskursive Mehrsprachigkeit (vgl. Topalović 2019, 196 f.), die sich aus einer mehrsprachigen kommunikativen Praxis ergibt, zulassen:

> „With discursive multilingualism, the characteristics of bilingual and multilingual interactions in groups or dyads are in the foreground." (Franceschini 2011, 347)

Zu möglichen Praktiken heißt es bei Riehl (2013, 378):

> „Darunter sind etwa die verschiedenen Praktiken des **Code-Switchings** [...], Gespräche zwischen Muttersprachlern und Nicht-Muttersprachlern, der Gebrauch einer **Lingua Franca**, von **Ethnolekten** u.Ä. zu zählen."

In der deutschdidaktischen Forschung hat sich u. a. in der Rezeption von Wandruszka (1979) die Unterscheidung einer inneren und äußeren Mehrsprachigkeit etabliert (vgl. z. B. Pompe/Spinner/Ossner 2016). In jüngster Zeit wird sie sogar sowohl sprachtypologisch als auch forschungsmethodisch für relevant erklärt, auch weil sie neue, intra- wie interdisziplinäre Perspektiven eröffnet (vgl. Dannerer/Mauser 2018).

Die **innere Mehrsprachigkeit** bezieht sich auf verschiedene Sprachvarietäten einer Sprache im Sinne klar abgrenzbarer sprachstruktureller Subsysteme („Sprachen in der Sprache").

> „Varietäten als linguistische Subsysteme definieren wir als spezifische, systematisch vorkommende Sprachvarianten (Sprachgebrauchsformen), die sich durch signifikante und mehrfach auftretende Merkmale in Texten, Gesprächen oder multimedialen Einheiten auszeichnen (spezifische Kombination von Varianten in typologisierten

7 Früher war sie vor allem auf Institutionen in zweisprachigen Ländern bzw. Regionen bezogen, z. B. Deutsch und Italienisch in Südtiroler Institutionen bzw. Ämtern.

Text- und Gesprächsexemplaren). Diese Merkmalbündel von Sprachvarianten erscheinen im Kontrast zu anderen systematisch auftretenden Variantenrealisierungen (z. B. zum Standard) als markiert und rechtfertigen die Varietätenabgrenzung." (Felder 2016, 9)

Standardvarietäten oder **Standardlekte**: geschriebene und gesprochene Standardsprachen in der deutschen Sprache in Unterscheidung zu *Regiolekten* (z. B. Rheinisch), *Dialekten* (z. B. Kölsch), *Soziolekten* (z. B. Jugendsprachen), *Funktiolekten* (z. B. Alltagssprache, Fachsprache, Pressesprache) und *Ethnolekten* (z. B. Kiezdeutsch).[8]

Kiezdeutsch wird von Wiese (2012) sogar als „neuer Dialekt" vorgeschlagen. Diese Unterscheidung ist überaus relevant, weil sie die individuellen Sprachfähigkeiten von Lernenden abbilden kann: Je nachdem, mit welchen **Alltagssprachen** (z. B. standardlektal, dialektal, ethnolektal) die Kinder in die Schule kommen, verfügen sie über unterschiedliche sprachliche Lernausgangslagen für den schulischen Schriftspracherwerb. Der Weg zur konzeptionellen Schriftlichkeit, oder besser gesagt: zu Varietäten mit großer kommunikativer Reichweite, ist dann für die Lernenden unterschiedlich lang. Der Dialektforscher König (2004, 137) verdeutlicht das wie folgt:

> „Was ein Sprecher ‚höherer' Sprachformen mit in die Wiege gelegt bekommt, nämlich einen Code mit großer kommunikativer Reichweite (geografisch und sozial mit seiner Anwendbarkeit in den verschiedenen sozialen Situationen), muss ein Mensch, der mit einer Sprachform mit geringer kommunikativer Reichweite, z. B. auch einem Dialekt, ausgerüstet ist, erst erlernen."[9]

Manche Lernenden werden Lehrkräfte also mehr in ihrer sprachlichen Bildung – insbesondere beim Erwerb des Lesens und Schreibens – unterstützen müssen als andere (vgl. dazu Röber 2009). Zur inneren Mehrsprachigkeit – letztlich aber quer zu den Varietäten liegend – können zum einen auch die unterschiedlichen **Lernersprachen des Deutschen** (→ 2) gezählt werden, die sich nicht nur danach unterscheiden, wie lange z. B. ein Schüler bereits Deutsch lernt und mit welchem quantitativen und qualitativen Input, sondern auch welche Sprachvarietäten erworben werden. Zum anderen sind hier auch jene Spracherfahrun-

8 Vgl. dazu Felder (2016), Löffler (2016) und Dittmar (2010).

9 Am Ende des Erwerbsprozesses verfügt der Mensch dann über *zwei* Sprachsysteme (z. B. Standardsprache und Bairisch).

gen von Kindern zu verorten, die einer besonderen Förderung bedürfen, z. B. bei Sprachentwicklungsverzögerungen; auch diese liegen jeweils quer zu den Sprachvarietäten des Deutschen.

Die **äußere Mehrsprachigkeit** umfasst verschiedene Sprachsysteme, d. h. neben Deutsch z. B. schulische Fremdsprachen (z. B. Englisch, Französisch), Heritage-/Migrationssprachen (z. B. Türkisch, Ukrainisch, Bosnisch), Kontaktsprachen (z. B. Friesisch, Dänisch) und Gebärdensprachen (z. B. Deutsche Gebärdensprache/DGS).

Gebärdensprachen gehören zur äußeren Mehrsprachigkeit, weil sie eigenständige Sprachsysteme sind und – wie andere Sprachen – über Dialekte verfügen. Zu beachten ist, dass all die gerade aufgeführten Sprachsysteme – wie die deutsche Sprache auch – jeweils über eine innere Mehrsprachigkeit verfügen. Manche Kinder wachsen z. B. in der Familie mit einem italienischen Dialekt auf und nicht mit der italienischen Standardsprache. Die Letztere könnten sie erwerben, wenn sie in der Schule Italienisch als Fremdsprache wählen oder aber in den sog. „Herkunftssprachlichen Unterricht" (HSU) gehen (vgl. dazu Brehmer/Mehlhorn 2018, 69 ff.). Verfügen Sprachen allerdings über keine nationalsprachlichen Traditionen, dann sind Kindern diese Wege häufig versperrt (vgl. z. B. Kurdisch und Romani und deren „Unsichtbarkeit" aufgrund von Stigmatisierungen nach Brizic/Lo Hufnagl 2016). Und aus **inklusionsdidaktischer Perspektive** ist ebenfalls relevant, dass hörgeschädigte Kinder häufig bimodal mehrsprachig sind, weil sie Laut- *und* Gebärdensprachen erwerben (vgl. Becker/Jaeger 2019, 42 ff.). Nach dieser Unterscheidung in innere und äußere Mehrsprachigkeit sind also *alle* Menschen (Erzieher:innen, Lehrkräfte, Schulleitungen, Multiplikator:innen, Lernende usw.) mit ihren je eigenen **Sprachbiographien** schon immer mehrsprachig. Und diese Mehrsprachigkeit – wenn nicht bereits durch Zweisprachigkeit (im Sinne zweier verschiedener Systeme) begründet – wird insbesondere mit dem Eintritt in die Schule weiter ausgebaut; zum einen, weil die Kinder mit der schriftlichen Standardsprache Deutsch lesen und schreiben lernen – so manche vergleichen dies sogar mit dem Erwerb einer Fremdsprache –, zum anderen, weil Fremdsprachen als Fach und eventuell auch Herkunftssprachlicher Unterricht angeboten werden.

3.2 Konzeptionelle Mündlichkeit/Konzeptionelle Schriftlichkeit

Mit „Sprache der Nähe“ und „Sprache der Distanz“ haben die Romanisten Peter Koch und Wulf Oesterreicher (1985) eine Metapher geschaffen, die ein „Erfolgsmodell“ mit beispielloser „Karriere“ begründet hat; insbesondere gilt das für die **germanistische Forschung** (vgl. Feilke/Hennig 2016). Es steht für jene beiden Pole auf einem Kontinuum, die auch „konzeptionelle Mündlichkeit“ und „konzeptionelle Schriftlichkeit“ genannt werden. Grundlegend für das Nähe-Distanz-Modell ist die Unterscheidung von *Medium* und *Konzeption*. Sie geht auf eine **Kreuzklassifikation** von Söll (1985) zurück, für die Oesterreicher/Koch (2016, 20) die folgende Visualisierung nutzen:

		KONZEPTION	
		gesprochen	geschrieben
MEDIUM	graphisch	dt. *das is ne wichtige Angelegenheit* fr. *faut pas le dire* e. *I've got a car*	dt. *das ist eine wichtige Angelegenheit* fr. *il ne faut pas le dire* e. *I have a car*
	phonisch	dt. [ˈdasnəˈvɪçtjə ˈˀaŋgəˌleŋhaɪt] fr. [fopalˈdiːʀ] e. [aɪvˌgɒtəˈkɑː]	dt. [ˈdas ˀɪst ˀaɪnə ˈvɪçtɪgə ˈˀaŋgəˌleːgŋhaɪt] fr. [ilnəfopaləˈdiːʀ] e. [aɪˌhævəˈkɑː]

Abb. 5: Vierfelderschema mit den Sprachen Deutsch, Französisch und Englisch

Während das Medium eine **Dichotomie** darstellt – entweder ist eine Äußerung, ein Text bzw. Diskurs *graphisch* oder *phonisch* –, ist die Konzeption ein **Kontinuum**, d. h., eine Äußerung, ein Text bzw. Diskurs kann mehr oder weniger bzw. eher *konzeptionell mündlich* oder eher *konzeptionell schriftlich* sein. In Abb. 5 wird dieser Umstand durch die gestrichelte Linie dargestellt, in Abb. 6 durch das Kontinuum (samt Pfeilen in beiden Richtungen). Die auf dem Kontinuum aufgeführten **Text- bzw. Diskurssorten/-gattungen I–IX** werden als „graduelle Realisierungen“ (Oesterreicher/Koch 2016, 20) verstanden. Sie sind durch „Aspekte der sprachlichen Variation“, „den Duktus“ bzw. „die verwendeten Varietäten“ (Koch/Oesterreicher 1994, 587) gekennzeichnet: I) spontanes Gespräch unter Freunden, II) familiäres, spontanes Telefongespräch, III) Privatbrief unter Freunden, IV) Vorstellungsgespräch, V) Presse-Interview, VI) Predigt, VII) wissenschaftlicher Vortrag, VIII) Leitartikel, IX) Gesetzestext. Sie sind durch je eigene Kommunikationsbedingungen geprägt und unterliegen spezifischen Versprachlichungsstrategien.

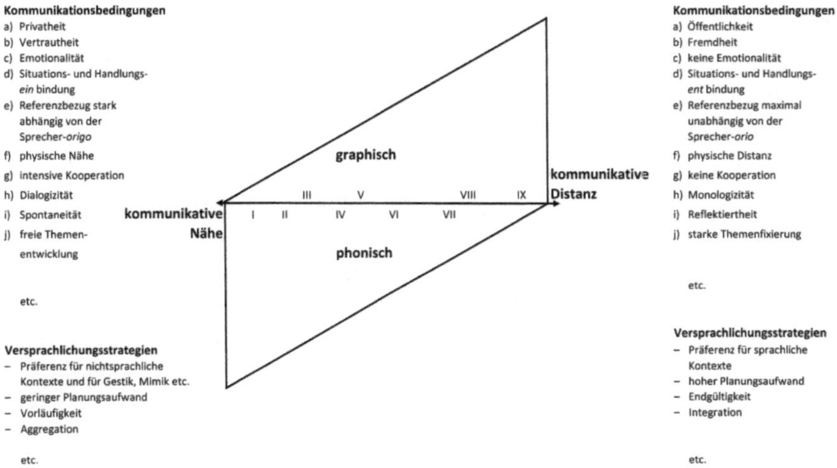

Abb. 6: Nähe-Distanz-Modell mit Kommunikationsbedingungen und Versprachlichungsstrategien (Oesterreicher/Koch 2016, 26)

Feilke (2016, 130) nennt drei „grundlegende Ambivalenzen des Konzepts", die dazu geführt haben, dass das Modell in der **sprach- und literaturdidaktischen Forschung** bzw. in schulischen Lehr-Lern-Kontexten oft rezipiert wird. In der linken Spalte stehen die von Koch/Oesterreicher (eher) intendierten Dimensionen, in der rechten Spalte jene, die dem Modell dennoch innewohnten und entsprechend auch so interpretiert werden könnten (vgl. umfassend Feilke 2016, 131 ff.):

Zeitneutralität (Anthropologische Universalität)	Entwicklungsbezogenheit
Wertneutralität	Normativität
Medienneutralität	Schriftlichkeitsbezug

Abb. 7: Intendierte Dimensionen (linke Spalte) und Dimensionen in schulischen Kontexten (rechte Spalte)

Die für die schulische Perspektive interessanteren Termini der rechten Spalte seien kurz ausgeführt: Die Lernenden entwickeln ihre in die Schule mitgebrachten Sprachfähigkeiten weiter, und zwar von einer situationsgebundenen Nähesprachlichkeit zu einer situationsentbundenen Distanzsprachlichkeit (**Entwicklungsbezogenheit**). Ziel des Deutschunterrichts ist es, alle Lernenden (auch) zur konzeptionellen Schriftlichkeit zu befähigen, die sie phonisch z. B. in Referaten oder graphisch z. B. in Klausuren oder in der Rezeption anspruchsvoller pragmatischer und ästhetischer bzw. in der Produktion analytischer Texte anwenden können. Konzeptionelle Mündlichkeit – obwohl in Lehrplänen durchaus als Lerngegenstand genannt – dürfte keine prominente Rolle spielen. So attestiert Feilke (2016, 138) sogar „der Sprachdidaktik ein fast ausschließliches Interesse an der Zieldimension konzeptioneller Schriftlichkeit“ (**Normativität**). Dies dürfte in der schulischen Unterrichtspraxis ähnlich aussehen – mehr noch: Bei der konzeptionellen Schriftlichkeit könnten Lehrkräfte dem graphischen Medium einen höheren Stellenwert beimessen als dem phonischen. Oder zugespitzt formuliert: Graphisch (und orthographisch) realisierte konzeptionelle Schriftlichkeit (z. B. in Klausuren) könnte stärker gewichtet werden als phonisch realisierte konzeptionelle Schriftlichkeit (z. B. in Referaten), nicht zuletzt, weil der schriftliche Sprachgebrauch die prototypische Distanzsprachlichkeit darstellt (**Schriftlichkeitsbezug**). Kulturgeschichtlich betrachtet, sind sprachliche „Ausbauprozesse gerade an die Schriftlichkeit gebunden“ (Tophinke 2016, 314). Trotz der am Nähe-Distanz-Modell immer wieder geübten Kritik[10] wird das Modell im deutschdidaktischen Diskurs häufig genutzt: Mit dem Modell wird unter anderem beschrieben, wie durch (dialogisches) Vorlesen ästhetisch anspruchsvoller (Bilder-)Bücher Kinder vorschulisch bzw. Lernende schulisch „einen (emotionalen, motivationalen und kognitiven) Zugang zur konzeptionellen Schriftlichkeit im Medium der Mündlichkeit“ (Garbe 2010, 181) gewinnen könn(t)en (vgl. Abb. 8). Selbst ein erweiterter Lese- und Schreibbegriff (vgl. Günthner 2013) scheint mit dem Nähe-Distanz-Modell kompatibel, allerdings nur, wenn bei der dichotomen Unterscheidung *graphisch/phonisch* „Zwischenstufen und Übergänge“ angesetzt werden, d. h. hier ebenfalls ein Kontinuum zu denken wäre (vgl. Hennies/Ritter 2014, 182). Auch die Studie von Merklinger (2011) zeigt eindrucksvoll, wie man durch ein interaktives, scaffoldingbasiertes Diktier-Schreib-Format „Lernräume für konzeptionelle Schriftlichkeit eröffnen“ (ebd. 192) kann.

Auch andere Deutschdidaktiker:innen, wie z. B. Kleinschmidt-Schinke (2018), haben Modifizierungen vorgenommen: Sie analysiert ausgehend von den Ver-

10 Vgl. dazu die weiteren Beiträge in Feilke/Hennig (2016).

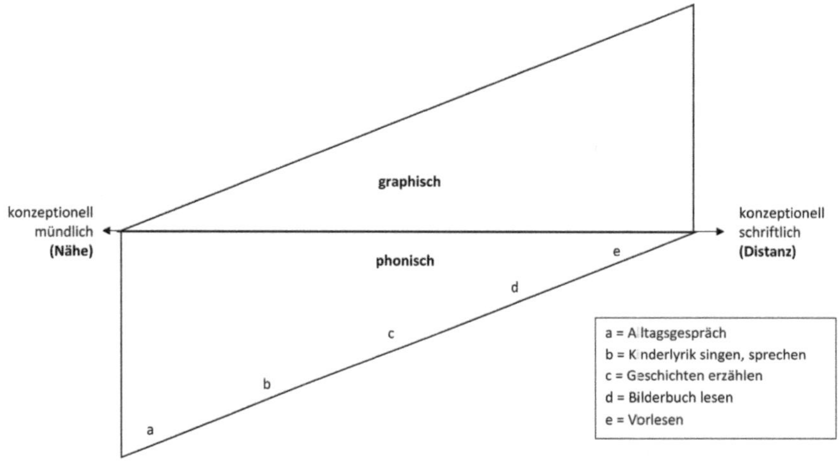

Abb. 8: Modifizierte Darstellung in Anlehnung an Hurrelmann (2003) und Garbe (2010, 181) aus Topalović/Drepper (2019, 329); die Platzierung von a–e im phonischen Medium dient lediglich der Veranschaulichung.

sprachlichungsstrategien (vgl. Abb. 6) die an Schüler:innen gerichtete Sprache (SGS) von Lehrkräften im Deutsch- und Biologieunterricht und kommt zu dem Ergebnis, dass Lehrkräfte ihren konzeptionell schriftlichen Sprachgebrauch von der Grundschule bis hin zur gymnasialen Oberstufe in der mündlichen Unterrichtskommunikation adaptiv an die Sprachhandlungsfähigkeiten ihrer Schüler:innen anpassen (vgl. auch http://www.schuelergerichtete-sprache.de).

3.3 Orat und literat: Spracherwerb als Sprachausbau

Eine alternative – aufgrund der unterschiedlichen Perspektivierung vielleicht auch eher parallele – Modellierung zum Nähe-Distanz-Modell stellt das bekannte Begriffspaar *orat/literat* des Linguisten Utz Maas (2010, 2016) dar. Die Gemeinsamkeiten und Unterschiede der beiden Modellierungen und ihre jeweiligen Vor- und Nachteile wurden vielfach kritisch und kontrovers diskutiert; lesenswerte, persönliche Stellungnahmen finden sich in Maas (2016) und Oesterreicher/Koch (2016). Ausgehend von der antiken Rhetorik plädiert Maas (2016) zum einen für eine **Registerdifferenzierung**, die sich „im Ausbau der Sprachfähigkeit in der Auseinandersetzung mit den sprachbiografisch sich ändernden Anforderungen der Umwelt geltend“ (Maas 2010, 97) macht, und zum anderen für die Unterscheidung *orater* und *literater* Strukturen bei der theoretischen Modellierung des kindlichen Spracherwerbs als **Sprachausbau.** Mit den drei Registern a) *formell*, b) *informell* und c) *intim* werden verschiedene Domänen korreliert, um „die Heterogenität in der beobachtbaren Sprachpraxis“ (Maas 2016, 95) abzubilden:

Registervariation	
Register	**Domäne**
formell	institutionell reguliert, Schriftsprache
informell/„öffentlich“	„Markt“, Arbeitsplatz ...
intim	Familie, enge Freunde ...

Abb. 9: „Register und Domänen der Sprachpraxis“ (Maas 2016, 96)

Da das *intime* Register an die Familie gebunden wird (Mündlichkeit) und das *formelle* Register an Institutionen und Schriftsprache (Schriftlichkeit), sind Schnittstellen zum Nähe-Distanz-Modell von Koch/Oesterreicher (→ 3.2) unverkennbar, dies umso mehr, als Maas (2016) „*orate* gegenüber *literaten* Strukturen als Pole definiert“ (ebd. 100).
In der grafischen Darstellung ist die Medialität – hier mit der Unterscheidung

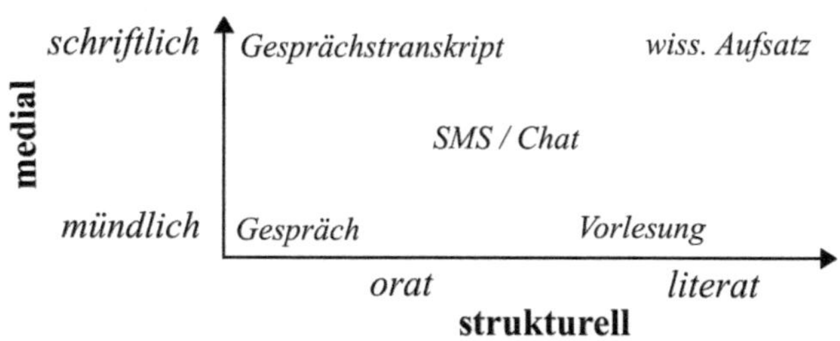

Abb. 10: Mehrdimensionale Modellierung des Sprachausbaus (Maas 2010, 43)

medial *schriftlich/mündlich* – von den sprachlichen Strukturen – hier mit der Unterscheidung **strukturell** *orat/literat* – getrennt. Der Sprachausbau findet letztlich in allen Registern statt und wird auch als „Gesamtinventar aller in einer Sprachgemeinschaft nutzbaren strukturellen Ressourcen“ (Maas 2016, 97) bezeichnet. Der Ausbau ist also dynamisch, funktional *und* mehrdimensional modelliert; der „erweiterte Sprachausbau“ ist allerdings an den „Erwerb der

Schrift" gebunden, denn „ausgebaute Strukturen werden als literate Strukturen bezeichnet" (Maas 2010, 26). Die sprachlichen Anforderungen in den verschiedenen Registern unterscheiden sich vor allem dadurch, ob die kulturellen Praktiken situativ gebunden (kontextgebunden), d. h. *kommunikativ*, oder situativ ungebunden (kontextfrei), d. h. *darstellend*, sind (vgl. Maas 2016, 96). Die Maas'sche Modellierung, die explizit eine Entwicklungs- bzw. Erwerbsdimension thematisiert, bietet vor allem aufgrund ihrer Perspektivierung auf sprachstrukturelle Merkmale ein großes Potential für die Analyse schulischer Lehr-Lern-Prozesse. Sie könnte den Blick dafür schärfen, dass Lernen in der Institution Schule immer auch sprachliches Lernen, grammatisches Lernen, sprachstrukturelles Lernen – oder kurz: sprachbildendes Lernen – in allen Fächern ist. Haueis (2018) bescheinigt dem Konzept des literaten Sprachausbaus ein größeres Potential als der „Bildungssprache" (→ 3.5), weil die vorschulisch erworbenen „sprachlichen und kulturellen Praktiken" der Kinder „als Ressource für das Erlernen des literaten Gebrauchs der Schriftsprache genutzt werden" (ebd. 79). Erkennbar wird damit auch die Anschlussfähigkeit des literaten Sprachausbaus an die kulturelle Geprägtheit des Spracherwerbs und die „Zone der nächsten Entwicklung" von Vygotskij (1934/2002) (→ 5.1).

3.4 BICS und CALP

Die Unterscheidung BICS für ***B**asic **I**nterpersonal **C**ommunicative **S**kills* und CALP für ***C**ognitive **A**cademic **L**anguage **P**roficiency* hat der kanadische Erziehungspsychologe Jim Cummins (1979), inspiriert von einer empirischen Studie von Skutnabb-Kangas/Toukomaa (1976), geprägt, in späteren Veröffentlichungen im Hinblick auf die theoretischen Grundlagen präzisiert und kritische Stimmen sowie mögliche Missinterpretationen diskutiert (z. B. 2000, 2008). Die Dichotomie sollte die Sprachentwicklung von Lernenden, die **Englisch als Zweitsprache** in schulischen Kontexten lernten, verdeutlichen. Sie wird sowohl in der (inter)nationalen Zweitspracherwerbsforschung als auch in (deutsch)didaktischen und pädagogischen Studien sowie (schulpraktischen) Handreichungen, insbesondere wenn es um fachliches Lernen bei L2 Deutsch geht, breit rezipiert. Im Gegensatz zu **BICS**, mit denen Sprachfähigkeiten in dialogischer, interaktionaler Kommunikation im Hier und Jetzt, d. h. kontext- und situationsgebunden, gemeint sind („conversational language"), umfasst **CALP** Sprachfähigkeiten, die kontextungebunden, abstrakt und kognitiv hoch anspruchsvoll sind („academic language"). In BICS-Situationen können die

Sprecher:innen den gesamten Situationskontext, Gestik, Mimik bzw. non- und paraverbale Kommunikationsanteile für die Rezeption und Produktion von Sprache nutzen. Sprachhandlungs- und -verstehensfähigkeiten, die CALP erfordern, werden nicht durch Situationsmodalitäten unterstützt und verlangen hohe Abstraktionsfähigkeiten. Die wissenschaftliche Genese dieser überaus einflussreichen, aber auch vielfach kritisierten Unterscheidung – eine aktuelle Zusammenstellung der Kritik bieten Baker/Wright (2017) – hat Cummins (2000, 2008) wiederholt dargelegt. Interessant ist dabei, dass er sich auf andere, ebenso einflussreiche theoretische Modellierungen beruft, unter anderem auf Vygotskijs „spontaneous and scientific concepts", Bruners „communicative and analytic competence", aber auch auf Gibbons' „*playground language* and *classroom language*" (vgl. 2000, 60 ff; 2008, 75). Im Gegensatz zu diesen seien bei der Unterscheidung von BICS/CALP vor allem die beiden miteinander verschränkten „cognitive and contextual demands" (= kognitive und kontextuelle Anforderungen) relevant, die grafisch im Überkreuzdesign dargestellt werden: Den vier Quadranten lassen sich laut Cummins (2000, 68) **prototypische Sprachhandlungen** zuordnen. Er nennt die folgenden: Alltagsgespräche füh-

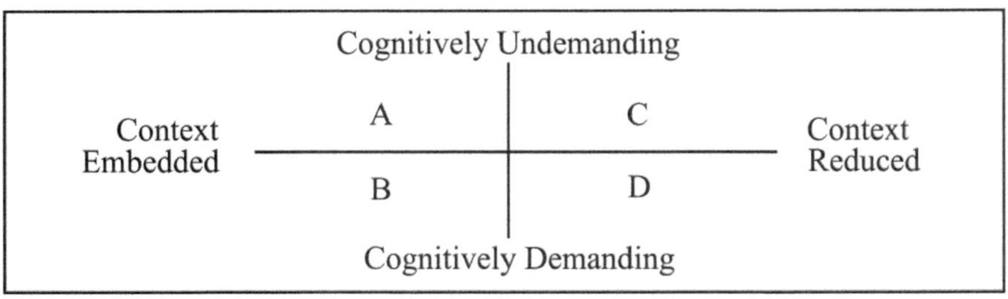

Abb. 11: „Range of contextual support and degree of cognitive involvement in language tasks and activities" (Cummins 2000, 68)

ren (A), jemanden von seinem Standpunkt überzeugen (B), Notizen von der Tafel abschreiben (C) und einen Essay schreiben (D). Eine Nähe zum Koch/Oesterreicher'schen Nähe-Distanz-Modell ergibt sich nicht nur aus Cummins' Unterscheidung „conversational language" vs. „academic language", sondern auch aus dem auch hier angenommenen **Kontinuum**, an dessen einem Pol die phonisch realisierte konzeptionelle Mündlichkeit und an dem anderen Pol die graphisch realisierte konzeptionelle Schriftlichkeit steht:

> „In general, as outlined in the previous section, context-embedded communication is more typical of the everyday world outside the classroom, whereas many of the linguistic demands of the classroom (e.g. manipulating text) reflect activities that are close to the context-reduced end of the continuum." (Cummins 2008, 68)

Das mag mit ein Grund sein, warum CALP nicht selten mit konzeptioneller Schriftlichkeit (→ 3.2), aber auch mit Bildungssprache (→ 3.5) gleichgesetzt wird. Laut Leisen (2011, 13) zeichnet sich ein **sprachsensibler** oder besser noch: **sprachbildender Fachunterricht** durch ein „kognitiv anregendes CALP-Sprachbad" aus, von ihm auch „bildungssprachliches Sprachbad" genannt (→ 7). Ausgehend von *Language-Transfer*-Theorien (z. B. in der Interlanguagehypothese) kann angenommen werden, dass CALP-Fähigkeiten von einer Sprache in eine andere Sprache positiv transferiert werden können (→ 2.3). Die **Transfers** betreffen vor allem allgemeine Abstraktionsfähigkeiten sowie das Wissen um situationsentbundene Sprache und Kommunikation. Neugebauer/Nodari (1999, 163) verdeutlichen mit den folgenden Beispielen, dass alle Sprachen und Sprachvarietäten der Lernenden in Lehr-Lern-Prozessen genutzt bzw. aktiviert werden sollten, auch weil sie entlastend und sprachbildend wirken könnten:

> „Wer in einer Sprache gelernt hat, Briefe zu schreiben, wird die dazu nötigen Fähigkeiten (Strukturieren, Gedanken linear formulieren, Ausführlichkeit usw.) auch in einer anderen Sprache nutzen können. Das gleiche gilt auch für andere Bereiche (z. B. einen längeren Zeitungsartikel verstehen, einen komplexen Handlungsablauf erklären, einen Vortrag verstehen, über Grammatik reflektieren, Wörter differenziert anwenden)."

Dazu gehören also auch textsortenspezifische Sprachhandlungsfähigkeiten. Weitere Transfermöglichkeiten bestehen bei (multimodalen) **Literacy-Erfahrungen** – verstanden als Literalitäts- *und* Literaritätserfahrungen – wie z. B. Wissen um Schrift(kulturen) (Literalität) und z. B. Wissen um literarische Stoffe und narrative Muster (Literarität). Wir werden darauf im 5. Kapitel zurückkommen, wenn es unter anderem um mehrsprachige Ansätze beim sprachlichen Lernen geht.

3.5 Alltagssprache – Bildungssprache – Fachsprache

Die Unterscheidung von Alltagssprache, Bildungssprache und Fachsprache (zuweilen auch um Wissenschaftssprache ergänzt) wird in verschiedenen Wissenschafts(teil)disziplinen genutzt, insbesondere dann, wenn es um die Erforschung des sprachbildenden Fachunterrichts oder anders gesagt der Bedeutung von **Sprache im Fach** geht (→ 6). Im Gegensatz zur Bildungssprache sind Alltagsprache(n) und Fachsprache(n) Bestandteil von sozio- bzw. varietätenlinguistischen Modellen und werden dann als strukturell abgrenzbare funktionale Varietäten des Deutschen der inneren Mehrsprachigkeit zugeordnet (→ 3.1). Felder (2016, 9) unterscheidet bei der Abgrenzung von Varietäten innersprachliche und außersprachliche Differenzierungsmerkmale: Während die innersprachlichen Merkmale auf den Ebenen Phonetik/Phonologie (auch Prosodie), Graphematik, Morphologie, Lexikologie, Syntax und Textlinguistik (auch Gesprächslinguistik) beschrieben werden können, beziehen sich die außersprachlichen Merkmale auf drei **Bestimmungsfaktoren** (ebd.):

1. das Areale
   („z.B. die räumlich begrenzte Verbreitung von *heben* im Sinne von >halten<"),
2. das Soziale
   („z.B. *chillen* als jugendsprachlicher Ausdruck") und
3. das Fachlich-Funktionale
   („z.B. die Verwendung des Fachworts *Angiographie*")

Eine Abgrenzungsdimension von Varietäten ist also auch die jeweilige „Reichweite": Kommunikative Reichweite wird in der Forschungsliteratur mit *Diatopik* („Areales"), soziale Reichweite mit *Diastratik* („Soziales") und funktionale Reichweite mit *Diaphasik* („Fachlich-Funktionales") gleichgesetzt (vgl. z. B. Riebling 2013, 111). Die geschriebenen deutschen **Standardsprachen** (in Deutschland, Österreich, der Schweiz usw.), wie wir sie beispielsweise in pragmatischen und ästhetischen Texten, in Lehr- und Handbüchern, aber auch in analogen und digitalen Nachrichtenmedien finden, haben die größte kommunikative Reichweite. **Standardsprachlichkeit** ist und muss auch das Ziel des Deutschunterrichts sein (vgl. Ossner 2008, 54). Nur wenn Lernende in ihrem Sprach(en)repertoire auch Standardvarietäten produktiv und – besonders – rezeptiv (Hör- und Leseverstehen) nutzen können, ist eine berufliche, aber auch demokratische Teilhabe in *allen* gesellschaftlichen Domänen gepaart mit Chancengleichheit überhaupt erst möglich.

Wir wollen die Bezeichnungen „Bildungssprache“ und „Alltagssprache“ im Folgenden näher betrachten: Der Terminus **Bildungssprache** ist kein genuin varietätenlinguistischer: So zählt Löffler (2016) zu den „Funktiolekten“ die Alltags-, Literatur-, Fach-, Wissenschafts-, Verwaltungs- und Pressesprache; die Bildungssprache bleibt unerwähnt. In der Forschungsliteratur wird Bildungssprache dennoch als funktionale Varietät bzw. als Register bezeichnet (vgl. z. B. Feilke 2012). Der Register-Terminus geht auf Halliday (1978) zurück: „*Register* sind nach Halliday semantisch und grammatisch definierte Varietäten differenziert nach situativen Kontexten.“ (Dittmar 2004, 217) Laut Habermas (1977, 37 ff.) ist **Bildungssprache** „die Sprache, die überwiegend in den Massenmedien, in Fernsehen, Rundfunk, Tages- und Wochenzeitungen benutzt wird“, und eine Art Mittlerin zwischen **Wissenschaftssprache** und **Umgangssprache**. Von der Umgangssprache, die die Sprache des Alltags sei und „‚naturwüchsig‘ gelernt“ werde, unterscheide sie sich „durch die Disziplin des schriftlichen Ausdrucks und durch einen differenzierteren, Fachliches einbeziehenden Wortschatz“, von **Fachsprachen** „dadurch, daß sie grundsätzlich für alle offensteht, die sich mit den Mitteln der allgemeinen Schulbildung ein Orientierungswissen verschaffen können“. Zur Bedeutung der Bildungssprache aus schulischer Perspektive heißt es bei Gogolin (2009, 268):

> „Besonderes Gewicht aber besitzt dieses Register im Bildungskontext, weil es in Lernaufgaben, Lehrwerken und anderem Unterrichtsmaterial sowie in Prüfungen verwendet wird, und zwar umso intensiver und ausgiebiger, je weiter eine Bildungsbiographie fortgeschritten ist – also je weiter sich der Unterricht in Fächer bzw. Fächergruppen ausdifferenziert. Auf der normativen Ebene ist mit ‚Bildungssprache‘ dasjenige Register bezeichnet, dessen Beherrschung vom ‚erfolgreichen Schüler‘ erwartet wird.“

Im Modell von Martin/Rose (2008) und Rose (2018) ist das Register im „context of situation“ verortet, im AA-IALT-Sprachmodell entsprechend unter „Situationskontext(e)“. Um die Varianz von Registern in verschiedenen Situationskontexten zu modellieren, werden in der Halliday'schen Theorie die drei Variablen *Field*, *Tenor* und *Mode* unterschieden, die nach Halliday (1985, 12) das jeweilige Register charakterisieren (hier zitiert nach Martin/Rose 2008, 11):

> „**Field** refers to what is happening, to the nature of the social action that is taking place: what it is that the participants are engaged in, in which language figures as some essential component.

> **Tenor** refers to who is taking part, to the nature of the participants, their statuses and roles: what kinds of role relationship obtain, including permanent and temporary relationships of one kind or another, both the types of speech roles they are taking on in the dialogue and the whole cluster of socially significant relationships in which they are involved.
> **Mode** refers to what part language is playing, what it is that the participants are expecting language to do for them in the situation: the symbolic organisation of the text, the status that it has, and its function in the context [...]."

Morek/Heller (2019) plädieren ausgehend von einer „ethnomethodologisch fundierten Gesprächs- und Textlinguistik" dafür, statt von einem Register von „bildungssprachlichen Praktiken" zu sprechen – in Bildungskontexten wären das „z.B. Argumentieren, Erklären, Beschreiben, Berichten" (ebd. 1 ff.). Als Vorteil nennen sie die Möglichkeit, „die grundsätzliche Kontextualisierung des Gebrauchs von Bildungssprache stärker hervorzuheben" (Morek/Heller 2012, 89). Bildungssprachliche Praktiken seien zudem „i.d.R. auf diskursiver/textueller Ebene verortet" (Morek/Heller 2019). Gerade die Tatsache, dass (funktionale) Varietäten wie auch Register je nach den Kommunikationsbedingungen variieren, legt es nahe, „Register" und damit auch die „Bildungssprache" im AA-IALT-Sprachmodell auf der Ebene „Situationskontext(e)" zu sehen, Praktiken bzw. Sprachhandlungen hingegen auf der Ebene „Diskurse/ Texte in Kontext(en)" (→ 1). Denn: Sprachhandlungen wie BESCHREIBEN, ERKLÄREN, BERICHTEN können sprachlich variabel realisiert werden. In **schulischen Situationskontexten** erwarten Lehrkräfte z. B. in Unterrichtsgesprächen oder in Prüfungsformaten (eher) standard- bzw. fachsprachliche oder eben auch „bildungssprachliche" Praktiken – z. B. beim ARGUMENTIEREN. Anders sieht es jedoch in Freundschafts- oder Schulhofgesprächen aus, in denen etwas beschrieben, erklärt oder begründet wird. Weil diese Unterschiede eine Art **schriftkulturelle Konstante in Bildungsinstitutionen** sind, können Lernende sprachenübergreifende Transfers nutzen; dabei ist wichtig, dass die Lehrkräfte die sprachlich-diskursiven Erwartungen in den jeweiligen Fächern (Fachkulturen) explizit thematisieren. Vollmer (2011, 2) nennt aus Sicht aller schulischen Fächer acht „zentrale Diskursfunktionen" (Sprachhandlungen) auf Makroebene, die sich „als Überschneidungsmenge aus den verschiedenen theoretischen Ansätzen und Listen in der Fachliteratur ergeben" (ebd.) haben:[11]

11 https://www.home.uni-osnabrueck.de/hvollmer/VollmerDF-Kurzdefinitionen.pdf (11.5.2021).

1. AUSHANDELN (engl. *Negotiating*) von Bedeutung wie von Prozessen
2. ERFASSEN / BENENNEN (engl. *Naming*)
3. BESCHREIBEN / DARSTELLEN (engl. *Describing*)
4. BERICHTEN / ERZÄHLEN (engl. *Reporting/Narrating*)
5. ERKLÄREN / ERLÄUTERN (engl. *Explaining*)
6. ARGUMENTIEREN / STELLUNG NEHMEN (engl. *Arguing/Positioning*)
7. BEURTEILEN / (BE)WERTEN (engl. *Evaluating*)
8. SIMULIEREN / MODELLIEREN (engl. *Simulating / Modelling*)

Auch in der (spezifisch) deutschdidaktischen Forschung werden die meisten von ihnen thematisiert bzw. erforscht: So gehen Rezat/Feilke (2018, 24) von sechs „relevanten Texthandlungstypen" bei der Textproduktion aus, und zwar vom „Erzählen, Beschreiben, Berichten, Erklären, Instruieren, Argumentieren" (ebd.). Und in der bekannten Längsschnittstudie von Augst et al. (2007), in der die Entwicklung von „Text-Sorten-Kompetenz" in der Grundschule untersucht wurde, standen bei den Schreibaufträgen im Fokus: ERZÄHLEN, BERICHTEN, INSTRUIEREN, BESCHREIBEN und ARGUMENTIEREN. Das Sprachdaten-Korpus ist eins der wenigen, das online zugänglich ist. Noch nicht (richtig) im Blick der deutschsprachigen Schreibdidaktik ist die Frage, wie Lernende Translanguaging- und Transferprozesse auf dem Weg zu standardsprachlichen Handlungsfähigkeiten nutzen können. Selbst das materialgestützte Schreiben beim ARGUMENTIEREN in der Oberstufe wird nicht aus Sicht von **Multilingualität** gedacht.[12] Einen anderen wichtigen Aspekt macht Stegkemper (2018) stark: Damit auch Lernende mit dem Förderschwerpunkt geistige Entwicklung

	Ausdrucksform							
	nonverbal				*verbal*			
Sprachhandlung	idiosynkratische Zeichen	konventionelle Gesten	Gebärden	Zeigen auf Fotografien, Bilder oder Piktogramme	Einwortsätze	Mehrwortsätze	komplexe Sätze, alltagssprachlich	komplexe Sätze, komplexe sprachliche Mittel

Abb. 12: Multimodales Konzept „bildungssprachlicher Handlungen" (ebd. 382)

12 Dengscherz (2019) untersucht Translanguaging in Schreibprozessen von Wissenschaftler:innen und Studierenden.

„bildungssprachlich" handeln können, plädiert er dafür, Sprachhandlungen in ihrer **Multimodalität** (inkl. Multicodalität) zu denken.

Auch der Terminus **Alltagssprache** ist nicht eindeutig und wird begrifflich unterschiedlich gefasst: Nicht selten wird Alltagssprache der konzeptionellen (wie auch medialen) Mündlichkeit bzw. mündlichen, dialogischen Kommunikation und/oder BICS zugeordnet und Bildungssprache eher der konzeptionellen (wie auch medialen) Schriftlichkeit bzw. schriftlichen, monologischen Kommunikation und/oder CALP. Während die Bildungssprache (wie auch die Fachsprache) vor allem über spezifische bzw. charakteristische Merkmale beschrieben wird, gibt es „kaum ähnlich explizite Deskriptionen der Alltagssprache" (Tajmel 2017, 254). Für die Bildungssprache nennt Stahns (2016, 45) in seiner Synopse Funktionsverbgefüge, fach- bzw. inhaltsspezifischen Wortschatz und Fremdwörter auf **lexikalischer Ebene** sowie Nominalisierungen, komplexe Nominal- und/oder Präpositionalphrasen, Komposita und Ableitungen, unpersönliche Konstruktionen (Passivformen etc.), Präfixverben, Konjunktivformen und syntaktisch komplexe Satzkonstruktionen **auf grammatischer Ebene**. Insbesondere wird kaum kritisch reflektiert, dass sich die Alltagssprachen der Kinder und Jugendlichen in ihrer Nähe bzw. Ferne zu Standardvarietäten unterscheiden, je nachdem, welche Literacy-Erfahrungen sie vor der Schule bzw. im familiären Umfeld machen konnten bzw. können, auch mit Blick auf diskursive Praktiken. Der Weg der Lernenden zu den in Bildungsstandards beschriebenen Kompetenzen ist entsprechend unterschiedlich lang, die Bildungsziele klein- oder großschrittiger erreichbar. Ziel des inklusiven Deutsch- bzw. Schulunterrichts sollte es deshalb sein, ausgehend von den je individuellen multimodalen Sprach(en)repertoires – im Idealfall der inneren wie äußeren Mehrsprachigkeit – **adaptive Lernangebote** zu machen, die die Sprachbildungsprozesse aller Lernenden anregen und unterstützen. Entscheidend ist, dass alle Schüler:innen Fortschritte im Lernen machen und wir ihnen das auch zutrauen.

3.6 Aufgaben

A. Malen Sie Ihr ganz persönliches Sprachenportrait (vgl. Grafik im Anhang). Welche Bedeutung haben Zeiten, Orte, Menschen, Lebensabschnitte, Institutionen in Ihrem Sprach(en)repertoire? Tauschen Sie sich mit jemandem darüber aus.

B. Sie haben verschiedene Modelle und Ansätze kennengelernt, mit denen die Sprach(en)repertoires von Lernenden beschrieben werden können. Häufig werden dabei verschiedene sprachliche „Pole" unterschieden. Wählen Sie ein Paar (z. B. BICS und CALP) aus und ordnen Sie den Polen vergleichbare Bezeichnungen zu.

3.7 Weiterführende Literatur

Feilke, Helmuth (2012): Bildungssprachliche Kompetenzen – fördern und entwickeln. In: Praxis Deutsch 233, 4–13.

Koch, Peter/Oesterreicher, Wulf (1994): Schriftlichkeit und Sprache. In: Günther, Hartmut/Ludwig, Otto (Hrsg.): Schrift und Schriftlichkeit. Ein interdisziplinäres Handbuch internationaler Forschung. 1. Halbband. Berlin/New York: De Gruyter, 587–604.

Stegkemper, Jan Markus (2018): Schüler*innen mit geistiger Behinderung als Verlierer eines bildungssprachlich orientierten Unterrichts!? Überlegungen zu einem erweiterten Verständnis bildungssprachlicher Handlungen. In: Caruso, Celestine/Hofmann, Judith/Rohde, Andreas/Schick, Kim (Hrsg.): Sprache im Unterricht. Ansätze, Konzepte, Methoden. Trier: wvt, 373–386.

4 Durchgängige Sprachbildung

Sprachkompetenzen werden in allen lebensweltlichen Kontexten eines Menschen sukzessive und ein Leben lang auf- und aus- (oder auch wieder ab-) gebaut. Somit stellen alle Umgebungen, d. h. alle Kultur-, Situations- und Diskurskontexte, in denen sich Lernende regelmäßig bewegen, immer auch implizite und explizite Erwerbsgelegenheiten dar (vgl. AA-IALT-Modell). Unterschieden werden können diese Lehr-Lern-Kontexte zunächst nach schulischen und außerschulischen Lernorten, wobei sich durchgängige Sprachbildung primär auf den schulischen Kontext bezieht, außerschulische Lernkontexte aber durchaus in die Betrachtung mit einbezieht (vgl. Burwitz-Melzer/Königs/Riemer 2015). Grundsätzlich bemüht sich das Konzept der durchgängigen Sprachbildung entsprechend darum, sprachliche Bildungsprozesse möglichst breit in den Blick zu nehmen, wobei in Bezug auf funktionale Varietäten ein besonderer Fokus auf „bildungssprachlichen Fähigkeiten" (Lange/Gogolin 2010, 14) liegt.

Während **Sprachbildung** also auf den zentralen Gegenstand, die „Bildungssprache" (→ 3), verweist, bezieht sich das Attribut *durchgängig* auf die Umsetzung sprachbildender Maßnahmen bzw. Angebote. Dabei ist einerseits angesprochen, dass Sprachbildung wie auch die zu erwerbenden unterschiedlichen sprachlichen Register selbst (vgl. Spaude/Settinieri 2018) als ein Kontinuum zu modellieren ist (Reich 2013, 60). Andererseits wird zum Ausdruck gebracht, dass Sprachbildung für alle Menschen relevant ist und dass sich sprachliche Bildungsprozesse zudem durch ganz unterschiedliche lebensweltliche Dimensionen hindurchziehen.

Die Vision einer durchgängigen Sprachbildung für alle Schüler:innen[13] wurde im Rahmen des BLK-Modellprogramms FörMig (= Förderung von Kindern und Jugendlichen mit Migrationshintergrund, 2004–2009) entwickelt, ausdifferenziert und auf Basis „modellhaft erprobter Praxis" (Reich 2013, 55) konkretisiert. Besondere Schwerpunkte lagen auf Sprachdiagnostik, sprachbildendem Fachunterricht, Kooperation, Mehrsprachigkeit als Ressource sowie der Gestaltung von Übergängen im Bildungssystem (vgl. auch https://www.foermig.uni-hamburg.de). Auch wenn der Projektname vermuten lassen könnte, dass

13 Vorläuferkonzepte, auf die sich die durchgängige Sprachbildung stützt, sind insbesondere „Language Across the Curriculum" (LAC), „Content and Language Integrated Learning" (CLIL), „Sheltered Instruction Observation Protocol" (SIOP), „Language Awareness" sowie „Scaffolding" (Lange/Gogolin 2010, 15; Brandt/Gogolin 2016, 8 f.).

Überlegungen zur durchgängigen Sprachbildung nur auf Lernende mit „Migrationshintergrund“ beschränkt sein könnten, so wurde das Konzept doch von Anbeginn an inklusiv gedacht und adressierte zumindest auf der Umsetzungsebene grundsätzlich alle Lernenden (vgl. Gogolin 2018).

4.1 Vertikale und horizontale Dimensionen

Bei der Modellierung der durchgängigen Sprachbildung werden systematisch eine *vertikale* (diachrone) *Dimension* sowie eine *horizontale* (synchrone) *Dimension* unterschieden. Die vertikale Dimension bezieht sich dabei zunächst auf den sprachbiographischen Verlauf in Bildungsinstitutionen. Hier lässt sich im Verlauf der Bildungsbiographie eine kontinuierlich ansteigende Komplexität sprachlicher Formen modellieren (Tab. 2).

Erwerbskontext	Erwerbsfokus	Diskursbeispiel
Kindertagesstätte (U3[14])	Grundwortschatz	• *Was ist das?* • *Ente.* • *Ja, genau, und wie macht die Ente?* • *Quak, quak, quak…* • *Und was ist das?*
Kindertagesstätte (Ü3)	Sprachliche Grundstrukturen	• *Und wohin fährt dein Auto? Fährt es zum Supermarkt oder zur Schule? Oder willst du auf dem Parkplatz stehenbleiben?* • *Ich will zu die Schule.*
Grundschule	Schriftspracherwerb, Ausbau literater Strukturen	*Magneten „kleben“ nicht aneinander, sie „werden voneinander angezogen“.*
Sekundarstufe I	Ausbau fachsprachlicher Kompetenzen	*„Dominant-rezessiv“ bedeutet, dass es ein dominantes Allel, das sich im Phänotyp immer durchsetzt, und ein rezessives Allel, das phänotypisch nur sichtbar wird, wenn es von beiden Elternteilen vererbt wird, gibt.*

14 Kindertagesstätten trennen in der Regel zwischen Gruppen für Kinder unter drei Jahren (U3) und Kinder über drei Jahren (Ü3). Manchmal werden zusätzlich Vorschulgruppen für Kinder im letzten Jahr vor der Einschulung gebildet.

Sekundarstufe II	Übergang zur Wissenschaftssprache	*Historische Quellen müssen vor ihrer Interpretation grundsätzlich kritisch in ihrem Erkenntniswert in Bezug auf die Forschungsfrage eingeschätzt werden.*
Berufsausbildung oder Studium	Berufs- oder Wissenschaftssprache	*Die Valenz eines Verbs bezieht sich darauf, wie viele obligatorische und fakultative Ergänzungen es fordert.*
Beruf	Berufssprache	*Eins drei kariös.*

Tab. 2: Durchgängige Sprachbildung in vertikaler (diachroner) Perspektive

Während im vorschulischen Elementarbereich der Fokus klar auf dem Aufbau allgemeinsprachlicher Grundlagen sowie auf Vorläuferfertigkeiten liegt, markiert der Eintritt in die Grundschule den Beginn des Schriftspracherwerbs und damit den sicherlich größten Einschnitt in der Sprachentwicklung von Kindern und Jugendlichen. Die Eroberung der schriftsprachlichen Welt, insbesondere durch den Erwerb von Lese- und Schreibkompetenz, stellt zumindest in Schriftkulturen die zentrale Vorbedingung des Erwerbs zunehmend komplexerer sprachlicher Muster dar. Der Übergang in die Sekundarstufe zeichnet sich dann durch eine Auffächerung der Bildungsdomänen aus. So geht beispielsweise der Sachunterricht in ein ganzes Fächerspektrum u. a. aus Biologie, Chemie, Physik, Erdkunde, Geschichte, Politik über. In der Sekundarstufe II bahnt sich der Übergang von der Fachsprachlichkeit zur Wissenschaftssprache an (vgl. Lange/Gogolin 2010, 16). Dieser domänenspezifische Sprachausbau setzt sich fort bis in Ausbildung und Beruf hinein, wobei er sich zunehmend individualisiert, was zu ganz unterschiedlichen Sprachkompetenzprofilen führen kann, die bei Erwachsenen nicht zuletzt stark durch ihr Arbeitsumfeld geprägt sein können.

Gleichzeitig wandelt sich unsere Sprachkompetenz auch im Erwachsenenalter noch fortlaufend. Sprachen, aber auch sprachliche Teilkompetenzen, die wir nicht anwenden, vergessen wir durchaus auch wieder (*language loss, language attrition*). Wer (ohne Chemiestudium) wäre bspw. noch in der Lage, das Periodensystem der Elemente fachsprachlich angemessen zu erläutern? Oder wer spricht noch einigermaßen fließend Französisch, auch wenn die Fremdsprache mehrere Jahre in der Schule gelernt wurde? Sprachkompetenzverlust und der Verlust von Fachwissen sind hier eng miteinander verbunden. Gleichzeitig bauen wir unsere Sprachkompetenzen ganz selbstverständlich aber auch fortlaufend weiter aus, wenn wir z. B. ein neues Hobby beginnen, ein Baby bekommen, den Arbeitsplatz, das Studienfach oder den Studienort wechseln oder die Lebenspartnerschaft ändern und uns dadurch in ‚fremden' Kontexten mit neuen Interaktionspartner:innen in uns zuvor unbekannte Diskurse einarbeiten. Auch hier wird noch einmal deutlich, wie eng Sprache und lebensweltliche Domänen grundsätzlich verbunden sind. Eine besondere Herausforderung bei der Gestaltung sprachbildender Prozesse liegt in den Übergängen zwischen den Bildungsinstitutionen, um angestoßene Entwicklungen bestmöglich weiter zu unterstützen und nicht etwa abreißen zu lassen. FörMig hatte sich daher u. a. zum Ziel gesetzt, diese Übergänge durch die Entwicklung unterschiedlicher sprachdiagnostischer Verfahren (→ 5) abzufedern.

Im Gegensatz zur vertikalen, bildungsbiographischen Dimension nehmen die verschiedenen horizontalen Dimensionen durchgängiger Sprachbildung keine diachrone, sondern eine synchrone Perspektive ein. Sie erstrecken sich über einzelne Fächer bzw. Lernbereiche und schließen verschiedene Bildungsakteur:innen (Eltern, außerschulische Partner:innen) sowie den Herkunftssprachenunterricht mit ein. Die horizontalen Dimensionen sind dabei immer wieder unterschiedlich unterteilt worden, so z. B. etwas differenzierter bei Gogolin/Lange (2011, 119):

> „Horizontale Verbindungsstellen beschreiben (a) die Beziehungen zwischen den Sprachen unterschiedlicher Fächer und Lernbereiche in der Schule (Sprachbildung in allen Fächern) sowie (b) zwischen den Sprachen schulischer, schulbegleitender und außerschulischer Lehr-Lern-Situationen (z. B. Einbezug der Eltern, Sprachbildung in Ganztagesangeboten) und (c) zwischen unterschiedlichen Sprachen (Erst-, Zweit- und Fremdsprachen)."

Im Unterschied dazu unterscheidet Lange (2012) lediglich drei Dimensionen, nämlich *Bildungsbiographie* (entspricht der vertikalen Dimension), *Themenbereiche* und *Mehrsprachigkeit* (auf horizontaler Ebene).

Diese unterschiedlichen Klassifikationen zusammenführend könnte man sagen, dass Sprachbildung durchgängig über die Zeit (vertikale Dimension) (Tab. 1) sowie über alle Fächer, alle Sprachen und alle Bildungskontexte (horizontale Dimensionen) erfolgen sollte (Tab. 3).

Kooperationsebene	Beispiel
Über alle Fächer	Im Physikunterricht wird erarbeitet, welche sprachlichen Mittel bei einer Versuchsbeschreibung eingesetzt werden können. Die Ergebnisse werden auf einem Lernplakat festgehalten.
Über alle Sprachen	Im Französischunterricht wird gesammelt, wie verschiedene Obst- und Gemüsesorten auf Französisch, Englisch und in anderen Sprachen aus den Repertoires der Lernenden bezeichnet werden.
Über alle Bildungskontexte (d. h. -einrichtungen und -akteur:innen)	Im Deutschunterricht wird „Effi Briest" gelesen und mit einem Ausflug ins Museum verknüpft, das eine Ausstellung zum Thema „Kindheit im 19. Jahrhundert" museumspädagogisch mit einer Rallye für Lernende begleitet.

Tab. 3: Durchgängige Sprachbildung in horizontaler (synchroner) Perspektive

Durchgängige Sprachbildung über alle Fächer postuliert dabei zunächst das viel zitierte: „Jeder Unterricht ist (auch) Sprachunterricht." Neben fachlichen Lernzielen sollten folglich stets auch sprachliche Lernziele transparent gemacht und angestrebt werden (→ 6). Darüber hinaus sollte das vollständige Sprach(en)repertoire der Lernenden in den Blick genommen werden, was z. B. Herkunftssprachenunterricht oder bilinguale Schulmodelle einschließt, aber auch schlicht den affektiven oder kognitiven Einbezug mehrerer Sprachen neben dem Deutschen als Verkehrssprache sowie unterschiedlicher funktionaler Varietäten in den Schulalltag anvisiert (vgl. z. B. Reich/Krumm 2013, Hufeisen/Topalović 2018). Durchgängige Sprachbildung über alle Bildungskontexte, -institutionen und -akteur:innen (was die Eltern bzw. Familien selbstverständlich mit einschließt) kann bspw. Sprachbildungsprozesse in Ganztagsangeboten, im Museum, der Bibliothek, der Musikschule oder im Sportverein fokussieren. Dabei müssen die unterschiedlichen Fächer, Sprachen oder Kontexte nicht notwendigerweise miteinander vernetzt werden, wenngleich dies durchaus erwünscht ist und im Sinne vernetzten Lernens und positiven Transfers häufig auch angestrebt wird, insbesondere über die unterschiedlichen Sprachen von Lernenden hinweg (→ 5). Das aktuellste uns vorliegende Dimensionenmodell durchgängiger Sprachbildung hebt die Sprachenebene als „transversale Dimension" entsprechend besonders hervor, stellt gleichzeitig aber weiterhin die Sprachbildung über alle Fächer ins Zentrum des Konzepts (Abb. 13).

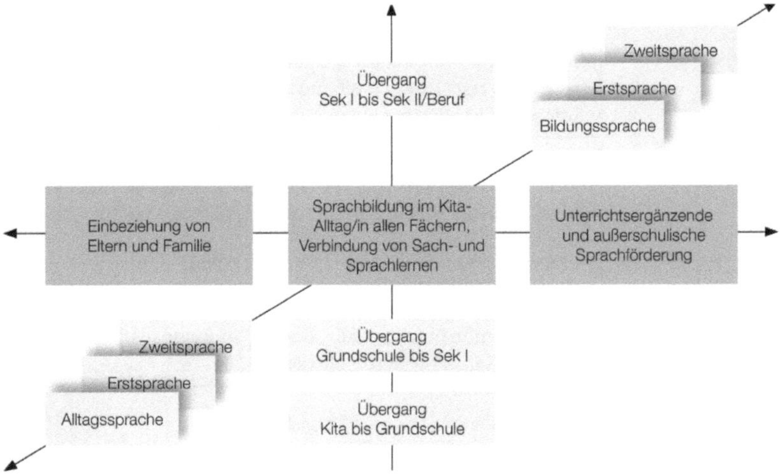

Abb. 13: Konzept der „durchgängigen Sprachbildung" nach FörMig (Gogolin 2018, 477)

4.2 Gelingensbedingungen und Qualitätskriterien

Bereits aus der Darstellung der vertikalen sowie horizontalen (bzw. transversalen) Dimensionen durchgängiger Sprachbildung wird unmittelbar deutlich, wie zentral der eingangs bereits angesprochene Aspekt der Kooperation für das Gelingen dieses Ansatzes ist. Ohne einen regen Austausch zwischen allen involvierten Bildungsakteur:innen ließe sich keine stringente Durchgängigkeit erzielen. Im Rahmen von FörMig wurde daher auch das Konzept der *Netzwerke für durchgängige Sprachbildung* erarbeitet, das u. a. mittels zweier Publikationen (Salem et al. 2013; Dobutowitsch et al. 2013) konkrete Hinweise zur Etablierung funktionaler Kooperationsstrukturen gibt. Eine weitere zentrale FörMig-Publikation befasst sich mit Qualitätskriterien von Unterricht im Sinne einer durchgängigen Sprachbildung. Diese sind von einer *AG Durchgängige Sprachbildung* im Rahmen des Projekts entwickelt worden, die im Mai 2006 ihre Arbeit aufnahm und deren spezifisches Ziel darin bestand, „Sprachbildung im Unterricht aller Fächer umzusetzen" (Gogolin et al. 2011, 7), die also insbesondere auf die horizontale Dimension über alle Fächer fokussierte. Aus den Erfahrungen mit durchgängiger Sprachbildung von sieben Modellschulen in fünf Bundesländern sind die folgenden sechs Qualitätsmerkmale (Tab. 4) abgeleitet worden:

QM 1	Die Lehrkräfte planen und gestalten den Unterricht mit Blick auf das Register Bildungssprache und stellen die Verbindung von Allgemein- und Bildungssprache explizit her.
QM 2	Die Lehrkräfte diagnostizieren die individuellen Voraussetzungen und Entwicklungsprozesse.
QM 3	Die Lehrkräfte stellen allgemein- und bildungssprachliche Mittel bereit und modellieren diese.
QM 4	Die Schülerinnen und Schüler erhalten viele Gelegenheiten, ihre allgemein- und bildungssprachlichen Fähigkeiten zu erwerben, aktiv einzusetzen und zu entwickeln.
QM 5	Die Lehrkräfte unterstützen Schülerinnen und Schüler in ihren individuellen Sprachbildungsprozessen.
QM 6	Die Lehrkräfte und die Schülerinnen und Schüler überprüfen und bewerten die Ergebnisse der sprachlichen Bildung.

Tab. 4: Qualitätsmerkmale (QM) durchgängiger Sprachbildung (Gogolin et al. 2011, 5)

Wie auch an den Qualitätsmerkmalen ersichtlich, wird das potenziell sehr weitreichende Konzept der durchgängigen Sprachbildung allerdings häufig auf die Dimension über alle Fächer verengt, d. h. auf die Forderung, dass „die Vermittlung bildungssprachlicher Kompetenzen nicht nur im Rahmen des Deutschunterrichts, sondern in allen Fächern geschehen sollte" (Brandt/Gogolin 2016, 9), ggf. auch in Kombination mit der bildungsbiographischen Dimension. Diese Verengung erscheint jedoch wenig erstrebenswert, da die besondere Strahlkraft des Konzepts der durchgängigen Sprachbildung ja gerade darin begründet liegt, dass sie eben auf alle Menschen mit all ihren Sprachen und Sprachvarietäten, und zwar immer und überall zielt. Es verweist damit schlicht darauf, dass kontinuierlicher „Sprachausbau" (→ 3) als Selbstverständlichkeit gelten kann, und nimmt somit im Unterschied bspw. zu älteren Begriffen wie *Sprachförderung* eine inklusive, wertschätzende und ressourcenorientierte Haltung ein. Dies spiegelt sich auch in der Genese des Konzepts:

> „Die Einführung des Begriffs ‚Sprachbildung' (statt ‚Sprachförderung') in den Sprachgebrauch des Programms geht auf Rückmeldungen aus den Länderprojekten zurück: Viele Beteiligte wiesen auf die Verbindung des Terminus ‚Förderung' mit der Vorstellung von zusätzlichen Fördermaßnahmen speziell für sprachlich schwache Kinder und Jugendliche hin. Im Modellprogramm FörMig stand aber eine sprachliche Bildungsaufgabe im Mittelpunkt, die jeden Unterricht und die ganze Schullaufbahn einbezieht." (Lange/Gogolin 2010, 14 – Hervorhebung im Original)

Dass dieser Ansatz seiner Natur nach zunächst visionär ist, sehen auch die Autor:innen: Es handele sich ganz klar „um einen normativen Begriff, den Ausdruck einer pädagogischen und bildungspolitischen Orientierung, also nicht eine Analyse von Bestehendem, sondern eine Idee davon, wohin sich das Bestehende entwickeln könnte und sollte“ (Reich 2013, 55). Entsprechend warnt Reich (2013, 55) gleichzeitig: „Die Bedeutungen dieses Leitbegriffs sind auch nicht definitorisch festgelegt, sondern folgen der Dynamik pädagogischer und didaktischer Neuerungen – mit der Gefahr, dass der Begriffsgebrauch auch schillernd und ungenau werden kann.“ Liest man den aktuellsten Beschluss der KMK (2019) zu Fragen der durchgängigen Sprachbildung, stößt man auf folgende Ausführungen: „Sprachliche Bildung bezeichnet alle durch das Bildungssystem systematisch angeregten Sprachentwicklungsprozesse und ist allgemeine Aufgabe im Elementarbereich und des Unterrichts in allen Fächern.“ (KMK 2019, 3) *Sprachliche Bildung* wird hier als Standardformulierung verwendet; das Adjektiv *durchgängig* kommt in besagtem Beschluss zwar mehrfach vor, jedoch nicht attributiv zu *Sprachbildung*. Auch wird von sprachlicher Bildung als *Querschnittsaufgabe* gesprochen, die *systematisch* erfolgen sollte (ebd.). Interessanterweise taucht an ganzen 17 Stellen im Text auch die Formulierung „sprachliche Bildung und Sprachförderung“ (ebd.) auf, die den u. E., gerade auch im Kontext der Inklusionsdebatte[15], sehr progressiven Gedanken der *Sprachbildung* für alle anstelle einer stigmatisierenden *Sprachförderung* für die einer fiktiven Norm nicht entsprechenden Schüler:innen zu konterkarieren scheint. So erläutert das Papier: „Sprachförderung bezeichnet in Abgrenzung zur sprachlichen Bildung gezielte Fördermaßnahmen, die sich insbesondere an Kinder und Jugendliche mit besonderen Schwierigkeiten oder Entwicklungsverzögerungen richten, die diagnostisch ermittelt wurden. [Sie] hat kompensatorische Ziele.“ (KMK 2019, 4) Ob die von Vollmer/Thürmann (2013, 42) konstatierte „Tendenzwende vom extracurricularen Reparaturbetrieb für sprachliche Risikogruppen in den Händen von Sprachspezialisten hin zu Sprachbildung als einer durchgängigen und fächerübergreifenden Aufgabe des Regelunterrichts“ bereits als vollzogen gelten kann, wird sich demnach noch zeigen müssen. Unabdingbare Voraussetzung für eine gelingende durchgängige Sprachbildung stellen selbstverständlich entsprechend ausgebildete Lehrkräfte dar. Analog zur durchgängigen Sprachbildung erscheint daher auch die Etablierung einer durchgängigen Lehrkräftebil-

15 Zur Sicht auf Mehrsprachigkeit im Rahmen der Inklusionsdebatte vgl. z. B. Riemer (2017) oder Settinieri (2017).

dung im Sinne einer „Professionalisierung für sprachliche Bildung" (Benholz/Siems 2016, 36) dringend geboten (vgl. auch Jostes/Darsow 2017, Settinieri 2018 für einen Überblick). Die einzelnen Bundesländer haben hier im Laufe insbesondere der letzten zehn Jahre ganz unterschiedliche Maßnahmen ergriffen. So sind in die erste Phase der Lehrkräftebildung vielerorts sog. *DaZ-Module* integriert worden; weniger Bundesländer haben sich für ein grundständig zu studierendes Unterrichtsfach (Drittfach) *Deutsch als Zweitsprache* entschieden (vgl. z. B. Baumann/Becker-Mrotzek 2014, Baumann 2017). Ihrer irreführenden Bezeichnung zum Trotz haben diese Lehrangebote in aller Regel durchgängige Sprachbildung zum Gegenstand und beschäftigen sich nicht ausschließlich mit dem Deutschen als Zweitsprache.

Für die zweite und dritte Phase der Lehrkräftebildung liegen unseres Wissens keine systematischen Überblicksdarstellungen zur Bildungslandschaft vor, aber auch hier werden diverse Anstrengungen unternommen. So hat das Bundesland Nordrhein-Westfalen im Rahmen der landesweiten *Weiterbildungsinitiative Deutsch als Zweitsprache* 2016 bspw. Weiterbildungsstudiengänge an elf lehrkräftebildenden Hochschulen des Landes eingeführt. Und auch der aktuelle KMK-Beschluss (2019, 9) fordert: „Die Vermittlung von Konzepten der sprachlichen Bildung und Sprachförderung sollte möglichst Bestandteil aller Phasen der Lehrkräftebildung sein und ist im Rahmen der Ausbildung von Erzieherinnen und Erziehern zu berücksichtigen."

4.3 Aufgaben

A. Untenstehend finden Sie einen Auszug aus dem „Kernlehrplan für die Gesamtschule – Sekundarstufe I in Nordrhein-Westfalen. Naturwissenschaften. Biologie, Chemie, Physik" zum Inhaltsfeld „Sonnenenergie und Wärme" (Ministerium für Schule und Weiterbildung des Landes Nordrhein-Westfalen [Hrsg.] 2013, 97–98). Welche sprachlichen Anforderungen werden in den Kompetenzerwartungen formuliert? Markieren Sie im Text.

B. Welche konkreten Praxisbeispiele fallen Ihnen zu durchgängiger Sprachbildung über die drei horizontalen Ebenen ein? Sammeln Sie ggf. auch in der Gruppe.

Umgang mit Fachwissen
Die Schülerinnen und Schüler können ...
- Wärme als Energieform benennen und die Begriffe Temperatur und Wärme unterscheiden. (UF1, UF2)
- die Funktionsweise eines Thermometers erläutern. (UF1)
- an Vorgängen aus ihrem Erfahrungsbereich Beispiele für die Speicherung, den Transport und die Umwandlung von Energie angeben. (UF1)
- Jahres- und Tagesrhythmus durch die gleichbleibende Achsneigung auf der Umlaufbahn bzw. die Drehung der Erde im Sonnensystem an einer Modelldarstellung erklären. (UF1)
- die Auswirkungen der Anomalie des Wassers bei alltäglichen Vorgängen beschreiben. (UF4)

Erkenntnisgewinnung
Die Schülerinnen und Schüler können ...
- die Jahreszeiten aus naturwissenschaftlicher Sicht beschreiben und Fragestellungen zu Wärmephänomenen benennen. (E1, UF1)
- Messreihen (u. a. zu Temperaturänderungen) durchführen und zur Aufzeichnung der Messdaten einen angemessenen Messbereich und sinnvolle Zeitintervalle wählen. (E5, K3)
- Langzeitbeobachtungen (u. a. zum Wetter) regelmäßig und sorgfältig durchführen und dabei zentrale Messgrößen systematisch aufzeichnen. (E2, E4, UF3)
- Aggregatzustände, Übergänge zwischen ihnen sowie die Wärmeausdehnung von Stoffen mit Hilfe eines einfachen Teilchenmodells erklären. (E8)

Kommunikation
Die Schülerinnen und Schüler können ...
- Texte mit physikalischen Inhalten in Schulbüchern, in altersgemäßen populärwissenschaftlichen Schriften und in vorgegebenen Internetquellen Sinn entnehmend lesen und zusammenfassen. (K1, K2, K5)
- Messdaten in ein vorgegebenes Koordinatensystem eintragen und gegebenenfalls durch eine Messkurve verbinden sowie aus Diagrammen Messwerte ablesen und dabei interpolieren. (K4, K2)
- die wesentlichen Aussagen schematischer Darstellungen (u. a. Erde im Sonnensystem, Wasserkreislauf, einfache Wetterkarten) in vollständigen Sätzen verständlich erläutern. (K2, K7)
- Beiträgen anderer bei Diskussionen über physikalische Ideen und Sachverhalte konzentriert zuhören und bei eigenen Beiträgen sachlich Bezug auf deren Aussagen nehmen. (K8)

Bewertung
Die Schülerinnen und Schüler können ...
- Wettervorhersagen und Anzeichen für Wetteränderungen einordnen und auf dieser Basis einfache Entscheidungen treffen (u. a. Wahl der Kleidung, Freizeitaktivitäten). (B1, E1)

4.4 Weiterführende Literatur

Gogolin, Ingrid (2016): Zum Schluss: Optimaler HSU-Unterricht als Teil einer neuen Kultur der Sprachbildung – eine Zukunftsvision. In: Schader, Basil (Hrsg.): Grundlagen und Hintergründe. Zürich: orell füssli Verlag, 176–182.

Lange, Imke/Gogolin, Ingrid (2010): Durchgängige Sprachbildung. Eine Handreichung. Unter Mitarbeit von Dorothea Grießbach. Münster: Waxmann.

5 Sprachliches Lernen

Einen möglichen Denkrahmen für **sprachliches Lernen** eröffnet das folgende Zitat des Sprachdidaktikers Reinold Funke. Es stammt aus seinem Statement zur Ringvorlesung „Sprachliche und literarische Bildung“ im WiSe 2007/08 an der PH Heidelberg:

> „Wenn man von sprachlicher Bildung redet, so weist man damit auf eine Herausforderung hin – sich nämlich auf ein sprachliches Lernen einzulassen, das daraus entsteht, dass im eigenen Sprechen-Können angelegte Potentiale sich entfalten, unabhängig von Zielvorgaben, die von außen gemacht werden mögen. Darin *kann* ein Motiv für sprachliches Lernen liegen, das von einzigartiger Macht ist.“ (zitiert nach Härle/Rank 2008, 8 f.)

Zwei Gedanken sind hier entscheidend: 1) Ausgangspunkt des sprachlichen Lernens ist das sprachliche Wissen und Können der Lernenden. 2) Die Entfaltung sprachlicher Potentiale sollte auch implizit erfolgen. Daraus ergeben sich weiterführende Fragen zu Lehr-Lern-Prozessen: Welche Möglichkeiten haben Lehrkräfte, das sprachliche Lernen adaptiv zu unterstützen? Wo sind diese **sprachbildenden Lernangebote** in den Bildungsstandards verortet? Und welche Sprachhandlungsfähigkeiten sollen die Lernenden (weiter)entwickeln? Alle nationalen Bildungsstandards für das Fach Deutsch, d. h. die Bildungsstandards a) für den Primarbereich, b) den Ersten Schulabschluss (ESA) und den Mittleren Schulabschluss (MSA) und c) die Allgemeine Hochschulreife,[16] unterscheiden die vier sprachlichen Grundfertigkeiten *Sprechen*, *Zuhören*, *Lesen* und *Schreiben*. Laut den Bildungsstandards gehören die sprachlichen Grundfertigkeiten zu den **prozessbezogenen Kompetenzbereichen**, die „fachbezogen wie überfachlich bedeutsam“ sind (vgl. z. B. BS AHR 2012, 13 f., aber auch aktuell BS PB 2022, 8 f.). Baker/Wright (2017, 15 f.) differenzieren diese „four basic domains“ weiter aus:

> „In terms of ability in two languages, the four basic domains are listening, speaking, reading and writing. With each of these proficiency dimensions, it is possible to fragment into more detailed dimensions (e.g. pronunciation, vocabulary, grammar, meaning and style). Those sub-dimensions can subsequently be further dissected and divided.“

16 Alle Bildungsstandards befinden sich online auf den Seiten der Kultusministerkonferenz (KMK): https://www.kmk.org/themen/allgemeinbildende-schulen/unterrichtsfaecher/deutsch.html.

Aussprache, Wortschatz, Grammatik, Semantik und Stil, die Baker/Wright (2017) als mögliche Subdimensionen benennen, stellen mitsamt den vier sprachlichen Grundfertigkeiten für alle schulischen Sprachfächer wichtige Themenbereiche dar: vom Fach Deutsch, über die Fremdsprachen (in Deutschland in erster Linie Englisch und Französisch)[17] bis hin zum sog. Mutter- bzw. Herkunftssprachlichen Unterricht (MSU/HSU) (u. a. Türkisch, Polnisch, Spanisch). Sprachlichkeit spielt aber auch in den sog. nicht-sprachlichen Fächern wie Geschichte, Erdkunde, Mathematik eine wichtige Rolle, insbesondere wenn es um bilingualen Sachfachunterricht geht. Hier werden fachliches und sprachliches Lernen integriert (→ 6). Neben den vier oben genannten sprachlichen Grundfertigkeiten spielen in den Bildungsstandards für das Fach Deutsch zwei weitere Aspekte eine wichtige Rolle: Zum einen wird die Entwicklung von **Sprachbewusstheit** hervorgehoben. Sie wird z. B. in den Bildungsstandards für den Primarbereich im Lernbereich „Sprache und Sprachgebrauch untersuchen“ (BS PB 2022, 8) und in den Bildungsstandards für die Allgemeine Hochschulreife mit der ähnlichen Bezeichnung „Sprache und Sprachgebrauch reflektieren“ (BS AHR 2012, 20) thematisiert bzw. explizit genannt:

> „Die Schülerinnen und Schüler analysieren Sprache als System und als historisch gewordenes Kommunikationsmedium und erweitern so ihr Sprachwissen und ihre Sprachbewusstheit. Sie nutzen beides für die mündliche und schriftliche Kommunikation.“

Zum anderen wird aber auch die Bedeutung eines **integrativen Deutschunterrichts** betont, in dem verschiedene (sprachliche) Fächer miteinander verbunden werden können, vor allem aber die vier Lernbereiche des Faches Deutsch selbst; von diesen sind die beiden **domänenspezifischen Kompetenzbereiche** „Sich mit Texten und anderen Medien auseinandersetzen“ und „Sprache und Sprachgebrauch untersuchen“ besonders für das Fach Deutsch prägend, d. h. fachspezifisch ausgewiesen; hier werden die prozessbezogenen Kompetenzen, die „fachbezogen wie überfachlich“ erworben werden, „verbindlich konkretisiert“ (ebd. 8). Und gerade der Lernbereich „Sprache und Sprachgebrauch untersuchen“ kann als eigenständiger, vor allem aber auch quer zu den anderen Lernbereichen liegender Bereich modelliert werden (vgl. Topalović/Michalak

17 Laut D-Statis (Stand: 23.10.2019) lernten im Schuljahr 2018/19 an allgemeinbildenden Schulen 7.025.004 Schüler:innen Englisch, 1.401.189 Französisch, 597.279 Latein, 463.968 Spanisch, 101.862 Russisch, 42.435 Türkisch etc. (Zugriff: 14.4.2020).

2012). Mit anderen Worten: Er ist bei der Entwicklung der „prozessbezogenen Kompetenzbereiche“ *Sprechen und Zuhören*, *Schreiben* und *Lesen* immer ‚dabei‘:

> „Die Sprache und der Sprachgebrauch sind zentrale Gegenstände des Deutschunterrichts. Die Untersuchung von sprachlichen Strukturen und sprachlicher Verständigung eröffnet hier Einblicke in die Leistungen von Sprache als Kommunikationsmedium und in die Bedingungen ihrer situations-, adressaten- und intentionsangemessenen Verwendung. Diese Einblicke bilden die Grundlage für einen bewussten Umgang mit Sprache beim Sprechen und Zuhören, beim Lesen und Schreiben, beim Umgang mit Texten und Medien und beim Nachdenken über digital vermittelte Formen des sprachlichen Handelns.“ (BS PS 2022, 19)

In den „Bildungsstandards für die fortgeführte Fremdsprache (Englisch/Französisch) für die Allgemeine Hochschulreife“ stellt „Sprachbewusstheit“ sogar einen eigenständigen Lernbereich dar und „schließt eine Sensibilität für Stil und Register sowie für kulturell bestimmte Formen des Sprachgebrauchs, z. B. Formen der Höflichkeit, ein“ (2012, 21).

Nach Ausführungen zum adaptiven Lernen in der „Zone der nächsten Entwicklung“ (→ 5.1) und zur Entwicklung von Sprach(en)bewusstheit (→ 5.2) werden wir Ansätze für **sprachliches Lernen** vorstellen, die mehrere Gemeinsamkeiten haben: Sie sind für integrativ-inklusive Lernsettings geeignet, sie unterstützen auch implizites sprachliches Lernen, sie entwickeln die Sprach(en)repertoires und die Sprach(en)bewusstheit der Lernenden weiter und sie lassen sie in kulturell bedeutsamen Rahmungen miteinander kommunizieren und kooperieren. Die Lernenden können gemeinsam über Sprache(n) und Schriftsystem(e), aber auch über Sprache(n) und Literatur(en) nachdenken und sich als sprachlich handelnde Subjekte wahrnehmen.

5.1 In der Zone der nächsten Entwicklung lernen

In den letzten Jahren haben sich zwei Termini disziplinenübergreifend zu einem überaus wichtigen Wortpaar entwickelt: **Heterogenität** und **Adaptivität**. Sowohl in der Deutschdidaktik als auch im Deutschunterricht dürfte Konsens sein: Wenn die sprachlichen Lernausgangslagen **heterogen** sind, dann brauchen Lernende **adaptive**, d. h. an ihren individuellen sprachlichen Lernstand angepasste Lernangebote. Folgen wir Vygotskij (1934/2002), dann findet erfolgreiches Lernen immer in der Zone der nächsten Entwicklung statt:

> „Wir sagten, ein Kind könne in der Zusammenarbeit immer mehr leisten als allein. Aber wir müssen ergänzen: nicht unendlich mehr, sondern nur in gewissen Grenzen, die eben durch seinen Entwicklungsstand und seine intellektuellen Möglichkeiten gezogen werden. In der Zusammenarbeit ist das Kind stärker und klüger als in der selbstständigen Arbeit. [...] Die größere oder geringere Möglichkeit des Kindes, von dem, was es selbständig kann, zu dem überzugehen, was es in Zusammenarbeit kann, erweist sich als das sensibelste Symptom, um die Entwicklungsdynamik und den Lernerfolg eines Kindes zu kennzeichnen. Diese Möglichkeit des Kindes ist mit seiner Zone der nächsten Entwicklung identisch." (Vygotskij 1934/2002, 328 f.)

Mit Vygotskijs Ausführungen können wir nicht nur für eine **Könnensperspektive** plädieren, wenn es um die Lernbeobachtung geht. Auch eine inklusive Haltung bei der Unterstützung und Förderung sprachlicher Lernprozesse ist ihnen inhärent. Die folgende, in Anlehnung an Kuzminykh (2016) erstellte Grafik unterscheidet drei verschiedene „Zonen":
Im Zentrum steht das jeweilige (sprachlich-kommunikative) Wissen und Können der Lernenden. Der Strich zwischen „Wissen" und „Können" steht für eine Schnittstelle, d. h. eine mögliche Verschränkung von Wissen und Können und damit nach Klieme (2004) für „Kompetenz". Werden Lernende sprachlich unterfordert, stagniert die Entwicklung ihrer Sprachhandlungsfähigkeiten.

Abb. 14: Lernen in der Zone der nächsten Entwicklung

Werden zu hohe Anforderungen gesetzt, dann könnten sie überfordert werden (z. B. beim Lesen eines komplexen Textes auf sog. „Frustrationsniveau“). Ihr sprachliches Selbstkonzept könnte leiden, sprachliches Lernen in Bildungsinstitutionen negativ konnotiert werden. Nach Naugk et al. (2016, 44), die bei Unter- und Überforderung von möglichen „Krisen im Lernprozess“ sprechen, gilt für den **inklusiven Deutschunterricht** die „Gemeinsamkeit als Passungsherausforderung“:

> „Gemeinsamkeit liegt dann vor, wenn eine Gruppe von Lernenden im Hinblick auf ein Unterrichtssetting Adaptivität zeigt, sprich: wenn alle Kinder im Hinblick auf ihre Lernvoraussetzungen ein für sie zur Verfügung gestelltes Lernarrangement in produktiver Art und Weise bearbeiten können. Sobald einzelne Kinder aufgrund individueller Lern- und Unterstützungsbedürfnisse von den Anforderungen des Settings über- oder unterfordert werden, entsteht ein Passungsproblem.“ (Naugk et al. 2016, 44)

Und dieses „Passungsproblem“ könnte durch einen dynamisch gestalteten **adaptiven Deutschunterricht** überwunden werden. Verfügen Lehrkräfte über „adaptive Lehrkompetenz“, dann sind sie in der Lage, ihren Unterricht bei der Planung *und* bei der Durchführung an die individuellen Lernprozesse der Schüler:innen „laufend anzupassen“ (Brühwiler 2014, 74 f.). Hier zeigt sich eine wichtige Parallele zu **Scaffolding**-Konzepten (→ 6). Aus deutschdidaktischer Sicht impliziert Adaptivität, dass Lehrkräfte Wissen über die vor- bzw. außerschulischen Spracherfahrungen (→ 3), über die jeweiligen Sprachentwicklungen (→ 2) und über die Bildungsstandards in den verschiedenen Lernbereichen haben. Vereinfacht gesprochen, haben sie dann Wissen über (implizite) **Erwerbsprozesse** und (explizite) **Vermittlungsprozesse** und ihre jeweilige Passung. Sie verfügen dann aber auch über einen kritisch-prüfenden Blick etwa bei analogen und digitalen Lernmedien (z. B. auch im Hinblick auf adaptive Aufgabenstellungen) sowie über ein breites Repertoire an methodischen Zugängen samt der Kenntnis ihrer Möglichkeiten und Grenzen. Wie heterogen die Literacy-Erfahrungen von Kindern zu Schulbeginn sein können, zeigt eine aktuelle empirische Studie von Topalović/Drepper (2019): Von 95 Kindern (4 Klassen) einer Schule im Bezirk Detmold (NRW) schreiben eine Woche nach Einschulung 18,95% buchstabenweise, 73,68% logographisch (= holistisch) und 6,31% alphabetisch (= phonographisch). Um die terminologische Nähe zum bekannten **Entwicklungsmodell** des Lesens und Schreibens von Frith (1985) zu vermeiden,[18] nutzen wir im Folgenden die Termini „holistisch" und „phonographisch". Denn die drei Schreibkategorien sind in erster Linie das Ergebnis einer linguistisch-graphematischen Analyse von Schreibdaten: *Buchstabenweises Schreiben* meint die Verschriftung einzelner Buchstaben, zuweilen gepaart mit Zahlen oder anderen Symbolen. Mit *holistischem Schreiben* ist das Schreiben von ganzheitlichen graphischen Einheiten – vergleichbar mit memorierten Bildern – gemeint; die Kinder imitieren orthographisch korrekte Schreibungen, z. B. ihren Namen („Yvonne") oder Verwandtschaftsbezeichnungen wie „Opa", „Mama". Beim *phonographischen Schreiben* greift das Kind auf explizites Wissen um **Laut-Buchstaben-Zuordnungen** bzw. Phonem-Graphem-Korrespondenzen auf Wortebene zurück, auch phonologische Bewusstheit im engeren Sinne genannt. Die Kinder können in diesem Fall eigenständig alles schreiben, was sie möchten (Wörter, Wortgruppen, Sätze, Texte), und zwar zu diesem Zeitpunkt überwiegend phonographisch. Ein Laut (Phon) wird dann einem Buchstaben (Graph) zugeordnet (z. B. „Rola" <Roller>, „Ivon" <Yvonne>). Den heterogenen Literacy-Erfahrungen der Lernenden können Lehrkräfte entsprechend nur gerecht werden, wenn sie ihren Unterricht adaptiv gestalten und *jedem* Kind ein positives Feedback geben.

> „Das erfordert, dass Lehrpersonen mit bestimmten Konzeptionen über Fortschritt, Beziehungen und Lernende in die Klassenzimmer kommen. Es erfordert von ihnen, dass sie davon überzeugt sind, dass ihre Rolle die eines Veränderers (‚change agent') ist – dass alle Schülerinnen und Schüler lernen und Fortschritte erzielen können, dass Lernleistung für alle veränderbar und nicht von Natur aus festgelegt ist und dass, sofern eine Lehrperson allen zeigt, wie wichtig ihm ihr Lernen ist, dies wirkungsvoll und effektiv ist." (Hattie 2013, 151)

Als besonders lernförderlich hat sich eine **prozessorientierte Feedbackkultur** erwiesen: Alle Lernenden brauchen eine regelmäßige Einschätzung ihrer individuellen Lernfortschritte.

> „Eine Rückmeldung ist dann wirkungsvoll, wenn die Lehrkraft (a) an ihre Schülerinnen und Schüler (realistische) hohe Erwartungen stellt und (b) ihnen zugleich vermittelt, dass sie ihnen zutraut, diese Erwartungen zu erfüllen (Yeager et al. 2014). Effektives Feedback ist außerdem konkret und differenziert. Es geht auf die Lernziele der Schülerinnen und Schüler ein, bewertet die aktuelle Leistung im Verhältnis zum

18 Zur Kritik am Frith' schen Modell vgl. Bredel/Fuhrhop/Noack (2017).

angestrebten Ziel und zeigt Strategien auf, mit denen sie dieses Ziel erreichen können (Hattie/Timperley 2007)." (BIM-Studie 2017, 62)

Wie eine prozessorientierte (auch: formative) Feedbackkultur gelingen kann, zeigt eindrucksvoll eine **Mindener Modellschule**, die bei der Leistungsbewertung auf Noten verzichtet. Stattdessen lässt sie die Kinder über ihr eigenes Lernen reflektieren (auch in Peers) und integriert in die Lehr-Lern-Prozesse schriftliche und mündliche Feedbacks der Lehrkraft. Feedbackkultur ist dann Teil einer allgemeinen **Gesprächskultur** unter Lernenden, unter Lehrenden und Lernenden sowie unter Lernenden und Eltern zu Hause.[19] In der Unterrichtspraxis könnten sich drei ressourcenorientierte Fragen bewähren, die für eine alltagsintegrierte Lernbeobachtung besonders geeignet erscheinen (vgl. Hüttis-Graff 2013, 156). Lehrkräfte könnten sich z. B. bei einer Schülerin folgende **Könnensfragen** (auch: Kann-Fragen) stellen:

1. Was kann die Schülerin im Bereich X?
2. Was kann die Schülerin im Bereich X noch lernen?
3. Was kann die Schülerin im Bereich X als Nächstes lernen?

Die erste Frage nimmt den **individuellen Lernstand** (1) in den Blick. Hier sollten Lehrkräfte über grundlegende Analysekategorien verfügen, z. B. um Schreibprodukte schrift- bzw. textstrukturell zu analysieren (→ 7) oder den erweiterten Lese- und Schreibbegriff in inklusiven Lernsettings zu nutzen (vgl. Günthner 2013). Die zweite Frage erfasst den **Umfang eines Lernbereichs und seiner Schwerpunkte** (2). Ausgehend von nationalen Bildungsstandards, länderspezifischen Lehrplänen und Schul- bzw. Klassencurricula, die die Qualität des Unterrichts sichern sollen, können Lehrkräfte die einzelnen Schwerpunkte der vier Lernbereiche enger oder weiter fassen und so im Blick behalten, welches Wissen und Können die Lernenden erwerben sollten (z. B. basale Lese- und Schreibfertigkeiten im 1. Schuljahr). Und die dritte Frage fokussiert den **weiteren Lernprozess** (3), d. h. die Zone der nächsten Entwicklung in dem (Teil-)Bereich. Für eine Könnensperspektive plädierte auch Gudrun Spitta im Jahr 1999, und damit vor dem sog. PISA-Schock und der Entwicklung nationaler Bildungsstandards. Sie forderte einen „Wechsel vom Defizitblick zur Könnensperspektive" (ebd. 22):

19 https://www1.wdr.de/mediathek/video/sendungen/quarks-und-co/video-schule-ohne-noten-100.html (16.04.2021).

> „Die Blickrichtung ist die Kompetenz eines Kindes, nicht seine Schwächen. Dabei ist es unerheblich, ob diese Kompetenzen einem intuitiven Sprachgebrauch, einem entwickelten Sprachgefühl also, entspringen oder auf bewusste Sprachverwendung zurückzuführen sind." (Spitta 1999, 23)

Wir wollen uns diese ressourcenorientierte Sichtweise in den folgenden Kapiteln ebenfalls zu eigen machen.

5.2 Sprach(en)bewusstheit entwickeln

Mit ihrer empirischen Studie zur „Mehrsprachigkeit als Ressource für Sprachbewusstheit" könnten Akbulut/Bien-Miller/Wildemann (2017) eine deutschdidaktische **Kontroverse** beenden: Äußere Mehrsprachigkeit im Sinne der Beherrschung zweier Sprachen (hier: Deutsch/Russisch, Deutsch/Türkisch) korreliert am Ende der 4. Klasse mit höheren sprachreflexiven Fähigkeiten (n=400).

> „Damit bestätigt die Studie den in internationalen Studien vielfach nachgewiesenen signifikanten Zusammenhang zwischen Mehrsprachigkeit und Sprachbewusstheit mit einer großen Stichprobe und schließt damit eine für den deutschsprachigen Raum bestehende Forschungslücke." (ebd. 72)

Die Ergebnisse sind überaus relevant, nicht nur, weil sie einen in der Spracherwerbsforschung schon lange bestehenden **Konsens** untermauern: Mehrsprachigkeit hat einen „(Mehr)Wert" (vgl. Tracy/Gawlitzek i.V.). Sie rücken auch den domänenspezifischen Kompetenzbereich „Sprache und Sprachgebrauch untersuchen" (vgl. Abb. 15) in ein besonderes Licht. Denn sein genuines Ziel *ist* die **Entwicklung von Sprachbewusstheit** – von der Primarstufe bis zur Oberstufe (vgl. Oomen-Welke/Kühn 2011, Feilke/Jost 2015). Von einer vertieften Betrachtung von Sprachen, Sprachvarietäten und Schriftsystemen könnten demnach *alle* Lernenden profitieren. Mehr noch: Sie könnten zum Bestandteil nicht nur aller Schulfächer werden, sondern auch Schulkonzepte in einer globalisierten, mehrsprachigen Welt generell weiterentwickeln. Je nach Forschungsdiskurs werden neben Sprachbewusstheit auch andere Termini – zum Teil synonym oder als verwandte Begriffe – genutzt wie z. B. *Sprachbewusstsein*, *Sprachaufmerksamkeit*, *Sprachbetrachtung*, *Sprachthematisierung*, *Sprachreflexion* oder *Language Awareness*. Language Awareness ist ein „sprachdidaktisches Konzept, mit dem ein höheres Interesse und eine größere Sensibilisierung für

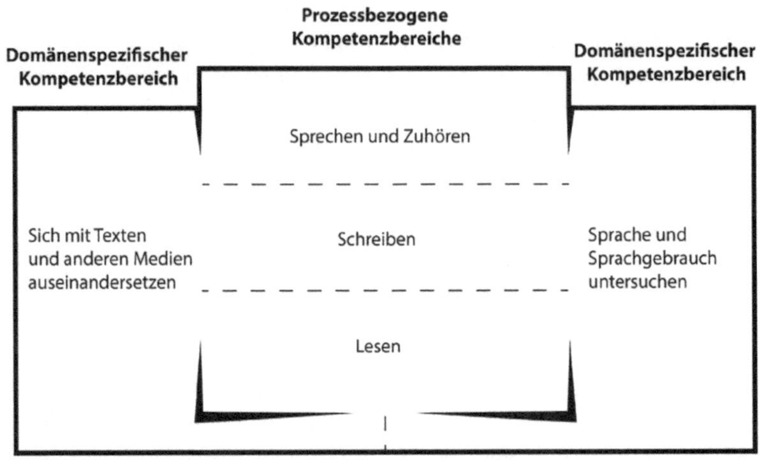

Abb. 15: Bildungsstandards für das Fach Deutsch Primarbereich (BS PB 2022, 8)

Sprache, Sprachen, sprachliche Phänomene und den Umgang mit Sprache und Sprachen geweckt bzw. die vorhandenen metalinguistischen Fähigkeiten und Interessen vertieft werden sollen“ (Luchtenberg 2017, 150). Auf Language-Awareness-Konzeptionen, die ursprünglich in Großbritannien für die L1 Englisch und Fremdsprachen entwickelt wurden, wird mittlerweile unabhängig vom Erwerbskontext (DaE, DaZ, DaF) oder schulischem Fach zurückgegriffen. Weil Sprachbewusstheit in allen schulischen **Sprachfächern** zum Bildungsziel gehört, stellt sie auch ein wichtiges Konstrukt (inter)nationaler Vergleichsstudien dar, z. B. auch der DESI-Studie (**D**eutsch **E**nglisch **S**chülerleistungen **I**nternational). Durchgeführt wurde sie 2003/04 in der 9. Jahrgangsstufe aller Schulformen zu Beginn und am Ende des Schuljahrs (*n*=11.000).

> „Sprachbewusstheit wird als eine Fähigkeit verstanden, die sich in der Mutter-, Zweit- und Fremdsprache auf Grund der bewussten und aufmerksamen Auseinandersetzung mit Sprache entwickelt. […] In den Lehrplänen beider Fächer wird der Aspekt Sprachbewusstheit differenziert im Zusammenhang mit Grammatik sowie Aspekten des Sprachgebrauchs berücksichtigt.“ (Eichler/Nold 2007, 63 f.)

Klieme (2006) hebt hervor, dass die DESI-Studie erstmals empirisch abgesichert und vor allem repräsentativ belegt, dass Lernende, die Deutsch als Zweitsprache erwerben, einen Leistungsvorsprung im Englischen haben. Er mache „unter sonst gleichen Lernbedingungen (sozialer Hintergrund, kognitive Grundfähigkeiten, Geschlecht, Bildungsgang) […] den Gewinn mindestens eines halben Schuljahres“ (ebd. 5) aus. Schauen wir nun exemplarisch, wo genau Sprachbewusstheit in Lehrplänen für das Fach Deutsch verortet wird: Im bayrischen LehrplanPLUS (2014)[20] werden im Teilbereich „Gemeinsamkeiten und Unterschiede von Sprachen entdecken“ für die Jahrgangsstufen 3/4 folgende „Kompetenzerwartungen und Inhalte“ formuliert (ebd. 168):

> „Die Schülerinnen und Schüler …
>
> - beschreiben und vergleichen Aspekte konzeptioneller Mündlichkeit (z. B. in Werbetexten, SMS, Chat, Mail) und konzeptioneller Schriftlichkeit (z. B. in Zeitungsartikeln, Sachtexten).
> - beschreiben anhand von Beispielen Gemeinsamkeiten und Unterschiede von Sprachen und Schriftsystemen im eigenen Umfeld (z. B. von Standardsprache, Dialekten, Jugendsprache, unterschiedlichen Herkunftssprachen, Englisch, Blindenschrift, Gebärdensprache) und nutzen ihre Einsichten zur Erweiterung ihrer Sprachbewusstheit.“

Bemerkenswert sind hier drei Aspekte: 1) Mit „konzeptioneller Mündlichkeit“ und „konzeptioneller Schriftlichkeit“ wird das Nähe-Distanz-Modell von Koch/Oesterreicher aufgegriffen, das zum **linguistischen Professionswissen** von Deutschlehrkräften zählt. 2) Die sprachlich-kommunikativen Beispiele umfassen auch **multimodale** bzw. **digitale Ressourcen** (z. B. Chat) und damit auch die digitale Bildung. 3) Mit „Sprachen und Schriftsystemen im eigenen Umfeld“ wird auch die äußere Mehrsprachigkeit der Lernenden genannt – sogar mit Blick auf **inklusive Lernsettings** (z. B. Gebärdensprache). Die individuellen Sprach(en)repertoires der Lernenden könnten entsprechend als Lerngegenstand *und* als Lernmittel dienen. Sie werden zum **Lerngegenstand**, wenn sie explizit im Unterricht behandelt werden, z. B. auch in sprachbiographischen Zugängen.[21] Sie werden andererseits zum **Lernmittel**, wenn verschiedene Sprachen und Sprachvarietäten für fachliches Lernen (z. B. im bilingualen oder sprachsensiblen Sachfachunterricht) oder für Transferprozesse im fächerübergreifenden Sprachunterricht genutzt werden.

Steinig/Huneke (2011, 184) weisen darauf hin, dass die Entwicklung von Sprachbewusstheit immer auch eine kulturelle, soziale, sprachkritische und vor allem anthropologische Dimension beinhalten sollte (→ 1 und dazu auch das

20 https://www.lehrplanplus.bayern.de/schulart/grundschule (10.2.2022).

21 Zur „Sprachbiografie aus linguistischer Sicht“ vgl. Tophinke (2002).

AA-IALT-Modell). Vor allem ist die *metasprachliche, metakommunikative* und *metamediale* Analyse[22] des eigenen und fremden Sprachgebrauchs immer auch identitätsbildend. Mit Peyer/Uhl (2020, 11) können wir ausgehend von innerer und äußerer Mehrsprachigkeit sowie länderübergreifender Bildungsstandards von „*Sprache(n) im Gebrauch* und *Sprache(n) als System*" sprechen, wenn es um Sprachreflexion und Sprachbewusstheit im Deutschunterricht geht. In Anlehnung an das Konzept der Sprach(en)repertoires (→ 3) könnte die Klammer in **Sprach(en)bewusstheit** den Blick dafür schärfen, dass sich diese *aus* und *in* allen einem Menschen zur Verfügung stehenden Sprachen und Sprachvarietäten entwickeln kann. Im Language-Awareness-Diskurs wird in vergleichbarer Weise für die Pluralform **Languages Awareness** plädiert, weil „sprachliche Vielfalt" dann als „Normalität" begriffen werden kann (vgl. Luchtenberg 2017, 151).[23] Entscheidend dafür, dass Lernende dies auch tun, sind die Lehrkräfte: Von ihrer Einstellung und ihrer Unterrichtsgestaltung hängt es ab, ob und wie sich die Sprach(en)bewusstheit ihrer Schüler:innen (weiter)entwickeln wird.

5.3 Über Sprache(n) sprechen

Wir wollen in diesem Kapitel zwei Themen zusammenführen, die sich genuin aus dem Lernbereich „Sprache und Sprachgebrauch untersuchen" ergeben: 1) den Vergleich von Sprachen und Sprachvarietäten und 2) die strukturelle Analyse der deutschen Sprache. Beide ermöglichen sowohl implizites als auch explizites sprachliches Lernen und können fächer- und lernbereichsübergreifend fruchtbar gemacht werden. Aber auch eine *eigenständige Betrachtung* ist möglich, weil die menschliche Sprache und ihr Erwerb in sozialen und kulturellen Rahmungen eine anthropologische Universalie ist. Sie lässt sprachtheoretische, sprachtypologische, aber auch sprachphilosophische Fragen zu, die sich Kinder tatsächlich stellen. Das folgende Assoziogramm aus Schader (2004, 272) illustriert dies recht treffend. Es stammt aus einer 3. Unterrichtsklasse:

In der empirischen Forschung ist vielfach belegt, dass L2-Lernende bewusst Sprachen und Schriftsysteme miteinander vergleichen, um die jeweilige Zweit- oder Fremdsprache effektiver zu lernen oder Sprachhandlungsfähigkeiten und

22 Feilke/Jost (2015) unterscheiden diese drei Analyseebenen für die Sekundarstufe II.

23 Tracy (2014) spricht vom „Glücksfall" und Isaac/Kleinbub (2018, 200) vom „Normalzustand".

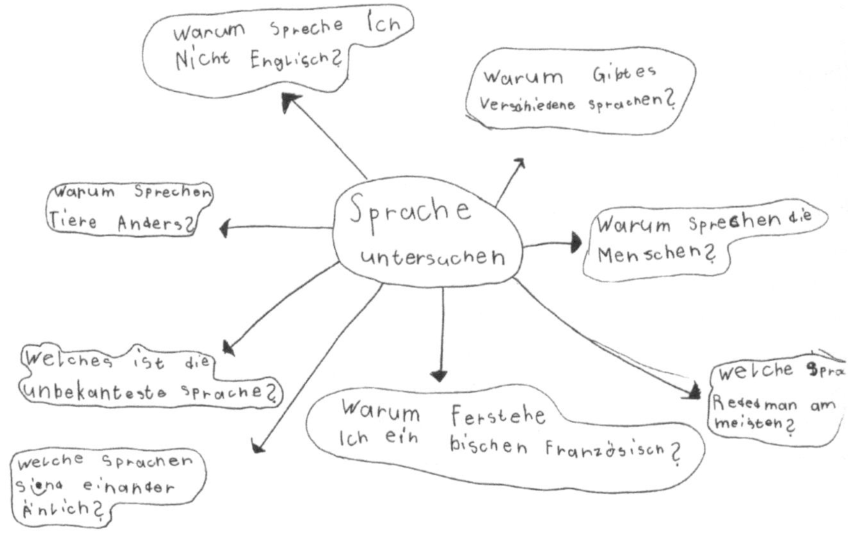

Abb. 16: Welche Fragen stellen sich Kinder? (Schader 2004, 272)

Wissen von einer Sprache in die andere zu transferieren.[24] Sprachen miteinander zu vergleichen könnte also sprachliche Bildungsprozesse positiv beeinflussen. Gleichzeitig ist die **Reflexion über Sprachen und Sprachvarietäten** auch in den Bildungsstandards verankert. Mehr noch: Laut den Bildungsstandards im Fach Deutsch können die Lernenden das Nachdenken über Sprache und Sprachgebrauch nicht nur „zur Vertiefung ihrer Sprachbewusstheit", sondern auch „zur eigenen Sprachentwicklung" (vgl. BS ESA/MSA 2022, 36) nutzen. Von Sprachvergleichen könnten mit Blick auf Sprachbildung und Sprachreflexion also alle Lernenden profitieren, d. h. unabhängig von ihrem jeweiligen Erwerbskontext (L1, L2, L3). Aktuelle Studien kommen allerdings zu dem Ergebnis, dass die Wertschätzung von Mehrsprachigkeit bei Lehrkräften zwar hoch ist, ihre großen Potenziale für einen gleichermaßen **sprachbildenden** wie **sprachreflexiven Deutschunterricht** aber noch nicht ausgeschöpft werden (vgl. Isaac/Kleinbub 2018, 212). Sie legen jedoch auch nahe, dass Lehrkräfte in Aus-, Fort- und Weiterbildungen für Mehrsprachigkeit – ihre eigene und die ihrer Schüler:innen – sensibilisiert werden können (vgl. z. B. Wildemann et al. 2020, Busch 2017, Gilham/Fürstenau 2019). In den Kompetenzstufenmodellen

24 Vgl. z. B. Dengscherz (2019), Wildenauer-Jósza (2005).

und entsprechend auch in den nationalen Vergleichsarbeiten (z. B. VERA 3) spielen Sprachen und Sprachvarietäten erstaunlicherweise keine besondere Rolle: Die „Konstruktion standardisierter Testaufgaben" sei bei diesem Teilbereich „schwierig und teils unmöglich" (KSM-P 2015, 8). Kompetenzstufenmodelle werden gebraucht, „um empirisch bestimmen zu können, inwieweit Schülerinnen und Schüler die Bildungsstandards erreicht haben" (KSM-P 2015, 3). Wenn aber Sprachen und Sprachvarietäten gar nicht Teil der Testung sind, werden sie weder in Lehrwerken noch bei Lehrkräften, die ihren Unterricht mit ihnen planen, eine größere Relevanz haben. Marx (2014) spricht in ihrer Lehrwerksanalyse von einer „extrem niedrigen Quantität" (ebd. 18) an sprachenübergreifenden Einheiten und damit von wenig Potenzial, „Sprach(en)wissen", „Sprach(en)gebrauch" und „Sprach(en)reflexion" (ebd. 12) zu fördern. Die Lernenden können ihre Sprach(en)bewusstheit also nicht systematisch weiterentwickeln, ihre Sprach(en)repertoires nur punktuell aktivieren. Dabei wachsen die heutigen Generationen in einer digitalen Welt auf, die nicht nur durch **Multimodalität**, sondern auch **Multilingualität** gekennzeichnet ist (vgl. Topalović 2020). Nahezu jede offizielle Webseite – von der Politik und Wirtschaft über Verwaltung und Bildung bis hin zur Kultur – ist in verschiedenen Sprachen ‚anklickbar', manche sogar in Leichter Sprache und Gebärdensprache (also inklusiv). Bekannte Rechercheportale wie *Wikipedia* sind nicht nur in verschiedenen Sprachen und Schriftsystemen verfasst, sondern auch in Dialekten (z. B. in „Boarischa Sproch" oder „Plattdüütsch"). Und auf Übersetzungsportalen lassen sich mittlerweile ganze Texte in zahlreiche Sprachen übersetzen und anhören (vgl. z. B. www.deepl.com).[25] Zu nennen sind vor allem aber auch Webseiten, die Sprachen systematisch beschreiben und/oder vergleichbar machen wie z. B. *The World Atlas of Language Structures Online* auf https://wals.info mit interaktiven Grafiken, die „Sprachbeschreibungen" auf *proDaZ* der Universität Duisburg-Essen oder die „Sprachensteckbriefe" auf www.schule-mehrsprachig.at.[26] Für viele Kinder und Jugendlichen dürfte Englisch längst zum Alltag gehören, z. B. beim Musikhören, bei Online-Spielen oder auf Plattformen wie www.wattpad.com. *Wattpad* bezeichnet sich selbst als „beliebteste soziale Plattform der Welt zum Geschichtenerzählen" / „The world's most-loved social storytelling platform" / „La plateforme sociale d'histoires narratives la plus appréciée au monde" / „Самая любимая в мире социальная платформа для историй"

25 Trotz mancher Fehler erstaunt die Genauigkeit der Übersetzungen.

26 Vgl. aber auch „analoge" Sammelbände wie Krifka et al. (2014).

und wird in 28 Sprachen angeboten. Mit anderen Worten: Nie war es so einfach, Ideen für Sprachvergleiche zu finden, Sprachen und Sprachvarietäten in ihren Formen und Funktionen zu untersuchen und gemeinsam über den je eigenen „Sprach(en)gebrauch" im Alltag zu sprechen: für Lernende *und* Lehrende – und zwar nicht nur anekdotisch. Aber **Ideen**, **Konzepte** und **Materialien** gibt es tatsächlich schon seit langem: In den Deutschdidaktiken (DaE, DaZ, DaF) und affinen Disziplinen wie der Fremdsprachendidaktik, der Fremdsprachen- und Sprachlehrforschung, der Mehrsprachigkeitsforschung, der (Germanistischen) Sprachwissenschaft und der (Interkulturellen) Pädagogik werden vor allem seit den 1990er Jahren Konzepte und Unterrichtsmodelle entwickelt, die Mehrsprachigkeit und damit auch Sprachvergleiche und Sprach(en)bewusstheit stark machen. Als wegweisend können unter anderem die vielzitierten Veröffentlichungen von Luchtenberg (1995, 2002 u. a.), Schader (2004 u. a.), Oomen-Welke (1999, 2017 u. a.) und Belke (2012 u. a.) genannt werden und darauf aufbauende Konzepte, die den Fokus auf den Vergleich von Sprachen und Sprachvarietäten legen (vgl. z. B. Rothstein 2011) oder sprachliches, literarisches und fachliches Lernen aus DaZ-Perspektive zusammenführen (vgl. z. B. Budde 2012). Schon immer waren sie auch für jede Klasse und alle Lernenden geeignet:

> „Die dort entwickelten Beispiele lassen sich aber auch losgelöst von der konkreten Lerngruppe im Deutschunterricht anwenden, wie Beispiele aus jüngeren Deutschlehrwerken zeigen, die Migrations- und schulische Fremdsprachen zur Sprachreflexion einbinden. Werden neben Sprachvergleichen auch sprachpolitische und sprachideologische Aspekte einbezogen, wird eine linguizismuskritische Perspektive gestärkt, und Sprach(en)bewusstheit (Rösch 2015) entwickelt sich zum Prinzip des Deutschunterrichts." (Rösch 2019, 72)

Auch neuere Veröffentlichungen plädieren für **mehrsprachige Curricula** als durchgängigem Merkmal von Bildungsinstitutionen (→ 4), nutzen gezielt kontrastive Darstellungen verschiedener Sprachen und Schriftsysteme und führen sprachvergleichende Ansätze aus verschiedenen Forschungsperspektiven zusammen: Die einende Schnittstelle ist die Mehrsprachigkeit eines jeden Menschen.[27] Entsprechend greifen sie „die innere Mehrsprachigkeit des Deutschen, die europäische Sprachenvielfalt und die Sprachenvielfalt in Deutschland" (Luchtenberg 2002, 35) auf, aber auch „Mehrsprachigkeit als Sprach- und Kulturkompetenz" (Rastner 2005). Rastner (2005, 30) mahnt gar, „dass die Be-

27 Vgl. z. B. Reich/Krumm (2013), Topalović/Uhl (2017).

rücksichtigung und Einbeziehung von innerer wie äußerer Mehrsprachigkeit in allen Schulfächern, besonders aber auch im Unterrichtsfach Deutsch, zu den wichtigsten Aufgaben *Sprachlicher Bildung* im 21. Jahrhundert gehört" (Rastner 2005, 30). Bei allen geht es – mehr oder weniger prominent –um die Entwicklung **mehrsprachiger Lern- und Schulkulturen**, auch weil die Lehrkräfte (insbesondere aller Sprachfächer und des HSU) aufgefordert werden, (enger) zusammenzuarbeiten. So hat die in Schulen erprobte Materialsammlung von Behr (2005) das Ziel, „sprachliches Schubkastenlehren und -lernen aufzubrechen, Synergien zwischen Mutter- und erlernten Fremdsprachen aufzubauen sowie entdeckendes Lernen und reflektives (!) Handeln zu fördern" (ebd. 3). Sie wurde aus der Perspektive der 2. Fremdsprache erstellt, sei jedoch in allen Sprachfächern einsetzbar und rege zur **Kooperation** unter den Lehrkräften an. Die Lernenden könnten mit der Sammlung lernen, wie Sprachen funktionieren, wie sie gezielt ihre sprachlichen Vorerfahrungen, aber auch Transferprozesse beim Lernen von Sprachen nutzen können. Ausgehend von Sprachvergleichen, die dem „Verfremdungsprinzip" nach Köller (1997) folgen, könnten auch die Sprachstrukturen des Deutschen fokussiert werden. Bei **„Sprache(n) im Gebrauch"** – der eigenen wie der fremden – geht es unter anderem um die Sensibilisierung von Lernenden für sprachliche Verständigungsprozesse, für die Multimodalität von Kommunikation, ihre soziokulturelle Situierung und identitätsbildende Kraft, aber auch für Sprachwirkung und diskriminierungskritischen Sprachgebrauch. In der digitalen Kommunikation dürften sprachliche Gewalt und Macht von noch größerer Bedeutung sein als in der analogen (vgl. z. B. Hatespeech, Cybermobbing, Fake News, Sprachpopulismus; vgl. dazu z. B. die Unterrichtsideen auf https://medienkompetenzrahmen.nrw). Daraus ergibt sich eine passgenaue Schnittstelle zur digitalen Bildung als Querschnittsaufgabe aller schulischen Fächer (Topalović/Drepper/Fröhlich 2018). Der von der KMK im Strategie-Papier „Bildung in der digitalen Welt" benannte Teilbereich „Kommunizieren und Kooperieren" könnte einen Schwerpunkt im Deutschunterricht bekommen, auch aus inklusiver Sicht (vgl. KMK 2017 sowie KMK 2021, wo auch die Pandemieerfahrungen eingeflossen sind).[28] Denn hier geht es zum einen um Verhaltensregeln, ethische Prinzipien und gesellschaftlich-kulturelle Vielfalt beim digitalen Kommunizieren und Kooperieren, zum anderen aber auch um technologische und multimodale Aspekte von Sprache

28 Vgl. dazu eine aktuelle Umfragestudie mit z.T. ernüchternden Ergebnissen in Rödel (2022).

und Medien, die adaptiv „justiert“ werden können (vgl. Knopp 2020). Bei **„Sprache(n) als System“** soll der Schwerpunkt laut Bildungsstandards auf grammatischen Betrachtungen liegen, d. h. morphologischen, syntaktischen und textlinguistischen; und zwar einerseits auf der Wort-, Satz- und Textebene und andererseits auf der grammatischen Fachterminologie. Konsens in der grammatikdidaktischen Forschung dürfte mittlerweile sein, dass Formen und Funktionen eine wichtige Rolle spielen:[29]

> „Sprachliche Formen sind […] ausdrucksseitige Realisierungen spezifischer kommunikativer Funktionen. Ziel des Unterrichts ist die Entdeckung des Grammatischen und damit ist gemeint, daß die Schüler tiefere Einsichten gewinnen über das Zusammenspiel von Form und Inhalt und über den Aufbau und Funktionsweise der Grammatik. Menschliche Kommunikation ohne Grammatik ist schlechterdings undenkbar. Gesellschaftliche Verstehensprozesse, gleichgültig ob in mündlicher oder schriftlicher Form, sind ohne Grammatik kaum vorstellbar.“ (v. Hoff/Köpcke 1997, 294)

Welche grammatischen Termini laut Kultusministerkonferenz (KMK) in Frage kommen, können Lehrwerksverlage und Lehrkräfte im neuen **Verzeichnis grundlegender grammatischer Fachausdrücke** (VGGF 2019) nachlesen. Es ist auch auf der IDS-Seite online einsehbar (https://grammis.ids-mannheim.de/vggf). Aufgenommen wurden ausgehend vom aktuellen fachwissenschaftlichen und fachdidaktischen Forschungsstand auch neue Termini wie *Valenz, Felderstruktur* und *Wortgruppe.* Mit Valenz und Felderstruktur (Stellungsfeldermodell) werden grammatische Modelle in den Blick genommen, die in der DaF-Didaktik als überaus erfolgreich gelten und von denen alle Lernenden unabhängig vom Erwerbskontext profitieren könnten. Beim strukturellen Vergleich können Gemeinsamkeiten und Unterschiede von Sprachen herausgestellt, aber auch die Besonderheiten der deutschen Sprache offengelegt und als Sprachlernstrategie genutzt werden. Auch in der Grammatikforschung sind grammatische Modelle ein prominenter Untersuchungsgegenstand (vgl. z. B. Dürscheid 2012, Wöllstein 2014). Weil sie regelmäßig mit **Visualisierungen** einhergehen, ergibt sich auch eine Schnittstelle für den inklusiven Unterricht. Grammatische Strukturen zu visualisieren, ist z. B. auch ein wichtiger Bestandteil bei der Förderung von Lernenden mit Sprachentwicklungsstörungen beim Grammatikerwerb (vgl. Berg 2018). Nicht zuletzt aus diesem Grund sollten

29 Vgl. z. B. Köller (1997), Funke (2005), Topalović/Michalak (2012), Feilke/Jost (2015, 244).

grammatische Modelle und Theorien in der **Lehramtsausbildung** curricular verankert werden. Aktuelle empirische Studien kommen zu dem Ergebnis, dass sich ein Unterricht, der sprachstrukturelle Musterhaftigkeiten offenlegt, positiv auf den Erwerb von Sprachfähigkeiten auswirkt.[30] Bereits ein Sprachvergleich auf morphologischer Ebene kann die strukturelle Besonderheit der deutschen Sprache verdeutlichen (auch bekannt als „Kompositionsfreudigkeit“) und Sprachlernstrategien aktivieren. Dem komplexen Wort „Zitronenkuchenstück“ stehen in anderen Sprachen Wortgruppen gegenüber, die auch die semantischen Beziehungen, Sprachverwandtschaften (germanisch, romanisch, slavisch) und mögliche Lehnwörter erkennen lassen.

Zitronenkuchenstück
piece of lemon cake
pezzo di torta al limona
komad kolača od limuna
trozo de tarta de limón
kos limoninega kolača
кусок лимонного торта
pièce de gâteau au citron
قطعة كعكة الليمون
stukje citroencake
limonlu kek parçası[31]

Nach diesem Muster können auch *Schokokuchenstück*, *Blaubeerkuchenstück*, *Käsekuchenstück* gebildet werden; immer geht es um ein „*Stück von* etwas“ (*piece of, pezzo di, trozo de, pièce de*), d. h. das Grundwort, das im Deutschen durch ein Bestimmungswort näher spezifiziert wird: *Zitronenkuchen, citroencake, lemon cake, torta al limona, tarta de limón* usw. Man sieht auch, dass *Limone*, *Limette* und *Zitrusfrucht* Synonyme von *Zitrone* sind; wir hätten z. B. auch *Limonenkuchenstück* sagen können, aber das wird seltener gebraucht. Natürlich hätten wir auch „ein Stück Zitronenkuchen“ sagen können, aber auf keinen Fall „Kuchen aus Zitronen“. Im Sinne der **Interkomprehension** lernen die Schüler:innen dabei auch, Wörter, Wortgruppen, Sätze oder ganze Texte in anderen

30 Zu Rechtschreibfähigkeiten vgl. z. B. den Überblick in Bangel/Rautenberg/Wahl (2020).

31 Sprachen: Deutsch, Englisch, Italienisch, Bosnisch, Spanisch, Slowenisch, Russisch, Französisch, Arabisch, Niederländisch, Türkisch.

Sprachen schneller zu verstehen; sie entwickeln ihre rezeptiven Fähigkeiten weiter, indem sie Wissen aus anderen Sprachen bzw. sog. „Brückensprachen“ als Transfer nutzen, wie z. B. bei der Sieben-Siebe-Methode (hier für romanische Sprachen):

1. Internationaler Wortschatz (z. B. *Präsident, Politik, Boutique, manuell*)
2. Panromanischer Wortschatz (z. B. lat. *aqua, lingua, sonare*)
3. Lautentsprechungen (Schleife zu 1/2) (z. B. *forte, fuerte*; *humain, umano*)
4. Graphien und Aussprachen (z. B. ital. *cita / conto*, franz. *centre / curieux*)
5. Syntaktische Strukturen (z. B. NP+V+NP, ital. *Paola ama la vita*)
6. Morphosyntaktische Elemente (z. B. Artikel *le, la*; *il, la*)
7. Präfixe und Suffixe (z. B. franz. *dérivation*, ital. *derivazione*)

Eine grafische Darstellung, die Wortgruppe und Nominalklammer vereint, kann die mögliche Komplexität von Wortgruppen im Deutschen sichtbar machen (vgl. Abb. 17).

Lernende könnten dieses Wissen als Lese- oder (Recht-)Schreibstrategie nutzen, z. B. auch beim fachlichen Lernen (→ 6). Besonders erfolgreich könnte sprachliches Lernen dann sein, wenn es verschiedene grammatische Phänomene, wie z. B. Verbalklammern (Verbstellung/Satzklammern) und Wortgruppen, in einem Spiralcurriculum miteinander kombiniert.

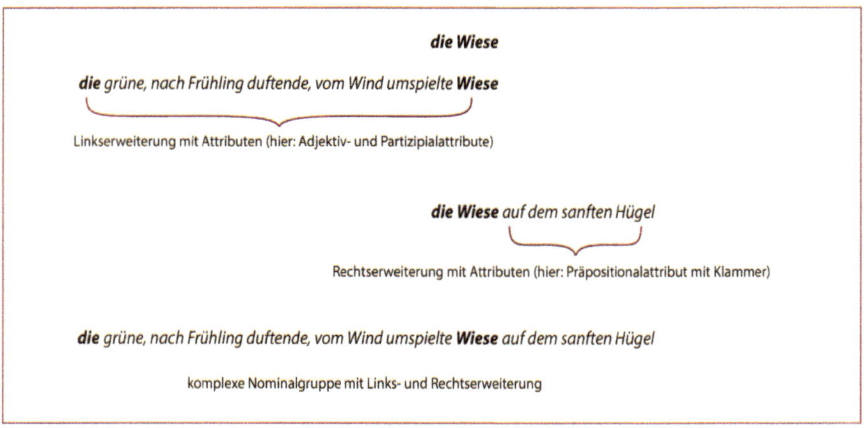

Abb. 17: Komplexität von Wortgruppen (Lang/Topalović 2020, 21)

5.4 Mehrsprachig (vor)lesen

In den letzten Jahren wurden verschiedene Ansätze diskutiert, wie sprachliches und literarisches Lernen miteinander verbunden werden könnten. Ein sprachästhetischer Zugriff ist bereits in den bekannten **elf Aspekten des literarischen Lernens** von Spinner (2006) angelegt. Zwei Aspekte nehmen die Sprachlichkeit des Literarischen explizit in den Blick: Aspekt 3 ist betitelt mit „Sprachliche Gestaltung aufmerksam wahrnehmen" und Aspekt 7 mit „Metaphorische und symbolische Ausdrucksweise verstehen" (Spinner 2015, 190 f.). Für sprachlich-ästhetisches Lernen als *grundlegendes Prinzip* plädiert Steinbrenner (2017) in seinem neun Aspekte umfassenden „Konzept sprachlich-literarischer Bildung", das „für alle Schulstufen und -formen" gelten soll (ebd. 119). Zitiert sei der vierte Aspekt, weil er die verschiedenen Lernbereiche des Deutschunterrichts, aber auch **Literarität** (Literatur) und **Literalität** (konzeptionelle Schriftlichkeit; literate Sprachstrukturen) integriert:

> „Literatur und noch genauer gesagt das poetische Sprechen hat seinen Ursprung in der Mündlichkeit, der Körperlichkeit und der Sinnlichkeit. Dies ist auch das Fundament literarischen Lernens in allen Schulstufen, das nicht verloren und überlagert werden darf. In diesem Sinn spielt Literatur auch eine zentrale Rolle für den Erwerb von Literalität – und dies nicht nur im Kindergarten- und Primarschulalter, sondern lebenslang (vgl. hierzu die Ausgabe der Online-Zeitschrift Leseforum 1/2016 mit dem Titel *Mündliche Literalität*)." (Steinbrenner 2017, 119)

Obwohl neben der „Dialogizität" von Sprache die Mehrsprachigkeit des Menschen als Potenzial postuliert wird, wird sie in den neun Aspekten des Konzepts nicht mehr explizit genannt; wir wollen sie mitdenken. Eine Methode, die dem Steinbrenner'schen Konzept sprachlich-literarischer Bildung sehr nahekommt und zusätzlich die Sprach(en)repertoires der Lernenden nutzt, ist das **Mehrsprachige Lesetheater zur Förderung der Leseflüssigkeit und Lesemotivation** (MELT). Leseflüssigkeit ist im Mehrebenenmodell von Rosebrock/Nix (2014) auf der hierarchieniedrigen Prozessebene verortet, Lesemotivation auf der Subjektebene. MELT wurde im Rahmen eines Erasmus+-Projekts entwickelt, in vier Partnerschulen in Österreich, Luxemburg, Deutschland und der Schweiz erprobt und formativ evaluiert. Im Entwicklungsprozess wurde ein DBR-Ansatz (*Design Based Research*) genutzt, eine in der qualitativen Forschung vor allem in Fachdidaktiken etablierte Methode:[32]

32 Vgl. dazu z. B. Dube/Prediger (2017).

> „Das *Mehrsprachige Lesetheater* setzt [...] an den Schnittstellen der schul- und fremdsprachlichen Lese- und Vorlesedidaktik an und entwickelte ein sprach- und fachübergreifendes didaktisch-methodisches Konzept, um Synergien zwischen den Sprachfächern zu schaffen. [...] Das Unterrichtsdesign stellt das Zusammenspiel zwischen allen erworbenen und erlernten Sprachen in den Vordergrund und nutzt dazu das mehrsprachige Repertoire von Schüler/innen im Leseunterricht. Dadurch lernen die Schüler/innen, mit Sprachen und Sprachlernerfahrungen so umzugehen, dass sie sie auf das Lernen neuer Sprachen transferieren können (vgl. Martinez 2015: 8)." (Kutzelmann et al. 2017, 96)

Grundlegend für MELT ist, dass literarische Werke – aktuelle Kinder- und Jugendliteratur und Klassiker – für mehrsprachige Vorlesesequenzen adaptiert werden (z. B. *Tom Sawyer und Huckleberry Finn* von Mark Twain oder *Heidi* von Johanna Spyri). Angelehnt ist die Methode an das amerikanische *Reader's Theater*, in dem Lernende in kleinen kooperativen Gruppen literarische Texte dialogisch und ausdrucksstark vortragen. Mit anderen Worten: Sie üben das poetische Sprechen und erfahren dabei die „Klangdimension literarischer Sprache" (Steinbrenner 2017, 105). Acht Schritte haben sich im MELT-Projekt für einen erfolgreichen Lehr-Lern-Prozess mit Lesetheaterskripten als zentral erwiesen. Sie werden in der online zugänglichen Handreichung, die in deutscher, französischer und englischer Sprache vorliegt, umfassend beschrieben (Kutzelmann/Massler/Klaus 2016) (vgl. Abb. 18).

Lehr-Lern-Prozess	***Sozialform***	***Richtzeiten***
1. Einführung in das mehrsprachige Lesetheater	PL	15-20
2. Vorlesen durch die Lehrperson	PL	5-10
3. Lesen der Lesetheaterszene und Rollenverteilung	EA/GA	10-15
4. Erarbeiten einer Inhaltsangabe der Lesetheaterszene	GA	15-25
5. Vorstellen der Szenen und der Figurenrollen	PL	15-25
6. Üben der Leserollen und gegenseitiges Feedback	PA	20-45
7. Generalprobe und Feedback	GA	20-45
8. Aufführung	PL	25-45

Abb. 18: MELT in acht zentralen Schritten (vgl. Kutzelmann/Massler/Peter 2016, 4); Plenum (PL), Einzelarbeit (EA), Gruppenarbeit (GA)

Schauen wir uns einige Schritte mit empirisch evidenzbasiertem Blick etwas näher an: Der positive Effekt des „Vorlesens durch die Lehrperson" auf die Leseflüssigkeit bzw. auf basale Lesefertigkeiten konnte in verschiedenen Studien nachgewiesen werden, unter anderem für Hauptschulklassen. Dazu gehört die Interventionsstudie „Leseförderung durch Vorlesen“ in der 8. Jahrgangsstufe (vgl. Belgrad 2010).[33] Belgrad/Schünemann (2011) nehmen an, dass diese Wirkung im Zusammenhang mit der **konzeptionellen Schriftlichkeit** literarischer Texte steht. Lernende erfahren implizit „komplexe Satzstrukturen (z. B. durch die häufigeren Verbklammern), die ihnen dadurch vertrauter werden“ (ebd. 160) und erweitern ihren Wortschatz: „Insgesamt vermuten wir eine Verbesserung der Mustererkennung von Schriftlichkeit.“ (ebd. 161) Wie wichtig **Feedback** (6/7) für erfolgreiches schulisches Lernen ist, konnte nicht nur die oben erwähnte BIM-Studie belegen, sondern auch die Metametaanalyse von Hattie (2013): Das *Feedback* gehört mit einer Effektstärke von 0,73 zu den stärksten Einflussgrößen und steht noch vor der guten *Lehrer-Schüler-Beziehung* (0,72) und dem *Wiederholenden Lesen* (0,67).

Metametaanalyse = statistisches Verfahren, bei dem Metaanalysen zusammengeführt und ausgewertet werden; **Metaanalysen** führen Einzelstudien mit vergleichbaren Forschungsfragen zusammen und werten diese statistisch aus. Die **Effektstärke** gibt an, wie wirksam eine beobachtete Einflussvariable ist (z. B. klein, mittel oder groß auf einer Skala 0 bis 1).

Und damit wären wir beim Verfahren selbst: Die Effektivität von **Lautleseverfahren** wie bei MELT ist sowohl in angloamerikanischen als auch in nationalen empirischen Studien vielfach belegt worden: Aufgrund dieser „insgesamt eindeutigen und positiven Befunde“ empfehlen Rosebrock/Nix (2014, 55), Lautleseverfahren „fest in den schulischen Leseunterricht zu integrieren“. Bei MELT spielt auch die **Kommunikation und Kooperation** in Gruppen und im Klassenverband eine wichtige Rolle, gepaart mit Kreativität, einer wertschätzenden Lernatmosphäre und positiven Selbstkonzepten. Der Lehrfilm auf der Webseite https://melt-multilingual-readers-theatre.eu verdeutlicht, warum die Methode geeignet ist, auch **sprachliches Lernen** – implizit wie explizit – umfassend anzuregen. Neben „Sich mit Texten und anderen Medien auseinandersetzen“ und „Sprache und Sprachgebrauch untersuchen“ ist auch der Lernbereich „Sprechen und Zuhören“ involviert. Alle Schwerpunkte des Lernbereichs „Sprechen und Zuhören“, in dem es auch um die Entwicklung einer **demokratischen Gesprächskultur** geht, werden anteilig abgedeckt. Exemplarisch sei dies an den

33 Siehe dazu auch das DBR-basierte Konzept „Mehrsprachiges Vorlesen durch die Lehrperson“ (MeVoL) in Hilbe/Kutzelmann/Massler/Peter (2017).

weiterentwickelten Bildungsstandards für das Fach Deutsch Erster Schulabschluss (ESA) illustriert (BS ESA/MSA 2022, 15 ff.), in vergleichbarer Weise gilt das für alle Abschlüsse bzw. Schulformen:

Schwerpunkt	**Beispiel**
Zu anderen sprechen	„berücksichtigen typische Wirkungen der Redeweise situations- und adressatengerecht: Lautstärke, Betonung, Sprechtempo, Pausen, Körpersprache (Gestik/Mimik/Körperhaltung)"
Verstehend zuhören	„zeigen Aufmerksamkeit für paraverbale (z. B. Stimmführung, Körpersprache) und nonverbale Äußerungen (z. B. Gestik, Körperhaltung)"
Mit anderen sprechen	„beteiligen sich in vertrauten und unvertrauten Gesprächssituationen mit verständlichen, zuhörerbezogenen, themenbezogenen und konstruktiven Beiträgen"
Vor anderen sprechen	„planen und gestalten Formen des szenischen Sprechens und Spielens, z. B. szenische Lesung, Szene, Aufführung, Hörspiel, Videoclip, Standbild, Improvisation"

Tab. 5: Schwerpunkte bzw. Teilkompetenzen bei „Sprechen und Zuhören"

Für das literarische Lernen mit MELT ist im Medium der Mündlichkeit auch die **Anschlusskommunikation** mitentscheidend, wie sie unter anderem im Literarischen Unterrichtsgespräch (Heidelberger Modell) und bei begleitenden Vorlesegesprächen konstitutiv ist; beide sind auch in inklusiven Lernsettings erprobt worden.[34] Und quer zum literarischen und sprachlichen Lernen liegt bei MELT die Mehrsprachigkeit, die sowohl die äußere Mehrsprachigkeit (verschiedene Sprachen) als auch die innere Mehrsprachigkeit (verschiedene Sprachvarietäten) umfasst. Laut Ludescher/Unterthiner (2016, 24) werden „mehrere Leitgedanken" verschiedener **mehrsprachigkeitsdidaktischer Ansätze** zusammengeführt, und zwar der folgenden: *Interkomprehension*, *Language Awareness*, *Content and Language Integrated Learning* (CLIL), *Drittsprachenerwerb* (angelehnt an das Faktorenmodell von Hufeisen 2005) und *Translanguaging* – verstanden als **mehrsprachige diskursive Praktik**.

34 Vgl. z. B. Steinbrenner/Wiprächtiger-Geppert (2010), Merklinger (2015), Kruse (2016), Wieler (2018).

5.5 Aufgaben

A. Wolf Erlbruch erhielt 2017 den Astrid-Lindgren-Memorial-Award. Lesen Sie den folgenden Ausschnitt aus der italienischen Pressemitteilung und nutzen Sie Strategien der Sieben-Siebe-Methode. Aktivieren Sie dabei Ihr gesamtes sprachliches und nicht-sprachliches Wissen (Textmusterwissen in verschiedenen Sprachen, Weltwissen, Wissen über den Autor und seine Bücher usw.). Nutzen Sie zur Kontrolle www.deepl.com:

> „Wolf Erlbruch, nato nel 1948, è un illustratore e autore di libri illustrati tedesco. Fra i lettori di lingua italiana è conosciuto soprattutto per il libro *Chi me l'ha fatta in testa*? (1998), che ha riscosso grande successo in tutto il mondo. Wolf Erlbruch ha all'attivo una decina di pubblicazioni, oltre ad aver illustrato una cinquantina di libri di altri scrittori."

B. Auf der MELT-Webseite finden Sie unter „Medien und Material" zahlreiche Lesetheaterskripte: https://melt-multilingual-readers-theatre.eu. Wählen Sie ein Skript aus und tragen Sie einen Ausschnitt gemeinsam im Kollegium oder in Kleingruppen (auch spontan ohne größere Vorbereitung) vor.

5.6 Weiterführende Literatur

Behr, Ursula (Hrsg.) (2005): Sprachen entdecken – Sprachen vergleichen. Berlin: Cornelsen.

Kutzelmann, Sabine/Massler, Ute/Peter, Klaus (2016): Die zentralen Lehr-Lern-Prozesse des mehrsprachigen Lesetheaters. Eine Anleitung für die Praxis. Weingarten: Pädagogische Hochschule Weingarten. *Online-Ressource.*

Topalović, Elvira/Uhl, Benjamin (Hrsg.) (2017): Deutsch lernen: Hören – Sprechen – Lesen – Schreiben. Band 1: Basale Sprachfähigkeiten. DaM – DaZ – DaF. Paderborn: Schöningh bei Westermann.

6 Fachliches Lernen

Nicht nur im Deutschunterricht, sondern in jedem Unterrichtsfach stellt Sprache einen zentralen Aspekt der Unterrichtsplanung und -durchführung dar. Da Sprach- und Fachlernen untrennbar miteinander verknüpft stattfinden, muss die Unterrichtsprogression immer sowohl fachliche als auch sprachliche Aspekte umfassen. Diese Verknüpfung zeigt sich bereits in den Bildungsstandards und Kernlehrplänen (→ 1) und wird auch in der Fachliteratur immer wieder betont (→ 4 zur durchgängigen Sprachbildung):

> „Sprache ist in der Schule ein zentrales Medium des Lehrens und Lernens. Dies gilt für den Mathematikunterricht ebenso wie für den Geschichts- oder den Physikunterricht. Inhalte werden in jedem Fach anhand von Sprache vermittelt und mittels Sprache erworben. Fachlichkeit und Sprachlichkeit sind daher nicht voneinander zu trennen, fachlicher Kompetenzerwerb ist stets sprachlich verankert." (Schmölzer-Eibinger et al. 2013, 11)

Im Umkehrschluss bedeutet das, dass Sprache entweder eine Brücke zu den Fachinhalten bildet oder aber auch eine Zugangshürde zu ihnen darstellen kann. Sind Lernende aus sprachlichen Gründen nicht in der Lage, Fachinhalte angemessen zu erschließen, werden sie daran gehindert, ihr volles fachliches Potenzial zu entfalten (vgl. Chlosta/Schäfer 2017). Über das schulische Lernen weit hinaus ist Sprache zugleich auch eine zentrale Voraussetzung gesellschaftlicher Teilhabe:

> „Sprache ist der hauptsächliche Träger des sozialen Handelns, mit ihr werden komplexe Handlungen gesteuert, sie ermöglicht Verständigung und Kooperation. Mit der Sprache wird Gruppenzugehörigkeit markiert; sprachlich handelnd nehmen wir teil an der Konstruktion der sozialen Wirklichkeit, der Gesellschaft. Wer der Sprache nicht mächtig ist – auch in ihrer schriftlichen Ausprägung –, kann nicht aktiv an der Gestaltung seiner Welt teilnehmen." (Lüdi 2006, 11)

Zusätzlich zu den sprachlichen Hürden wirken auch soziale Effekte benachteiligend. So geht die sprachliche Performanz von Lernenden beispielsweise auch in die fachlichen Bewertungen von Lehrkräften ein. Diese bewerten nicht nur, was Lernende schreiben, sondern auch, wie sie schreiben, wie Tajmel (2010b, 141 ff.) empirisch belegen kann. Dazu befragt sie insgesamt 32 Lehrkräfte, die mindestens ein mathematisch-naturwissenschaftliches Fach unterrichten, wie sie die Antwort einer Achtklässlerin mit Erstsprache Russisch auf eine physikalische Fragestellung in ihrer Zweitsprache Deutsch bewerten würden. Der Klasse wurde das Foto eines Baumstammes vorgelegt mit der Aufgabenstellung: „Der Baum ist so schwer, dass nicht einmal fünf starke Menschen ihn heben können. Schwimmt dieser Baumstamm oder geht er unter? Bitte begründe deine Entscheidung." Das Mädchen entscheidet sich für die Antwortoption „Der Baumstamm schwimmt, weil..." und ergänzt dann im offenen Antwortteil die Begründung „... das baum aus Holz entschteht [sic]." Die Lehrkräfte werden gebeten, für die Antwort 0–5 Punkte zu vergeben und ihre Entscheidung zu begründen. Zudem werden sie darauf hingewiesen, dass der Begriff *Dichte* im Unterricht noch nicht behandelt wurde. Im Ergebnis werden von zwei bis fünf Punkten vergeben, wobei die Lehrkräfte ihre Abzüge häufig mit dem zu geringen Antwortumfang oder Mängeln im Ausdruck begründen. Tajmel (2010b, 144) schlussfolgert:

> „Die Lehrkräfte sind sich vermutlich der Höhe ihrer Erwartungen an die sprachliche Form nicht bewusst, beziehen aber sprachliche Aspekte in die Beurteilung naturwissenschaftlicher und mathematischer Kompetenzen implizit mit ein. [...] Die bewusste Nutzung des Physikunterrichts als Lernumgebung für Sprachlernen würde einerseits den Lehrkräften ihre eigenen sprachlichen Erwartungen bewusst machen, andererseits würden den Schülern/Schülerinnen die sprachlichen Anforderungen in einem fachlichen Kontext transparent gemacht, wodurch ihnen die Möglichkeit gegeben würde, den Erwartungen entsprechend zu antworten."

Es stellt sich folglich die Frage, welche Formen von Unterrichtsplanung, aber auch von Unterrichtsinteraktion dazu geeignet sein könnten, neben dem Deutsch- auch den Fachunterricht sprachbildend zu gestalten. Wir sprechen in diesem Zusammenhang explizit von *sprachbildendem Fachunterricht*, da die Bezeichnung u. E. im Unterschied zu ebenfalls verwendeten Alternativen wie *sprachsensibler* oder *sprachbewusster Fachunterricht* über die Bewusstheit hinaus zu ergreifende Maßnahmen impliziert. Wichtig ist dabei zunächst festzuhalten, dass sprachbildender Unterricht immer anspruchsvoller, fordernder Unterricht ist und keinesfalls sprachliche Anforderungen senkt, sondern sie vielmehr hochhält (*high challenge*), gleichzeitig jedoch auch konkrete Wege zum Erreichen dieses Niveaus aufzeigt (*high support*) (vgl. dazu Gibbons 2015, 17).

6.1 Scaffolding

Von zentraler Bedeutung ist in diesem Zusammenhang das Scaffolding-Modell, das gleich mehrere sprachbildende Maßnahmen integriert (vgl. zu einer Gegenüberstellung mit ähnlichen Ansätzen auch Kniffka/Roelcke 2016; Lengyel 2016). In der Regel wird das Konzept auf Arbeiten zur Erstspracherwerbsforschung von Wood, Bruner und Ross (1976) zurückgeführt. Gibbons (2002) hat es später für den Zweitspracherwerb adaptiert und insbesondere Kniffka (z. B. 2010, 2015) hat es im deutschsprachigen Forschungsdiskurs bekannt gemacht. Interessanterweise hat somit die Rezeptionsgeschichte des Modells selbst einen gesamtsprachlichen Charakter.

Die Grundidee des Scaffoldings besteht darin, Lernenden eine Art Stützkonstruktion (engl. *scaffold* ‚Baugerüst') bereitzustellen, die es ihnen ermöglicht, entlang gezielter Hilfen sprachlich zunehmend schwierigere Aufgaben zu bewältigen. Je sicherer sie selbst werden, desto stärker werden die Hilfen rückgebaut (*fading out*), bis die Lernenden schlussendlich vollkommen selbständig den schulischen Anforderungen gerecht werden können. Scaffolding stellt somit einen emanzipatorischen didaktischen Ansatz dar, der Lernende weder über- noch unterfordert, sondern sich im Idealfall permanent in der „Zone der nächsten Entwicklung" (Vygotskij 2002) bewegt. Ein Beispiel für eine Unterrichtssequenz nach dem Scaffolding-Konzept findet sich bei Quehl/Trapp (2013) in Form einer Video-Dokumentation (vgl. Abb. 17).

Abb. 19: Sprachbildender Sachunterricht nach dem Scaffolding-Konzept (Standbild aus dem Lehrfilm von Quehl/Trapp 2013)

6.1.1 Makro- und Mikro-Scaffolding

In Anlehnung an Gibbons (2002) werden in der Forschungsliteratur Makro- und Mikro-Scaffolding unterschieden. Das Makro-Scaffolding umfasst in Vorbereitung des Unterrichts drei Elemente:

1. Bedarfsanalyse
2. Lernstandsanalyse
3. Unterrichtsplanung

Die darauf folgende Unterrichtsinteraktion wird als Mikro-Scaffolding bezeichnet. Zentral für die Vorbereitung sprachbildenden Unterrichts ist folglich zunächst die Analyse potenzieller sprachlicher Stolpersteine und die Erarbeitung von Scaffolds, die sich genau auf diese im Vorfeld eruierten Stolpersteine beziehen. Die dazu erforderliche Lernzielanalyse, die auch eine sprachdiagnostische Einschätzung der Lernenden mit einbezieht (→ 7), ergänzt folglich fachliche Lernziele systematisch um sprachliche (vgl. Abb. 20) (vgl. genauer Tajmel 2011).

BIOLOGIE

Lernziel:

„Die Zelle als System beschreiben“

Beispiel:

Die Zelle besteht aus verschiedenen Bestandteilen, die alle unterschiedliche Aufgaben haben. Wenn ein Bestandteil ausfällt, dann ist die gesamte Zelle nicht mehr lebensfähig.

Sprachliche Lernziele:

- Syntax: „…, die…“-Sätze (Relativsätze)
  „wenn…, dann…“-Sätze (Konditionalsätze)
- Lexik: Zelle, Kompartiment (Bestandteile), lebensfähig
- Morphologie: Plural
  „… aus verschiedenen Bestandteilen …“

Abb. 20: Ergänzung fachlicher Lernziele um sprachliche (nach Tajmel 2013, 209)

Besteht ein fachliches Lernziel zum Beispiel darin, dass die Lernenden am Ende der Unterrichtseinheit in der Lage sein sollen, die Zelle als System zu beschreiben[35], analysiert die Lehrkraft im Vorfeld detailliert, welche sprachlichen Mittel erforderlich sind, um dieser fachlichen Aufgabe gerecht zu werden. Anschließend wählt sie Materialien und Arbeitsformen so aus, dass diese sprachlichen Mittel systematisch bereitgestellt werden und von den Lernenden genutzt werden können.

6.1.2 Planungsrahmen

Eine praktische Strukturierungshilfe für Vorüberlegungen dieser Art stellt der Planungsrahmen (Quehl/Trapp 2013, 34–41) dar, der durch Konkretisierungsraster und Schlüsselworttabellen weiter ausdifferenziert werden kann (Tajmel/Hägi-Mead 2017, 73–123). Während der *Planungsrahmen* zu einem Unterrichts-

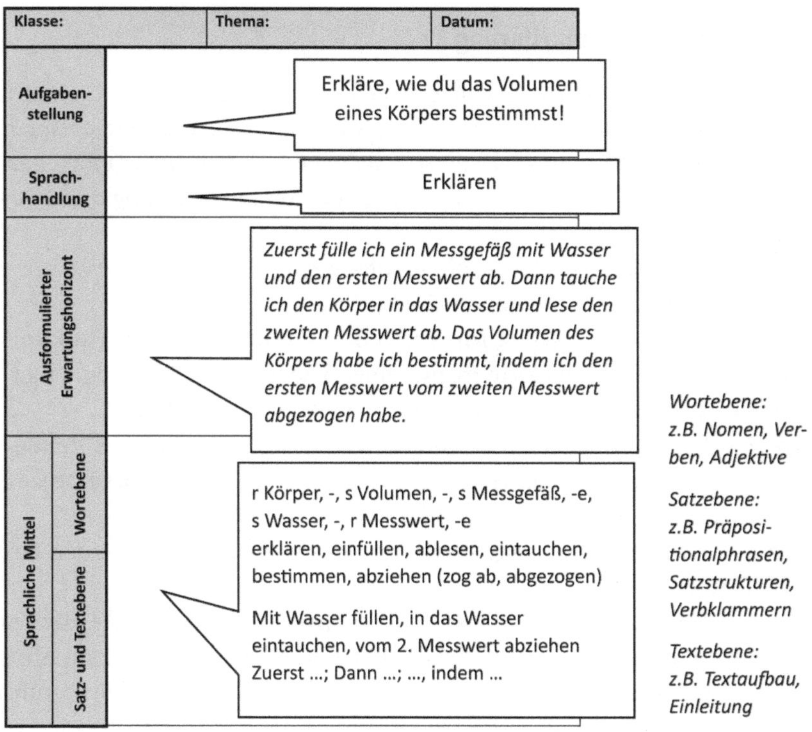

Abb. 21: Beispiel eines Konkretisierungsrasters (Tajmel/Hägi-Mead 2017, 80)

35 Zu prototypischen Sprachhandlungen, die in unterschiedlichen Fächern häufig vorkommen und entsprechend auch in Bildungsstandards und Lehrplänen explizit verankert sind, vgl. Kap. 3.

thema Aktivitäten und Sprachhandlungen auf Ebene der vier sprachlichen Grundfertigkeiten (Hören, Sprechen, Lesen, Schreiben) und die dafür erforderlichen sprachlichen Mittel (Sprachstrukturen und Wortschatz) zusammenstellt, geht das *Konkretisierungsraster* (Abb. 21) von einer fachlichen Aufgabenstellung aus, deren sprachliche Anforderungen es auf Grundlage eines ausformulierten Erwartungshorizonts untersucht. Im Fokus stehen dabei insbesondere sprachliche Strukturen, „die für das Verständnis des Gesamtzusammenhangs unerlässlich sind und immer wieder vorkommen" (Kniffka 2015, 230).
Im Bereich des Fachwortschatzes können ergänzend Wörter, die für das Durchdringen eines Themas zentral erscheinen, mittels Schlüsselworttabelle vertieft erschlossen werden. Zahlreiche Beispiele finden sich bei Tajmel/Hägi-Mead (2017, 96).

6.1.3 Unterrichtsphasierung

Die Aneignung von Formen konzeptioneller Schriftlichkeit (→ 3) nimmt im Scaffolding-Ansatz eine herausgehobene Rolle ein. Für die Unterrichtsplanung schlägt Gibbons (2015, 109 ff.), die sich dabei auf Derewianka (1990) bezieht, eine grundsätzlich vierstufige Vorgehensweise vor, den *Teaching and Learning Cycle*:
Stage 1 – *Building the field*: In dieser Phase geht es darum, Vorwissen zum Unterrichtsthema zu aktivieren und auszubauen.
Stage 2 – *Modeling the genre*: Im Anschluss werden Form und Funktion der im Fokus stehenden Textsorte (bspw. einer Versuchsbeschreibung, einer Gebrauchsanweisung, einer Argumentation) genauer untersucht.
Stage 3 – *Joint construction*: Auf dieser Grundlage schreiben Lehrende und Lernende gemeinsam einen ersten Text, wobei sowohl der Schreibprozess als auch das letztlich entstehende Schreibprodukt im Fokus stehen.
Stage 4 – *Independent writing*: Abschließend erstellen die Lernenden einzeln oder zu zweit eigene Texte.

Kniffka/Neuer (2008) haben die vorgeschlagene Vorgehensweise, die grundsätzlich vom Mündlichen zum Schriftlichen und vom Konkreten zum Abstrakten verläuft, anhand eines sehr bekannt gewordenen Beispiels, der Einführung in die Nutzung eines Kompasses, konkretisiert (Abb. 22). Der Einstieg in ein neues Thema über das Lesen eines Textes, der traditionell sicherlich einen häufig genutzten Weg darstellt, ist in diesem Konzept somit ausgeschlossen. Dies erklärt sich dadurch, dass speziell Sachtexte sprachlich in der Regel sehr dichte und komplexe sprachliche Formen darstellen, die aber von den Lernenden im Unterricht gerade erst erworben werden sollen. Folgerichtig steht das Lesen oder Schreiben eines Fachtextes im Scaffolding-Konzept am Ende der Unterrichtseinheit.

Abb. 22: Beispiel einer Unterrichtssequenz nach dem Scaffolding-Modell (Kniffka 2015, 232) (von unten nach oben zu lesen)

6.2 Unterrichtsmaterialien

In allen Phasen des Scaffoldings können ganz verschiedene Formen von Scaffolds, d. h. sprachbildende Unterrichtsmaterialien, eingesetzt werden, auch in Abhängigkeit davon, auf welche sprachlichen Grundfertigkeiten (Hören, Sprechen, Lesen, Schreiben) sie abzielen. Die mündlichen Fertigkeiten werden dabei häufig durch die Hineingabe von Redemitteln (z. B. über Vokabelkarten oder Mindmaps) gestützt, die schriftlichen dann ergänzend auch durch eher strukturierende Scaffolds (z. B. Wortgeländer oder Schreibpläne) (vgl. Abb. 23). Sehr hilfreich können auch Lernplakate sein (vgl. Abb. 24), da auf diese Weise notwendige Redemittel und Strukturierungshilfen durchgängig in der Klasse sichtbar bleiben und von den Lernenden jederzeit genutzt werden können.

Schreibplan Vorgangsbeschreibung

Ziel: Beschreibung eines Vorgangs, der jederzeit wiederholt werden kann

Eine Überschrift formulieren: z.B. Erste-Hilfe-Maßnahmen durchführen

Einleitung: das Thema benennen (Welcher Vorgang wird beschrieben?), z.B.: „Wenn eine Person das Bewusstsein verliert, muss sie in die stabile Seitenlage gebracht werden."

Hauptteil: Vorgang oder Ablauf in der richtigen Reihenfolge darstellen:

- Welche Handlungen werden durchgeführt?
- In welcher Reihenfolge
- Beschreiben Sie den Vorgang Schritt für Schritt, verbinden Sie die Sätze durch unterschiedliche Satzverknüpfungen (dann, danach, als nächsten Schritt/als Nächstes, darauf, weiter, nun u.a.m.
- Geben Sie die Arbeitsschritte so genau wie möglich wieder; als Beispiel können die Bildunterschriften der Erste-Hilfe-Maßnahmen dienen.

Schluss: Der Schluss rundet die Beschreibung ab, z.B.: „Zuletzt muss die Person vor Kälte (oder anderen Umwelteinflüssen) geschützt werden."

Sprache: exakt, sachlich, nüchtern (nicht wertend).
Deshalb benutzt man in der Regel das Passiv (hier steht der Vorgang im Mittelpunkt, nicht der, der etwas macht, z.B.: „Die Brille wird abgenommen" statt „Nehmen Sie die Brille ab" oder Passivumschreibungen („man").
Zeitform: Gegenwart

Abb. 23: Beispiel für einen Schreibplan zur Vorgangsbeschreibung (Günther et al. 2013, 57)

Ein besonderes Augenmerk sollte auch auf der Gestaltung von Aufgabenstellungen und Arbeitsblättern liegen. Aufgabenstellungen könnten z. B. bei Bedarf in ihrer sprachlichen Komplexität modifiziert werden (z. B. Satzreihen statt Satzgefüge nutzen) oder ihre Operatoren farblich markiert werden (z. B. bei Partikelverben: *Schreibe … ab*) – auch mit Blick auf inklusive Lernsettings (→ 5). Arbeitsblätter sollten grundsätzlich so angereichert werden, dass sie genügend Scaffolds enthalten, um allen Lernenden die Lösung der Fachaufgaben zu ermöglichen. Ein gelungenes Beispiel aus dem Physikunterricht zeigt Tajmel (2010a, 181–182) (Abb. 25). Das Arbeitsblatt zur Volumenbestimmung enthält eine Arbeitsschrittfolge mit unterschiedlichen Visualisierungen sowie Redemitteln. Sicherlich könnte man die Vorlage auch noch weiter ergänzen, z. B. um weitere Pluralformen oder um mehrsprachige Elemente. Grundsätzlich sind aber mehrere einschlägige Hilfestellungen gegeben, die es allen Lernenden ermöglichen sollten, den beschriebenen Versuch sowohl durchzuführen als auch zu versprachlichen.

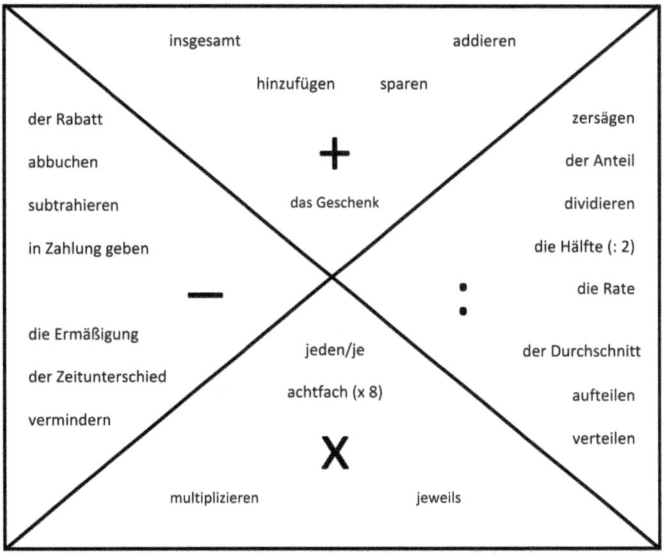

Abb. 24: Beispiel für ein Lernplakat als Scaffold (Wortschatzplakat zu Grundrechenarten in Textaufgaben [Bezirksregierung Münster], zit. nach Martin 2012, 23)

Übersichten über Scaffolding-Formen bzw. Methoden-Werkzeuge, wie Josef Leisen sie nennt, finden sich z. B. in seinen Beiträgen aus den Jahren 2013 und 2015. Diese müssen selbstverständlich jeweils fachspezifisch angepasst und ausdifferenziert werden (vgl. z. B. Abshagen 2015 für das Fach Mathematik). Daran wird deutlich, dass durchgängige Sprachbildung nur in sehr enger Anbindung an die unterschiedlichen Fachdidaktiken gelingen kann (vgl. auch Tajmel 2010b, Schmitz und Oleschko 2017).

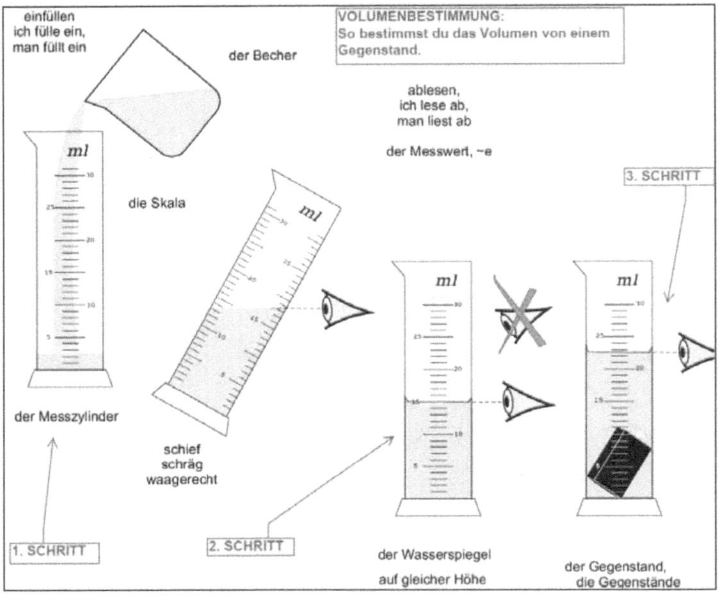

Abb. 25: Beispiel für ein Arbeitsblatt als Scaffold (Tajmel 2010a, 181 f.)

6.3 Unterrichtsinteraktion

Beim Mikro-Scaffolding – also der konkreten Unterrichtsinteraktion – sollten Lehrkräfte ihr sprachliches Verhalten nach unterschiedlichen, flexibel einsetzbare Prinzipien gestalten. Kniffka (2010; 3 f.) nennt mit Rückgriff auf Gibbons (2002) die folgenden sechs Prinzipien:

a. Verlangsamung der Lehrer-Schüler-Interaktion: Lehrende sollten versuchen, langsamer zu sprechen [...].
b. Gewährung von mehr Planungszeit für Schülerinnen und Schüler: [...]. Lehrerinnen und Lehrer sind gelegentlich etwas zu ungeduldig und gewähren Schülerinnen und Schülern nur ca. 2–3 Sekunden zum Antworten.
c. Variation der Interaktionsmuster: Vor allem der gängige Ablauf "Lehrerfrage – Schülerantwort – Lehrerkommentar" sollte variiert werden. Optimal wäre die Schaffung authentischer Kommunikationssituationen, in denen eine Lehrkraft "echte" Fragen stellt, deren Beantwortung seitens der Schülerinnen und Schüler die Planung komplexerer Äußerungen (statt einer Ein-Wort-Antwort) erfordert.

d. Aktives Zuhören durch die Lehrkraft: Lehrerinnen und Lehrer sollten den Schülerinnen und Schülern aktiv zuhören, den intendierten Inhalt nachvollziehen und entsprechend (authentisch) reagieren. Dies fördert u. U. die Motivation der Schülerinnen und Schüler, sich im Unterricht zu äußern.
e. Re-Kodierung von Schüleräußerungen durch die Lehrkraft: Re-Kodierung kann dazu beitragen, dass den Lernenden das angemessene Fachwort / eine angemessene Wendung im jeweiligen Kontext deutlich wird.
f. Einbettung von Schüleräußerungen in größere konzeptuelle Zusammenhänge: So kann eine Beziehung zwischen der Schüleräußerung und dem fachlich-thematischen Gesamtkontext hergestellt werden.

6.4 Ausblick

Auch wenn der Scaffolding-Ansatz unmittelbar einsichtig erscheint, ist er dennoch nicht ohne Kritik geblieben. Zum einen liegen bislang kaum wissenschaftliche Studien zu seiner Wirksamkeit vor. Darüber hinaus setzt sprachbildender Fachunterricht, wie in Kap. 4 bereits diskutiert, eine entsprechende Aus- und Weiterbildung der Lehrkräfte sowie eine explizite Einbindung in Schulprogramme voraus. Und nicht zuletzt sind Scaffolding-Maßnahmen (insbesondere bei der ersten Durchführung, für die Zusatzmaterialien erstellt werden müssen) zunächst mit einem erhöhten Zeitaufwand verbunden (vgl. auch Kniffka 2015, 234 f.). Angesichts des potenziellen Gewinns, möglichst *alle* Lernenden mitzunehmen und somit in späteren Unterrichtsphasen letztlich auch wieder Zeit einzusparen, erscheint dieser Aufwand dennoch gerechtfertigt zu sein. Ein weiteres Desiderat besteht in einer stärkeren Integration der mehrsprachigen Kompetenzen der Lernenden in die Unterrichtskonzepte. Gefordert wird der Einbezug von Mehrsprachigkeit bereits von Gibbons selbst (2002, 69 ff.). Diese könnte bspw. in Form von Gruppenarbeit in unterschiedlichen Familiensprachen, Language-Awareness-Aktivitäten oder auch der Bereitstellung zweisprachiger Wörterbücher sowie anderer Lehr-Lern-Materialien (sofern die Lernenden in den jeweiligen Sprachen auch alphabetisiert sind) erfolgen (→ 5; vgl. auch Lengyel 2016, 514). Zudem ist selbstverständlich eine schrittweise Erprobung unterschiedlicher Elemente sprachbildenden Fachunterrichts denkbar, so dass keine Ad-hoc-Umstellung des Unterrichts erfolgen muss. Einen guten Einstieg können in diesem Zusammenhang auch Selbsteinschätzungsinstrumente darstellen, wie sie bspw. Schmölzer-Eibinger et al. (2013, 107–119) oder Thürmann/ Vollmer (2013) veröffentlicht haben. Lehrkräfte können sich auf dieser Grundlage selbstkritisch fragen, welche Elemente sprachbildenden Unterrichts ihren eigenen Unterricht bereits auszeichnen und in welchen Bereichen sie bislang vielleicht aber auch blinde Flecken hatten bzw. auf welche Bereiche sie fortan gezielt ein besonderes Augenmerk legen möchten.

6.5 Aufgaben

Nehmen Sie ein Lehrbuch zu einem Ihrer Unterrichtsfächer zur Hand und wählen Sie eine typische Aufgabenstellung aus, die eine Bearbeitung in Textform erfordert.

A. Nehmen Sie einen „Seitenwechsel" (vgl. Tajmel 2013, 201–202) vor und bearbeiten Sie diese Aufgabe in einer Fremdsprache Ihrer Wahl. Reflektieren Sie, auf welche sprachlichen Schwierigkeiten Sie dabei stoßen und welche sprachlichen Hilfen Ihnen wünschenswert erschienen.
B. Formulieren Sie dann eine Musterlösung auf Deutsch und sammeln Sie sprachliche Mittel auf Wort-, Satz und Textebene, die Ihnen für eine erfolgreiche Bearbeitung der Aufgabe zentral erscheinen.
C. Formulieren Sie fachliche und sprachliche Lernziele, die mit der Aufgabenstellung verfolgt werden können.
D. Überlegen Sie, welche Formen von Scaffolds geeignet sein könnten, Ihre Schüler:innen beim Erreichen dieser Lernziele zu unterstützen.

6.6 Weiterführende Literatur

Quehl, Thomas/Trapp, Ulrike (2013): Sprachbildung im Sachunterricht der Grundschule. Mit dem Scaffolding-Konzept unterwegs zur Bildungssprache. Münster u.a.: Waxmann.

Tajmel, Tanja (2013): Möglichkeiten der sprachlichen Sensibilisierung von Lehrkräften naturwissenschaftlicher Fächer. In: Röhner, Charlotte/Hövelbrinks, Britta (Hrsg.): Fachbezogene Sprachförderung in Deutsch als Zweitsprache. Theoretische Konzepte und empirische Befunde zum Erwerb bildungssprachlicher Kompetenzen. Weinheim/Basel: Beltz Juventa, 198–211.

7 Sprachentwicklung analysieren

Um durchgängige Sprachbildung (→ 4) im Unterricht umsetzen zu können, ist neben Grundkenntnissen im Bereich des Spracherwerbs (→ 2), die der Einordnung von Beobachtungen dienen können, eine genauere Kenntnis der Sprach(en)repertoires (→ 3) der einzelnen Schüler:innen wichtig. Zu diesem Zweck wird die Gesamtheit der sprachlichen Ausdrucksmöglichkeiten eines Menschen „zählbar" gemacht und der Fokus vor allem auf die Entwicklung der deutschen Sprache gelegt. Eine Analyse der Sprachentwicklung erfolgt einerseits integriert in den Schulalltag, z. B. wenn Lehrkräfte Rückmeldungen auf Redebeiträge oder Hausaufgaben geben, Klassenarbeiten bewerten oder Schreibprodukte analysieren und entsprechend adaptive Lernangebote machen (→ 5). Sie kann andererseits auch ganz gezielt spezifische sprachdiagnostische Fragestellungen verfolgen und sich dabei unterschiedlicher Instrumente bedienen. In diesem Kapitel soll zunächst ein Blick auf unterschiedliche Zielsetzungen und Normen von Sprachdiagnostik geworfen werden, im Anschluss werden zwei zentrale Grundverfahren anhand eines jeweils für den Schulkontext besonders geeignet erscheinenden Verfahrens vorgestellt und mit einer Lernersprachenanalyse (LSA) abgeschlossen. Leitend ist dabei der Gedanke, bekannte Instrumente auszuwählen, die unabhängig vom Erwerbskontext der Lernenden (L1, L2, L3) eingesetzt werden können und möglichst alle Jahrgangsstufen abdecken.

7.1 Zielsetzungen und Normen

Sprachdiagnostik kann grundsätzlich zwei ganz unterschiedliche Zielrichtungen verfolgen: Entweder kann es darum gehen, Zuweisungen von Lernenden zu unterschiedlichen Gruppen vorzunehmen und auf diesem Wege im Vorfeld einer Maßnahme extern zu differenzieren. Oder aber innerhalb einer gegebenen Gruppe sollen binnendifferenzierende Fördermaßnahmen für einzelne Lernende konzipiert werden. Während der **Zuweisungsdiagnostik** immer eine **soziale Norm**, also ein Gruppenvergleich, zugrunde liegt, bezieht sich die **Förderdiagnostik** auf den einzelnen Lernenden, d. h. eine individuelle Norm. Darüber hinaus können (und sollten) sowohl der Zuweisungs- als auch der Förderdiagnostik **kriteriale Normen** zugrunde liegen, die sich auf Kompetenzmodelle beziehen (vgl. z. B. Lengyel 2012, 12 f.). Dies ist im Rahmen von Selektionsdiagnostik bspw. der Fall, wenn der Zugang zu einem deutschsprachigen Studiengang voraussetzt, dass Sprachkompetenzen auf dem Niveau B2/

C1 des **Gemeinsamen Europäischen Referenzrahmens für Sprachen** (GER)[36] nachgewiesen werden können. In der im Schulkontext primär einschlägigen Förderdiagnostik hingegen werden häufig Erwerbssequenzmodelle (→ 2) als kriteriale Normgrundlage herangezogen. Insbesondere die unterschiedlichen **Satzmodelle** des Deutschen stellen in diesem Zusammenhang einen zentralen **Sprachstandsindikator** dar (vgl. z. B. das Stellungsfeldermodell in Müller/ Schönfelder 2019). Eine für die Schule relevante selektionsdiagnostische Fragestellung zielt auf die Unterscheidung von Lernenden, deren Sprachentwicklung sich in der Mitte der sozialen Normverteilung oder darüber bewegt, von Lernenden, deren Spracherwerbsverlauf (z. B. aufgrund vergleichsweise geringeren Sprachkontakts) etwas langsamer verläuft und die daher von schulischen spracherwerbsfördernden Maßnahmen in besonderem Maße profitieren würden, sowie von Lernenden, die Zeichen einer Spracherwerbsstörung zeigen und sprachtherapeutische Maßnahmen benötigen. Diese Differenzierung gestaltet sich bei Zweisprachigkeit allerdings sehr komplex und individuell und ist nur in enger Kooperation zwischen Eltern, Lehrkräften, logopädischem und ärztlichem Personal vorzunehmen (vgl. ausführlich z. B. Chilla 2019).

Zusammenfassend lässt sich festhalten, dass Förder- und Zuweisungsdiagnostik nicht nur ganz unterschiedliche Ziele verfolgen, sondern auch grundlegend verschieden voneinander vorgehen und in der Folge jeweils andere Anforderungen erfüllen müssen. Während den meisten Lehrenden beim Schlagwort *Sprachdiagnostik* wahrscheinlich zuallererst standardisierte diagnostische Verfahren wie Sprachtests in den Sinn kommen, die in aller Regel der Zuweisungsdiagnostik zuzurechnen sind, sind es im Berufsalltag von Lehrkräften gleichwohl vielmehr die förderdiagnostischen Ansätze, die im Vordergrund stehen.

7.2 Sprachdiagnostische Grundverfahren

Im Bereich der sprachdiagnostischen Grundverfahren lassen sich zunächst vier bzw. fünf unterschiedliche **Verfahrensgruppen** (vgl. Gültekin-Karakoç 2019 für einen Überblick) voneinander unterscheiden, nämlich Schätzverfahren,

36 https://www.europaeischer-referenzrahmen.de/ (11.9.2019).

Beobachtungsverfahren, Profilanalysen und Tests. Manchmal von letzteren abgegrenzt, manchmal als Untergruppe davon behandelt werden außerdem Screenings. Sie ähneln Testverfahren stark in der Anlage, sind aber in der Regel weniger umfangreich und daher auch weniger messgenau als Tests. Angeordnet sind die Verfahrensgruppen untenstehend nach dem Grad ihrer Standardisierung, von eher schwach standardisierten Verfahren (Schätzverfahren) hin zu stark standardisierten und in der Regel auch normierten Verfahren (Tests). Allen sprachdiagnostischen Verfahren gemein ist, dass sie vor allem in frühen Erwerbsstadien, in denen noch relativ wenig Kontakt mit einer Sprache stattgefunden hat, eine hilfreiche Grundlage für die Planung sprachbildender Prozesse darstellen. Besonders relevant in unserem Zusammenhang sind sie beispielsweise im Umgang mit neu zugewanderten Lernenden.

Bei **Schätzverfahren** handelt es sich um Befragungen von Bezugspersonen zu den sprachlichen Kompetenzen von Kindern. Da Schätzungen per se recht ungenau sein können, werden sie nur eingesetzt, wenn keine bessere diagnostische Alternative zur Verfügung steht. Denkbar wäre es, Eltern zu den L1-Kompetenzen von Kindern zu befragen, wenn Lehrpersonen selbst diese Sprache(n) nicht sprechen, um so Hinweisen auf das mögliche Vorliegen einer Spracherwerbsstörung nachzugehen, da ein wesentliches diagnostisches Merkmal einer solchen darin besteht, dass sie sich in allen Sprachen, die ein Kind spricht, zeigt (vgl. Chilla 2019, 84). Während die Prävalenzraten für Spracherwerbsstörungen bei bilingual aufwachsenden Kindern genauso hoch liegen wie bei monolingual aufwachsenden, gibt es bei bilingualen Kindern ein höheres Risiko, dass eine vorliegende Spracherwerbsstörung entweder nicht als solche erkannt wird (*missed identity*) oder dass ihnen fälschlicherweise eine Spracherwerbsstörung zugeschrieben wird (*mistaken identity*) (vgl. Chilla 2019, 81), insbesondere wenn die Gesamtsprachlichkeit der Kinder nicht ausreichend in den Blick genommen wird, sondern nur einzelne Sprachen wie die Schulsprache. **Beobachtungsverfahren** basieren häufig auf Fragebögen mit vorwiegend geschlossenen Skalenfragen, wobei deren Bearbeitung eine längere Beobachtungsphase durch die jeweils diagnostizierenden Pädagog:innen vorausgeht. Somit erfassen Beobachtungsverfahren longitudinal die Sprachkompetenzen von Lernenden in natürlichen schulischen Sprachverwendungen. Die Grenze zwischen Schätz- und Beobachtungsverfahren ist nicht immer eindeutig zu ziehen, da die Erinnerung an einen (ggf. auch länger) zurückliegenden Beobachtungszeitraum in die Nähe einer Schätzung rücken kann (Döll 2019).

Im Unterschied zu Schätz- und Beobachtungsverfahren arbeiten Profilanalysen, Tests und Screenings auf Grundlage konkreter Sprachdaten, was bedeutet, dass ihre Ergebnisse unmittelbar in empirischen Daten verankert sind. **Profilanalysen** erheben zu diesem Zwecke Spontandaten von Sprecher:innen in natürlichen oder zumindest quasi-natürlichen Situationen. Alternativ können auch bereits vorliegende (sog. *anfallende*) Äußerungen analysiert werden. Diese werden im Falle mündlicher Daten zunächst aufgezeichnet und transkribiert, und im Anschluss werden die mündlichen oder schriftlichen Daten hinsichtlich relevanter sprachlicher Aspekte ausgewertet (vgl. Grießhaber 2019 für einen Überblick). **Tests** hingegen konzentrieren sich auf ausgewählte sprachliche Bereiche, sog. *Indikatoren,* wie bspw. Satzmodelle, Kasus oder Verbflexion (→ 2), und elizitieren gezielt nur diese (vgl. Paetsch 2019 für einen Überblick). Die Indikatoren werden gewählt, weil aus Voruntersuchungen bekannt ist, dass sie – statistisch betrachtet – als repräsentativ für den gesamten Sprachstand einer bestimmten Gruppe (der Normgruppe) gelten können. Dasselbe gilt grundsätzlich auch für **Screenings**, mit dem Unterschied, dass sie weniger genau messen und nur in etwa einen Hinweis darauf geben, ob die Sprachentwicklung im durchschnittlichen Bereich oder aber über- oder unterdurchschnittlich verläuft. Sprachdiagnostische Screenings sind häufig in Form von Ampelverfahren gestaltet, wobei ein Ergebnis im grünen Bereich (im Vergleich zu einer bestimmten Normgruppe) keinen hervorgehobenen Sprachförderbedarf, eins im roten einen besonderen Sprachförderbedarf und ein gelbes Ergebnis die Notwendigkeit einer genaueren Abklärung (in der Regel mittels Einzeltest) impliziert. Die beiden zentralen Grundverfahren „Tests“ und „Profilanalyse“ sollen im Folgenden exemplarisch anhand eines Verfahrens vorgestellt werden.

7.2.1 Tests

Als prototypisches sprachdiagnostisches Verfahren kann wohl der Test gelten, was sicherlich auch an seiner besonderen Messgüte liegt. Bereits im Vorschulalter werden Testverfahren eingesetzt, um z. B. bundeslandweit zu eruieren, welche Vierjährigen von additiver vorschulischer Sprachförderung in besonderem Maße profitieren könnten. Im Laufe der Schulzeit kommen dann immer wieder Teilfertigkeitstests, etwa zu orthographischen (z. B. mittels der *Hamburger Schreib-Probe* [HSP]) oder Lese-Kompetenzen (z. B. mittels *Ein Leseverständnistest für Erst- bis Sechstklässler* [ELFE]) oder auch im Rahmen von Ländervergleichen oder Bildungsstudien eingesetzte (Sprach-)Tests (wie z. B.

die *Vergleichsarbeiten* [VERA] *3* bzw. *8* oder den PISA-Studien [*Programme for International Student Assessment*]) zum Einsatz.

Als Beispiel eines Testverfahrens soll hier im Folgenden der **C-Test** genauer vorgestellt werden, der insbesondere als erstes Screening zur Einschätzung einer neu übernommenen Lerngruppe geeignet ist. Darüber hinaus erfordert er nicht unbedingt linguistische Kenntnisse auf Seiten der Lehrenden und ist somit auch von Fachlehrkräften, die bspw. eine naturwissenschaftliche AG o.Ä. leiten, einsetzbar. Das Format setzt allerdings schriftsprachliche Kompetenzen bei den Lernenden voraus und erscheint daher frühestens ab Klasse 3, eher ab Klasse 4 geeignet, funktioniert aber davon abgesehen über alle möglichen Lerngruppen hinweg bis hin zu Erwachsenen unkompliziert und zuverlässig (vgl. einführend zum C-Test auch Grotjahn 2019).

C-Tests bestehen aus vier bis fünf Kurztexten, von denen jeweils der erste und der letzte Satz vollständig erhalten bleiben, während im Rest des Textes die zweite Hälfte jedes zweiten oder dritten Wortes getilgt wird. Diese Lücken müssen im Testverlauf von den Schüler:innen rekonstruiert werden. So entstehen regulär entweder vier Texte mit jeweils 25 Lücken oder aber fünf Texte mit jeweils 20 Lücken, also insgesamt jeweils 100 Lücken, was bei der späteren Auswertung 100 Prozentpunkten des Tests entspricht. Die Kurztexte werden in aufsteigender Textschwierigkeit angeordnet und können von Lehrenden relativ unaufwändig auch selbst generiert werden, um sie im Schwierigkeitsniveau genau auf die jeweilige Zielgruppe abzustimmen, indem z. B. Texte aus der jeweils vorhergegangenen Klassenstufe als Textgrundlage herangezogen werden (Baur/Spettmann 2009, 116).

Allerdings sollten selbst erstellte C-Tests grundsätzlich einer Pilotierung unterzogen werden, um sicherzustellen, dass erwachsene L1-Sprecher:innen in der Lage wären, den Test ohne Probleme zu lösen (Baur/Goggin/Wrede-Jackes 2013, 4). Sind diese Bedingungen erfüllt, stellen C-Tests sehr valide Sprachtests dar, die bereits bei ihrem ersten Einsatz in der Regel sehr gute statistische Testkennwerte aufweisen (Grotjahn 2002, 216). Alternativ kann selbstverständlich auch auf unterschiedliche publizierte C-Tests zurückgegriffen werden (z. B. Raatz/Klein-Braley 1992, Baur/Chlosta/Goggin 2012, Dürrstein/Jeuk 2015). Um sich der Frage zu nähern, warum C-Tests, die auf den ersten Blick wenig umfangreich und damit möglicherweise auch nicht sehr aussagekräftig erscheinen, tatsächlich valide Messungen des allgemeinen Sprachstands darstellen, erscheint ein Blick auf einen Beispieltext hilfreich (Abb. 26).

> Vom 16. bis zum 19. Jh. war Großbritannien die weltweit führende See- und Kolonialmacht. Daher ko______ es, da______ Englisch schli______ zur Welts______ wurde. D______ Industrielle Revol______, die z______ entscheidenden sozi______ und polit______ Umwälzungen füh______, begann u______ 1760 i______ Großbritannien u______ verschaffte d______ Lande au______ eine wirtsch______ Führungsposition. He______ haben vi______ alte Indus______ an Bede______ verloren, denn in der modernen Gesellschaft stehen Dienstleistungsbranchen wie Banken und Versicherungen im Vordergrund. Das in der Nordsee geförderte Öl sichert die Energieversorgung des Landes.

Abb. 26: Ausschnitt aus einem deutschsprachigen C-Test (http://www.c-test.de/deutsch/index.php%3Flang%3Dde%26content%3Dbeispiele%26section%3Dctest)

Um z. B. die erste Lücke dieses deutschsprachigen C-Test-Textes mit *kommt* rekonstruieren zu können, muss auf lexikalischer Ebene zunächst das Verb *kommen* bekannt sein. Auf morphologischer Ebene muss man es (aufgrund der erforderlichen Kongruenz mit *es*, des weiteren Satzbaus sowie der Tempuskohärenz mit dem Rest des Textes) in die 3. Person Singular Präsens Indikativ Aktiv setzen, auf Ebene der Syntax davon ausgehend, dass an zweiter Stelle eines Aussagesatzes ein flektiertes Verb stehen muss und dass *kommen* im vorliegenden Satz in der Valenz *etwas kommt von etwas* verwendet ist. Auf orthographischer Ebene muss die Vokalkürze markierende Doppelkonsonanz in Zweisilbern auf die morphologische Form übertragen werden (*kommen* > *kommt*). Da sich einige dieser Rekonstruktionen daraus ergeben, dass grammatische Informationen im Deutschen aufgrund von Rektion und Kongruenz häufig an mehreren Stellen im Satz enkodiert sind (was eine Voraussetzung für die Rekonstruktion darstellt), spricht man in Bezug auf den C-Test auch von *reduced redundancy testing*. Ausgewertet werden C-Tests schlicht, indem geprüft wird, ob die Lücken jeweils korrekt rekonstruiert wurden. Dabei kann entweder einfach *richtig* vs. *falsch* unterschieden werden (sog. *Richtig-falsch-Wert*) oder aber es kann bei der Auswertung zusätzlich bedacht werden, ob zumindest das Wort richtig erkannt wurde, wenngleich es grammatisch und/oder orthographisch fehlerhaft in den Text eingepasst wurde (*Worterkennungswert*; Baur/Spettmann 2009, 119). Der Worterkennungswert bezieht also rein rezeptive Kompetenzen stärker in die Wertung mit ein. Darüber hinaus ist es natürlich auch möglich, in semantische, grammatische und/oder orthographische Korrektheit zu unterscheiden (Baur/Grotjahn/Spettmann 2006, 393). Für die Auswertung am einfachsten und dadurch gleichzeitig auch am reliabelsten ist es jedoch, bei der Punktevergabe einfach in vollständig richtig vs. falsch zu unterscheiden, d. h. den Richtig-falsch-Wert zu berechnen (vgl. auch die Diskussion bei Grotjahn 2019, 596 ff.). Wichtig für die Validität des Tests ist es außerdem, dass gerade mit jüngeren Lernenden an einem Beispiel eingeübt wird, wie C-Tests zu lösen sind. Insbesondere sollte deutlich werden, dass zunächst der gesamte Text gelesen werden muss, bevor mit der Rekonstruktion der Lücken begonnen wird, da auch der Kontext in Verbindung mit Weltwissen zur Lösung des Tests beitragen kann. Zu vermeiden ist hingegen das reine Raten (auf Basis der Wortanfänge), zu dem insbesondere jüngere Lernende tendieren (vgl. die Lösungsbeispiele *Eisenharter Staub*, *Planeten des Unyversums*, *Raumsonnen* in Abb. 27).

Der Mars ist der nächste Planet zur Erde. Am Nachthim_mel_ erscheint e_r_ rötlich u_nd_ wird des_wegen_ auch d_er_ Rote Pla_net_ genannt. Eisenh_arter_ Staub, d_er_ hoch du_rch_ die Lu_ft_ geweht wi_rd_, lässt d_er_ Himmel d_en_ „rostigen" Plan_eten_ rot ersch_einen_. Viele al_te_ Hochkulturen da_chten_ bei die_ser_ Farbe a_n_ Blut u_nt_ gaben d_en_ Planeten des_Unyversums_ den Na_men_ des Kriegsgot_tes_ Mars. Mit Raumson_nen_ hat man herausgefunden, dass der Mars ein kleiner Planet ist – er ist nur halb so groß wie die Erde. (S. 33)

Abb. 27: Beispiel für die Lösung eines selbst erstellten C-Test-Textes durch einen Viertklässler, der bilingual mit Deutsch und Französisch aufwächst (Textquelle: Daugs et al. 2018, 33)

Von C-Tests gibt es zahlreiche Varianten, so dass es sich genau genommen auch weniger um einen Test als um eine Testfamilie handelt. Wichtig ist dabei in allen Varianten der Testsprache Deutsch, dass im Falle von Komposita nur das Grundwort beschädigt wird, um die Rekonstruktion nicht zu schwierig werden zu lassen. Ferner können Lücken anstatt automatisch auch ganz bewusst gesetzt werden, etwa um bestimmte grammatische Bereiche zu trainieren, wie hier am Beispiel einer im Deutschunterricht häufig behandelten Kurzgeschichte dargestellt (Abb. 28).

Gerade die Verwendung von Artikelwörtern und Pronomen lässt sich sehr gut im Lückentextformat trainieren, da diese Wortarten kohäsionsstiftend wirken und eben jene Rekonstruktionsprozesse in Leser:innen auslösen, auf die auch der C-Test zielt. Sie ermöglichen in diesem didaktisierten Format im Unterschied zum kanonischen C-Test jedoch keine valide Messung des allgemeinen Sprachstands.

Peter Bichsel: San Salvador

Er hatte sich eine Füllfeder gekauft. Nachdem e_ mehrmals se___ Unterschrift, dann se___ Initialen, se___ Adresse, einige Wellenlinien, dann d__ Adresse sei___ Eltern auf e__ Blatt gezeichnet hatte, nahm e_ einen neuen Bogen, faltete i__ sorgfältig und schrieb: „M__ ist e_ hier zu kalt“, dann, „i__ gehe nach Südamerika“, dann hielt e_ inne, schraubte d__ Kappe auf d__ Feder, betrachtete d__ Bogen und sah, wie d__ Tinte eintrocknete und dunkel wurde (in der Papeterie garantierte m__, dass s__ schwarz werde), dann nahm er sei__ Feder erneut zur Hand und setzte noch großzügig sei___ Namen Paul darunter. Dann saß er da. [...]

Abb. 28: Lückentext als Grammatiktest oder -übung (Textquelle: Bichsel 1964)

Zusammenfassend stellt der C-Test „ein ökonomisches und reliables Verfahren zur globalen Feststellung der allgemeinen Kompetenz in Fremd-, Zweit- und Erstsprachen“ (Grotjahn 2002, 211) dar. Er ist für zahlreiche Sprachen anwendbar, und seine hohe Messgüte (Objektivität, Reliabilität und Validität) konnte in zahlreichen Studien immer wieder empirisch bestätigt werden.[37] Besonders als Screening-Verfahren wird er daher sehr gerne eingesetzt. Förderdiagnostisch hingegen ist der C-Test kaum aufschlussreich; dafür stellt das Format aber eine interessante Übungsform dar, die z. B. das Leseverstehen und die Sprachbewusstheit fördern kann (→ 5). In Maßen eingesetzt, wirken C-Test-Übungen häufig auch motivierend, da sie Rätseln ähneln, an denen gemeinsam geknobelt werden kann.

7.2.2 Profilanalysen

Profilanalyseverfahren können in unterschiedlichen Schulstufen genutzt werden: Während *HAVAS 5–7* (Reich/Roth 2007) für den Übergang zwischen Elementar- und Primarbereich konzipiert wurde, zielt der *Der Sturz ins Tulpenbeet* (Gantefort/Roth 2008) auf den Übergang von der Primar- in die Sekundarstufe und der *Fast Catch Bumerang* (Reich/Roth/Döll 2009) schließlich auf den Übergang von der Schule in den Beruf. Alle drei genannten Verfahren sind für die Sprachen Deutsch, Türkisch und Russisch verfügbar (*HAVAS 5–7* auch für weitere) und wiederum für alle Lernenden geeignet, der *Fast Catch Bumerang* durchaus auch für Erwachsene. Obwohl die mündlichen bzw. schriftlichen Sprachdaten der Lernenden in allen drei Verfahren über einen

37 Vgl. www.c-test.de/deutsch/container.php?con=ctest/pdf/C Test Bibliography/Grotjahn_Drackert_Electronic_Ctest_Bibliography_10_2020.pdf

profilanalytischen Auswertungsbogen ausgewertet werden können, eignen sie sich ebenso gut zur freien lernersprachlichen Analyse (s. u.). Die Auswertungsbögen unterscheiden sich dabei substanziell voneinander, da die drei Verfahren unterschiedliche Analyseschwerpunkte setzen. Während *HAVAS 5–7* auf Wortschatz und Grammatik fokussiert, untersucht *Der Sturz ins Tulpenbeet* schwerpunktmäßig die Erzählkompetenz von Lernenden und der *Fast Catch Bumerang* ihre bildungssprachlichen Kompetenzen. Exemplarisch stellen wir an dieser Stelle das Verfahren **Fast Catch Bumerang** (Abb. 29) vor, das einen besonderen Schwerpunkt auf den Ausbau von Bildungs- und Fachsprache legt. Neben Wortschatz, Syntax und Textpragmatik erfassen die Indikatoren entsprechend auch bildungssprachliche Merkmale, und zwar Nominalisierungen, Komposita, Attributkonstruktionen, Partizipien, Passivkonstruktionen sowie unpersönliche Ausdrücke. Der gesamte Auswertungsbogen sowie Hinweise zur Auswertung finden sich bei Reich/Roth/Döll (2009) zur freien Nutzung. Geeignet ist das Verfahren für Lernende am Übergang von der Sekundarstufe in den Beruf. Für die (in Gruppen mögliche) Durchführung werden max. 45 Minuten, für die Auswertung jeweils 30 Minuten pro Schüler:in veranschlagt.

> **fast catch Bumerang sucht dich als Praktikant/in in der Redaktion!**
>
> Du kannst gut schreiben? Du kennst dich mit Bumerangs aus? Ein Praktikum in der Redaktion unseres Jugendmagazins **fast catch Bumerang** kann dein Einstieg in eine journalistische Karriere sein! Bitte sende uns ein *aussagekräftiges Bewerbungsschreiben* und als Arbeitsprobe einen *Artikel*, in dem erklärt wird, wie der Bumerang *Triton IV* gebaut wird. Der Artikel muss ohne Abbildungen verständlich sein.
>
> **fast catch Bumerang**
> Marcus Elbe
> Rotteroder Straße 72
> 30171 Hannover

Abb. 29: Aufgabenstellung des profilanalytischen Verfahrens *Fast Catch Bumerang* (Reich/Roth/Döll 2009, 232)

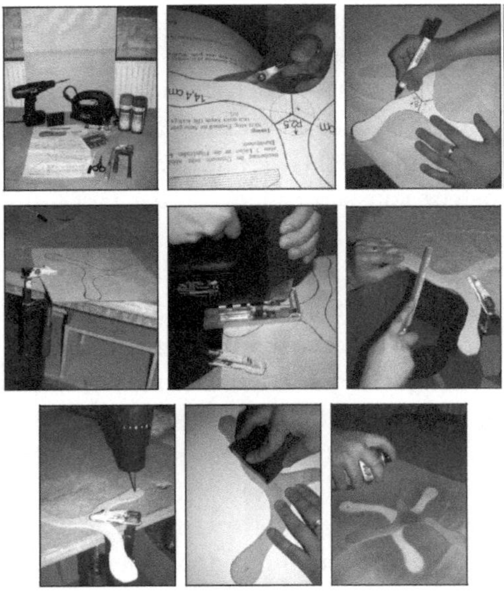

Abb. 30: Illustration zur Aufgabenstellung in *Fast Catch Bumerang* (Reich/Roth/Döll 2009, 232)

Das Verfahren liefert aufschlussreiche Einblicke in die Sprachkompetenz älterer Schüler:innen, ist allerdings wie alle profilanalytischen Verfahren stark von ihrer Motivation abhängig. Längere Texte beispielsweise schneiden in vielen Analysekategorien deutlich besser ab als kürzere. Bekannt geworden ist neben den FörMig-Verfahren auch die Profilanalyse nach Grießhaber (z. B. 2013, 2019), die sich auf den Satzmodellindikator konzentriert und auf Grundlage beliebiger mündlicher oder schriftlicher Sprachdaten ebenfalls eine erste Einschätzung des Sprachstands ermöglicht.

7.2.3 Sprachdiagnostische Verfahren im Vergleich

Außer nach dem Verfahrenstyp können sprachdiagnostische Verfahren auch nach weiteren Kriterien unterschieden werden (vgl. Settinieri/Jeuk 2019, 12 ff.). Ein wichtiger Punkt ist die **Zielgruppe** (z. B. die Altersspanne), für die ein Verfahren konzipiert wurde, aber auch welche **sprachlichen (Teil-)Fertigkeiten** es in den Blick nimmt. Eine Orientierung können hier die sprachlichen Basisqualifikationen nach Ehlich (2005) bieten, die in phonische, semantische, morpho-syntaktische, literale, diskursive und pragmatische unterteilt werden können. Des Weiteren sollte ein sprachdiagnostisches Verfahren grundsätzlich auf soliden **spracherwerbstheoretischen Grundlagen** beruhen und dies im Manual zum Verfahren auch nachvollziehbar darlegen. Ferner sollte es transparent machen, welche Rolle **äußere Mehrsprachigkeit** (verschiedene Sprachen) in dem jeweiligen Verfahren spielt, ob sie z. B. in eine Normierung eingeflossen ist oder ob vielleicht sogar mehr als eine Sprache Gegenstand der Diagnostik ist. Schließlich ist von Belang, ob ein sprachdiagnostisches Verfahren auch in der Lage ist, **sprachtherapeutischen Bedarf** zu indizieren (z. B. beim Förderschwerpunkt Sprache), und welche **förderdiagnostischen Hinweise** es liefern kann. Sind Verfahren standardisiert oder sogar normiert und werden sie als Grundlage sprachpolitischer Entscheidungen herangezogen, dann sollten sie darüber hinaus messtheoretischen **Gütekriterien** genügen, zu denen auch ökonomische Gesichtspunkte (Zeit- und Kostenfaktor) zählen können. Diesen Anspruch können jedoch primär Screening- und Testverfahren erfüllen (und auch das in sehr unterschiedlichem Maße). Je höher dabei der *Impact* eines Tests, desto höher sind auch die testtheoretischen Anforderungen, die an ihn gestellt werden sollten. Teilweise können Sprachtests massive Eingriffe in die Lebenswelt einzelner darstellen, wenn man bspw. an Ehegattennachzug, Einbürgerung oder die oben bereits angesprochene Zulassung zum Studium in Deutschland denkt. Im Idealfall sollten die Ergebnisse eines Tests vollkommen unabhängig von Testabnehmenden und -auswertenden sein, z. B. von der Lehrkraft (**Objektivität**), bei einer vergleichbaren Gruppe oder bei einer Messwiederholung zu denselben Ergebnissen führen (**Reliabilität**) und vor allem tatsächlich etwas über das aussagen können, was sie zu messen vorgeben (**Validität**). Daher werden Tests häufig von umfangreichen Testmanualen begleitet, die genau vorschreiben, was der Testende tun oder lassen sollte. So erlauben es viele Tests bspw. nicht, Lernenden während der Testung Rückmeldung darauf zu geben, ob ihre Antworten richtig oder falsch sind, um mögliche Sequenzeffekte zu vermeiden. Auch geben die Tests sehr genau vor, was die getesteten Kinder tun oder lassen sollen. Sie wirken daher oft streng, künstlich und augenscheinlich sogar manchmal unfair, weil einige Kinder in der Testsituation z. B. aufgrund von Aufregung offensichtlich nicht ihr Bestes zeigen können. Diese Künstlichkeit und der in Testsituationen entstehende Druck sind oft (v. a. aus ethischen Gründen) zurecht kritisiert worden, und sie stellen gleichzeitig auch wichtige Einschränkungen der Messqualität dar. Bei einem Kind, das eingeschüchtert ist und deshalb kaum spricht, misst natürlich auch der Test nicht valide, das Ergebnis in diesem Moment mehr Ausdruck der Sprechangst eines Kindes als seines Sprachstands ist (vgl. z. B. Settinieri 2012). Gleichzeitig stellt aber auch die **Normierung** an sich ein Problem dar, da sie auf der Festlegung einer Bezugsgruppe fußt. Angesichts der sehr individuellen Spracherwerbsverläufe von Menschen erscheint es grundsätzlich schwierig, einschlägige und damit letztlich auch testtheoretisch faire Bezugsgruppen zu bilden. Als gruppenbildend werden dabei in der Regel das biologische Alter, Erst- vs. Zweitsprache und in einigen Fällen ergänzend auch Geschlecht oder Kontaktdauer mit der Zielsprache herangezogen. Gerade letztere Größe sollte im Kontext von Migration grundlegend sein, wird allerdings nur von sehr wenigen Verfahren (z. B. *LiSe-DaZ;* vgl. Wenzel/Schulz/Tracy 2009) systematisch einbezogen. Dass es einen großen Unterschied macht, ob ein Schüler z. B. seit einem Monat oder seit einem Jahr in Deutschland lebt, ist dabei eigentlich selbstverständlich. Und selbst die zunächst vielleicht angemessen erscheinende normbezogene Differenzierung in „erstsprachig" oder „zweitsprachig" mit Deutsch aufwachsende Lernende (z. B. in den Beobachtungsverfahren *Seldak* vs. *Sismik*) (vgl. Ulich/Mayr 2003, 2006) erscheint auf den zweiten Blick fragwürdig. Zum einen bleiben 2L1-Lernende in der Aufteilung unberücksichtigt, zum anderen ist auch hier klar, dass Kinder sehr unterschiedlich ausgeprägten Kontakt mit ihren verschiedenen Sprachen haben können. Manche sprachdiagnostischen Verfahren machen daher erst gar keine unterschiedlichen Normgruppen auf, sondern messen alle Kinder an einer monolingualen Normgruppe (z. B. *Delfin 4*) (vgl. Fried/Briedigkeit 2007). „Normal" Deutsch sprechen heißt dann „wie ein Muttersprachler" Deutsch sprechen. Ein solcher „monolingualer Habitus" (Gogolin 2008; vgl. zur Problematik auch Chilla 2019, 71 f., Paetsch 2019, 533 ff.) führt dazu, dass an Kinder, die unter ungleichen Bedingungen aufwachsen, dieselben Anforderungen gestellt werden, was nicht nur **testtheoretisch**, sondern auch aus **gesellschaftlicher Sicht** in hohem Maße problematisch ist. Dieses „meritokratische [d. h. auf Leistungen, Qualifikationen bezogene] Prinzip der leistungsbezogenen Gleichbehandlung von Ungleichen" (Ott 2017, 254 f.) stellt einen sehr wirkmächtigen Mechanismus dar, der zur **Bildungsbenachteiligung** von Kindern und Jugendlichen, die Deutsch als Zweitsprache erwerben, beiträgt und dessen Effekte auch in der Sprachdiagnostik sehr kritisch hinterfragt werden müssen.

Während Standardisierung und Normierung also einerseits eine große Stärke von Testverfahren darstellen, führen die daraus resultierenden Prozeduren auf der anderen Seite häufig zu sehr unnatürlichem und damit kaum repräsentativem Sprachverhalten. Genau umgekehrt verhält es sich mit Beobachtungsverfahren, die in der Regel die Analyse relativ natürlicher Sprachdaten erlauben, durch ihre mangelnde Standardisierung bzw. Standardisierbarkeit jedoch die Vergleichbarkeit der Daten stark einschränken. Test- und Beobachtungsverfahren werden daher häufig einander gegenübergestellt, um die Stärken und Schwächen beider Verfahrensgruppen klarer herauszuarbeiten (vgl. Aufgabe 1 zu diesem Kapitel) bzw. in der Praxis einander ergänzend eingesetzt. Quasi einen Ausgleich zwischen den Stärken und Schwächen der genannten Verfahrensgruppen stellen die **profilanalytischen Verfahren** her, weshalb sie gerade für Schulen häufig eine gute Option darstellen.

> „Gegenüber Tests und testartigen Verfahren hat die Profilanalyse den Vorteil, der spontanen Sprache des Kindes näher zu kommen und an ein und demselben Text Analysen unterschiedlicher Tiefe und unterschiedlicher Blickrichtung zuzulassen. [...] Gegenüber völlig offenen oder nur schwach strukturierten Beobachtungen der sprachlichen Kommunikation des Kindes hat die Profilanalyse den Vorteil einer deutlich erhöhten Objektivität, die vor allem durch die Vorgabe präziser Auswertungskategorien gewährleistet wird." (Reich/Roth 2007, 82 f.)

Letztlich hängt die Wahl eines sprachdiagnostischen Verfahrens jedoch immer von den damit verbundenen diagnostischen Zielsetzungen, der Lerngruppe sowie den weiteren Kontextbedingungen ab. Zudem entsteht erst durch die Kombination unterschiedlicher Verfahren im Rahmen eines längeren diagnostischen Prozesses ein genaueres Bild vom Sprachstand der Lernenden.

7.3 Lernersprachenanalyse

Eng verwandt mit Profilanalysen sind Lernersprachenanalysen (LSA), die ebenfalls auf Grundlage lernersprachlicher Daten versuchen, ein Bild des aktuellen Sprachstands zu zeichnen (vgl. z. B. Dimroth 2019). Dabei betrachten sie im Unterschied zur Profilanalyse jedoch nicht nur ausgewählte linguistische Bereiche, sondern führen eine vollständige Analyse aller sprachlichen Merkmale durch. In Abgrenzung zur klassischen Fehleranalyse andererseits geht die LSA zudem **ressourcenorientiert** vor und richtet ihren Blick nicht lediglich auf Abweichungen von der jeweiligen Zielsprache, sondern ebenso auf bereits vorhandene sprachliche Strukturen. Des Weiteren verharrt ihr Blick auch nicht auf der sprachlichen Oberfläche; vielmehr sucht die LSA nach den genauen **Ursachen** lernersprachlicher Abweichungen von der zielsprachlichen Norm, um daran anknüpfend besonders passgenau fördern zu können (vgl. auch Jeuk 2013: 81).

Lernersprachen sind dabei definiert als „Sprachvarietät[en], die Lernende in einem bestimmten Stadium ihres Sprechlernprozesses entwickeln" (Boeckmann 2010: 192). Sie werden als kreative und dynamische, eigenen Regeln folgende Systeme aufgefasst, die es zu entschlüsseln und dann in ihrer Weiterentwicklung zu unterstützen gilt. Grundsätzlich beeinflusst werden diese Interimsprachen Selinker (1972) zufolge durch Regularitäten der L1, der L2 und weiterer Sprachen sowie sprachenunabhängige Faktoren wie bspw. Lern- und Kommunikationsstrategien (→ 2 zur Interlanguagehypothese). **Lernersprachenanalyse** versucht entsprechend, sich dieser zugrundeliegenden Systematik anzunähern. Von ihrer Genese her ist die LSA somit im L2-Erwerb angesiedelt, kann aber im Sinne der durchgängigen Sprachbildung durchaus auf andere Erwerbskontexte angewandt werden. Lernersprachenanalysen sind für ausnahmslos jede Zielgruppe geeignet und können grundsätzlich auf Grundlage aller Arten von (sowohl mündlichen als auch schriftlichen) quasi-spontansprachlichen **Sprachproben**, d. h. von Lernenden eigenständig gestalteten Äußerungen, durchgeführt werden. Die Erfahrung zeigt, dass ein Minimalumfang von 200 Wörtern für eine erste Einschätzung des aktuellen Sprachstands einer Person jedoch nicht unterschritten werden sollte. Dabei können anfallende Sprachproben, wie bspw. Hausaufgabentexte oder Aufsätze, aber auch eigens elizitierte Sprachproben, zugrunde gelegt werden. Müssen Sprachproben zunächst elizitiert werden, weil sie nicht bereits vorliegen, eignen sich die weiter oben vorgestellten profilanalytischen Verfahren in besonderem Maße. Auch Sprachenbiographien (→ 5) stellen für die Analyse potenziell geeignete Textformen dar, um ein weiteres Beispiel zu nennen. Lernersprachliche Texte werden, wie bereits angesprochen, ganz offen, d. h. ohne spezifischen Fokus und auf allen linguistischen Teilebenen, **analysiert**. Abweichungen von der Zielsprache werden dabei in einem ersten Schritt gruppiert und auf Varianz hin untersucht. Fällt es einer Lernerin durchgängig schwer, die richtige Dativendung zu finden, oder tritt diese Schwierigkeit z. B. vermehrt im Zusammenhang mit Präpositionen auf? Oder wie sind Sätze in der L1 eines Lerners aufgebaut, der das flektierte Verb in der ersten Position im Deutschen übergeneralisiert? – Fragen dieser Art können dabei helfen, die hinter lernersprachlichen Äußerungen steckende Systematik zu entdecken, und Lernende so gezielt dabei zu unterstützen, ihr lernersprachliches System in Richtung der zielsprachlichen Norm weiterzuentwickeln. Denn ausgehend von der individuellen Systematik benötigen Lernende auch jeweils ganz unterschiedliche Erläuterungen und Hilfestellungen zur Unterstützung ihrer lernersprachlichen Entwicklung. Exemplarisch betrachten wir den zum zweiten Teil des *Fast-Catch-Bumerang*-Verfahrens verfassten Text eines erwachsenen, in Deutschland lebenden Franzosen, der neben seiner Erstsprache Französisch und seiner Zweitsprache Deutsch in der Schule auch Englisch und Italienisch als Fremdsprachen gelernt hat, in lernersprachenanalytischer Perspektive (vgl. Abb, 29).

Artikel – Bau eines Bumerangs Triton IV

1 Wie können wir ein Bumerang Triton IV bauen? Sehr einfach!

2 Sie brauchen Werkzeugs, Holz und Papier.

3 Sie müssen auf der Papier der Bumerang zeichnen und Schneiden die Zeichnung

4 Unterstreichen Sie diese Zeichnung auf das Holz

5 Machen Sie fest das Holz auf eine Tische

6 Schneiden Sie diese Zeichnung

7 Feilen Sie mit einer Feile die Kante

8 Bohren Sie ein Lohr an der Endpunkt

9 Schleifen Sie der Bumerang

10 Streichen Sie der Bumerang

11 Fertig! Jetzt können Sie der Bumerang benutzen!

12 Viel Spaß.

Abb. 31: Beispieltext zur Lernersprachenanalyse

Variation lässt sich im vorliegenden Text zunächst vor allem bei der Artikelflexion in der Nominalphrase beobachten. Häufiger fehlt dabei die Akkusativmarkierung (Z. 1, 3, 8–11), in anderen Fällen stimmen das Genus (Z. 3) oder die Dativmarkierung (Z. 5) noch nicht. An zwei Substantiven zeigen sich Unsicherheiten im Numerus (Z. 2, 5). Etwa die Hälfte der Artikelformen gelingt dem Sprecher jedoch bereits zielsprachenadäquat, darunter auch viele Akkusativformen. Bei genauerer Betrachtung und auf Grundlage eines Vergleichs der richtigen und falschen Artikelformen scheint der Lerner Abweichungen von der Zielsprachennorm primär in der Artikelform maskuliner Substantive im Akkusativ Singular zu produzieren, die er mit Nominativmarkierung <-r> anstelle der Akkusativmarkierung <-n> bildet. Auf Ebene der Syntax ist der Lerner bereits in der Lage, Verbzweitstellung sowie Inversion korrekt umzusetzen. Eine

Erwerbsaufgabe, die der Lerner offenbar gerade bearbeitet, stellt die Satzklammer dar, deren linkes Element bereits in der richtigen Position steht, deren rechtes Element jedoch noch nicht in allen Fällen nach ganz rechts gesetzt wird. Während dies in Z. 1, 3 und 11 bereits gelingt, steht die rechte Satzklammer in Z. 3 und 5 noch zu weit links im Satz. Auffällig ist auch, dass der Lerner noch keine Nebensatzkonstruktionen bzw. keine Verbendstellung verwendet. Diese Beobachtungen im Bereich der Syntax stehen interessanterweise im Widerspruch zu den Ergebnissen der groß angelegten Schweizer DiGS-Studie (= **D**eutsch **i**n **G**enfer **S**chulen) (Diehl et al. 2000; → 2). Sie konnte für frankophone Lernende des Deutschen als Fremdsprache den Erwerb der Verbalklammer vor dem Erwerb von Nebensatzstrukturen belegen, die wiederum vor der Inversion als letzter Erwerbsstufe nachgewiesen werden konnte (vgl. auch Settinieri/Spaude 2014 für eine Gegenüberstellung unterschiedlicher Sequenzierungen des Satzmodellindikators). Somit wird deutlich, dass Erwerbssequenzen zwar eine hilfreiche Orientierung bieten, jedoch durchaus auch individuelle Variation möglich ist. Dass der Lerner aktuell am Erwerb der Satzklammer arbeitet, findet seinen Reflex auch im **Wortschatz** des Lerners. Dieser beinhaltet einerseits bereits recht fortgeschrittenes Vokabular (z. B. *Werkzeug, Zeichnung, Feile*), andererseits noch vergleichsweise wenige (bildungssprachlich jedoch frequente) Präfixverben. Lediglich ein Präfixverb (*benutzen*) wird angemessen eingesetzt. Daneben enthält der Text mehrere Simplizia anstelle von Partikelverben wie z. B. *zeichnen* für *aufzeichnen*, zweimal *schneiden* für *ausschneiden*, des Weiteren *unterstreichen* für *übertragen*, *festmachen* für *fixieren, einspannen* o.Ä. und *streichen* für *anmalen*. Möglicherweise würden wir anstelle des *brauchen* in Z. 2 auch eher das Präfixverb *benötigen* erwarten, womit wir auf der pragmatischen Analyseebene angelangt wären. Stellt man sich die Frage, wie **textsortenadäquat** bzw. wie **kommunikativ angemessen** der Text formuliert ist, so lassen sich ebenfalls einige interessante Beobachtungen machen. Geschrieben werden soll der Aufgabenstellung zufolge ein Artikel in einem Jugendmagazin. Der vorliegende Text ähnelt allerdings grundsätzlich eher einer umgangssprachlich formulierten Gebrauchsanleitung. Auch hat der Lerner sich entschieden, die einzelnen Arbeitsschritte in eine Aufzählungsform zu bringen, und somit einen Fließtext umgangen. Letzterer hätte den Einsatz von deutlich mehr sprachlichen Kohäsionsmitteln erfordert, während der Zusammenhang zwischen den einzelnen Sätzen im vorliegenden Text in kommunikationsstrategisch sehr ökonomischer Weise primär durch die Ziffern am Zeilenbeginn geschaffen wird. Diskutieren könnte man auch, inwiefern die

Leseradressierung unter Verwendung von *wir* und *Sie* textsortenangemessen erscheint. Da der kommunikative Kontext durch die diagnostische Aufgabenstellung jedoch fiktiv ist und darüber hinaus nur grob skizziert wurde, erscheint es wenig sinnvoll, hier weitergehende diagnostische Schlussfolgerungen zu ziehen. Im Bereich der Orthographie zeigt der Lerner, dass er typische Herausforderungen der deutschen Orthographie bereits sehr sicher meistert, z. B. komplexe Anfangsränder wie <str-> (*streichen*), die Doppelkonsonanzschreibung (*können, müssen*), die Stammkonstanzschreibung (*Endpunkt*), <h>-Schreibungen (*Bohren*) und die Großschreibung beim Siezen (*Sie*). Ein Verb in Zeile 3 wurde großgeschrieben und an den Satzenden fehlen die Satzschlusszeichen, was jedoch auch an der Form der Aufzählung liegen könnte. Zusammenfassend lassen sich keine systematischen Fehler finden, die einen besonderen Förderbedarf nahelegen. Vielmehr verfügt der Lerner über **gute Rechtschreibfähigkeiten**. Abschließend soll der Text auch mit einer phonologischen Brille gelesen werden. Das erscheint vielleicht zunächst abwegig, da es sich ja um einen geschriebenen und nicht um einen gesprochenen Text handelt. Dennoch können lernersprachliche Fehlschreibungen in einigen Fällen auch auf andere **Hörerfahrungen** zurückzuführen sein. So ist es im Französischen z. B. fakultativ möglich, silbenauslautende Schwa-Laute auszusprechen (oder sie eben auch nicht zu realisieren). In einigen Regionen können darüber hinaus im Mündlichen sogar zusätzliche Schwa-Laute an Wörter angehängt werden. Möglich wäre daher, dass der Lerner aufgrund von Hörinterferenzen anstelle von *Tisch* (Z. 5) tatsächlich *Tische* in der Einzahl als Grundform annimmt. Auch kommen bei frankophonen Lernenden häufiger auditive Verwechslungen des konsonantischen R-Lauts mit dem Ach-Laut vor, da beide Laute einander artikulatorisch sehr ähnlich sind, das Französische jedoch nur den R-, nicht aber den Ach-Laut kennt. Vor diesem Hintergrund wäre die Schreibung *Lohr* (Z. 8) anstelle von *Loch* erklärbar. Gerade in Bezug auf die Überlegungen zu phonologischen Fehlerursachen wird deutlich, dass es große Vorteile mit sich bringt, wenn die analysierende Person **Kenntnisse über die Erstsprache(n)** sowie ggf. weitere starke Sprachen der Lernenden in die Analyse einbringen kann. Dabei reicht es häufig bereits aus, Kontrastive Analysen[38] zu rezipieren, zumal Lehrpersonen selbstverständlich nicht alle Sprachen ihrer

38 Eine Vielzahl sehr gut lesbarer Kontrastiver Analysen findet sich bspw. auf den *proDaZ*-Seiten der Universität Duisburg-Essen. Weitere Kontrastive Analysen zu unterschiedlichen Sprachen finden sich u. a. in Krumm et al. (2010) sowie Krifka et al. (2014).

Schüler:innen erwerben können. Trotz des relativ kurzen Textes lassen sich also bereits einige interessante Einblicke in die Lernersprache gewinnen, aus denen tentativ förderdiagnostische Schlussfolgerungen abgeleitet werden können. Die Auswahl individuell einschlägiger Förderschwerpunkte kann sich dabei nach unterschiedlichen Progressionskriterien richten. So ist es zunächst sinnvoll, in den Lernertexten nach Anzeichen für Restrukturierungsprozesse zu suchen, d. h. nach linguistischen Bereichen, in denen normative neben non-normativen Realisierungen stehen (Gass/Selinker 1994, 213 ff., Bredel 2005, 85 ff.) (→ 2). Im Falle des obigen Lernertextes wäre dies z. B. der Erwerb der Satzklammer in Verbindung mit einem Wortschatzausbau im Bereich der Präfixverben. Auch die Akkusativdeklination sollte aufgegriffen und gefestigt werden. Weiter ist zu überlegen, welche lernersprachlichen Abweichungen ein **kommunikatives Hindernis** darstellen und welche möglicherweise auch **sozial markiert** sein könnten. Der vorliegende Text enthält hier keine besonderen Auffälligkeiten. (Bspw. in der Aussprache von Lernenden kann es aber häufig sehr wichtig sein, auch die Sprechwirkung in die Progressionsüberlegungen mit einzubeziehen.) Ebenfalls eine Rolle spielen können **Frequenzeffekte**. Wie häufig kommt ein linguistisches Phänomen sprachlich vor? Aber auch: Wie häufig kommen bestimmte Fehlerarten in einer Lernergruppe vor? Orthographische Kernbereiche wie die satzinterne Großschreibung oder die Markierung der Vokallänge ziehen bei Nichtbeherrschung deutlich mehr Fehler nach sich als z. B. die Transliteration des Ang-Lautes. Entsprechend viele Fehler können Lernende demnach auch vermeiden, wenn sie an genau diesen Bereichen arbeiten. Schließlich stellen auch der antizipierte **Korrekturaufwand** sowie nicht zuletzt die **Wünsche** und Bedarfe der Lernenden Auswahlkriterien für die Unterrichtsplanung dar (vgl. weiterführend Horstmann/Settinieri/Freitag 2019, insbes. Kap. 11 zur Durchführung von Lernersprachenanalysen).

7.4 Zusammenfassung

Wie der exemplarische Vergleich der drei sprachdiagnostischen Grundverfahren illustriert, lassen sich aus den jeweiligen Ergebnissen ganz unterschiedliche Schlussfolgerungen ziehen. Während das Beobachtungsverfahren vor allem (relativ breite) Förderbereiche aufzeigt, lassen sich über das profilanalytische Verfahren primär grammatische Förderschwerpunkte eruieren. Der C-Test schließlich bietet kaum konkrete Förderansätze, zeigt aber dafür an, wo die Schüler:innen einer Lerngruppe sprachlich stehen und auf welche Lernende bei der Spracharbeit besonderes Augenmerk gelegt werden sollte. Als Ausgangspunkt einer individuellen Förderung erscheinen Lernersprachenanalysen in besonderem Maße geeignet. Eine Sprachdiagnose auf Basis eines ersten mündlichen oder schriftlichen Datensatzes gilt es anhand weiterer Daten zu verfeinern und darüber hinaus auch regelmäßig einer systematischen Revision zu unterziehen. Entsprechend wichtig ist es auch, grundsätzlich mehrere der skizzierten Ansätze und Verfahren in den Prozess einzubeziehen, um darauf eine solide Förderplanung aufbauen zu können, die zudem regelmäßig aktualisiert und angepasst werden sollte.

7.5 Aufgaben

A. Die Verfahrensgruppen Beobachtung und Test weisen unterschiedliche diagnostische Vor- und Nachteile auf, die zudem häufig komplementär sind (vgl. für einen tabellarischen Überblick über alle Verfahrensgruppen auch Gültekin-Karakoç 2019, 110). Diese beziehen sich z. B. auf Aspekte wie (i.a.R.)

- (keine) Ableitung konkreter Förderschwerpunkte möglich
- (keine) Bindung an den Besuch einer Bildungsinstitution
- (keine) Grundlage für einen Austausch zwischen Bildungsakteur:innen
- (keine) linguistischen Kompetenzen erforderlich
- Abbildung sprachlicher Breite/Fokussierung auf ausgewählte Indikatoren
- Ganzheitlichkeit/Oberflächlichkeit
- Kontrolle/Fehleranfälligkeit
- kostenökonomisch/kostenaufwändig
- Longitudinalität/Querschnittsmessung
- Natürlichkeit/Künstlichkeit
- Objektivität/Subjektivität
- Vergleichbarkeit von Ergebnissen (auf Basis einer Normierung)/mangelnde Vergleichbarkeit von Ergebnissen
- zeitökonomisch/zeitaufwändig

Ordnen Sie die Vor- und Nachteile jeweils Beobachtungen vs. Tests zu und stellen Sie sie dann einander tabellarisch gegenüber. Nicht alle genannten Aspekte sind dabei eindeutig zuordenbar, sondern können je nach konkretem Verfahren auch variieren.

Beobachtungsverfahren	**Testverfahren**
+	–
–	+

B. Innerhalb welcher sprachdiagnostischen Verfahrensgruppe (1 = Schätzverfahren, 2 = Beobachtung, 3 = Profilanalyse, 4 = Test, 5 = Screening) würden Sie in den folgenden Fällen ein geeignetes Verfahren auswählen? Begründen Sie Ihre Wahl.

Situation	**Spr. Verf.-Gr.**
Sie übernehmen eine Englischklasse neu und möchten einen Eindruck davon gewinnen, wie gut Ihre Schüler:innen Deutsch sprechen, um von Anfang an ein Auge auf mögliche Verständnisschwierigkeiten bei deutschsprachigen Erläuterungen zu haben.	
Sie übernehmen eine Deutschfördergruppe von sieben Schüler:innen und möchten eine Eingangsdiagnose machen, um Förderschwerpunkte für das kommende Halbjahr festzulegen.	
Um die Mehrsprachigkeit Ihrer Schüler:innen in Zukunft gezielter fördern zu können, haben Sie sich mit allen Deutsch-, Englisch-, Französisch- und Herkunftssprachenlehrkräften der 7. Klassen zusammengeschlossen. Sie möchten sich miteinander über den Sprachstand der Siebtklässler:innen in ihren unterschiedlichen Sprachen austauschen, aber auch darüber, wann und mit wem sie diese Sprachen sprechen und für welche Themen sie sich in ihrer Freizeit aktuell besonders interessieren. Auf dieser Grundlage wollen Sie ein gemeinsames Sprachenprojekt planen.	
Sie möchten die Lesekompetenz der Schüler:innen Ihrer internationalen Vorbereitungsklasse im Deutschen diagnostizieren, um einschätzen zu können, ob die Schüler:innen sprachlich bereits ausreichend für den Übergang in die Regelklasse vorbereitet sind oder nicht.	

7.6 Weiterführende Literatur

Jeuk, Stefan/Settinieri, Julia (Hrsg.) (2019): Sprachdiagnostik Deutsch als Zweitsprache. Berlin/Boston: De Gruyter.

Junk-Deppenmeier, Alexandra/Jeuk, Stefan (Hrsg.) (2015): Praxismaterial Förderdiagnostik. Werkzeuge für den Sprachunterricht in der Sekundarstufe I. Stuttgart: Klett/Fillibach.

Lösungshinweise zu den Aufgaben

Kapitel 2

A. Die Karte zeigt z. B., dass Englisch, Französisch oder Griechisch die gleiche Anzahl an Genera haben wie das Deutsche, und zwar drei. Spanisch hat hingegen zwei und Finnisch oder Türkisch haben keine Genera. Es kann angenommen werden, dass L2-Lernende des Deutschen mit L1 Türkisch für den Erwerb des Genussystems länger brauchen werden, weil sie Genera nicht kennen. Mit L1 Englisch könnte der Erwerb früher erfolgen, weil ein ähnliches Genussystem genutzt wird (*he, she, it / er, sie, es*) und das Wissen über Genera transferiert werden kann.

B. Die Tabelle zeigt, dass das Mittelfeld bei Aufgabenstellungen sehr komplex sein kann. Der Operator „abschreiben" als wichtige Handlungsanweisung kann je nach den Lernausgangslagen der Lernenden (lange) unklar bleiben. Lehrkräfte, die das Feldermodell kennen, können einerseits die Komplexität von Aufgabenstellungen (z. B. in Schulbüchern) schnell erkennen. Andererseits können sie ausgehend vom Feldermodell Aufgabenstellungen adaptiv gestalten, d. h. sie an das Können der Lernenden anpassen. Einigen Lernenden könnte es z. B. bereits helfen, die linke und rechte Satzklammer zu markieren.

Linke SK	Mittelfeld	Rechte SK
Schreibe	*die Verben*	*ab.*
Schreibe	*aus dem Text die Verben*	*ab.*
Schreibe	*aus dem Text die zusammengesetzten Verben*	*ab.*
Schreibe	*aus dem Text die zusammengesetzten Verben mit dem Wortbaustein weg-*	*ab.*

Kapitel 3

A. Das Ausmalen eines Sprachenportraits bietet die Möglichkeit, sich all seiner Sprachen und Varietäten bewusst zu werden. Es kann sowohl bei Lernenden (links) als auch bei (angehenden) Lehrkräften (rechts) zur Sensibilisierung genutzt werden. Häufig zeigen sich in den Visualisierungen biographische (z. B. der Erwerb der Erstsprache), emotionale (z. B. die „Herz"- oder Lieblingssprachen), aber auch funktionale Aspekte (z. B. Englisch auf Reisen). Statt Ausmalen können z. B. auch bunte Steine gelegt werden.[39]

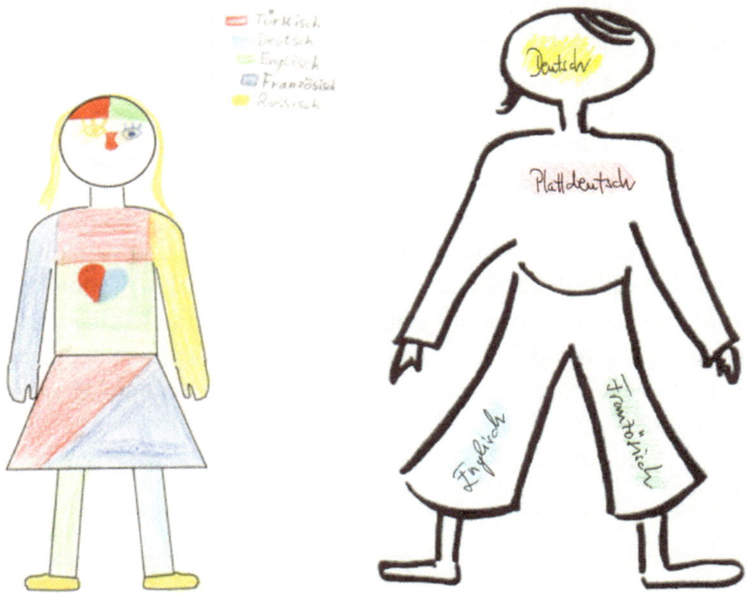

B. Ausgehend von dem Paar BICS und CALP könnten z. B. folgende Bezeichnungen gewählt werden. Sie werden in der Forschungsliteratur z.T. auch synonym gebraucht. Meistens beruhen sie auf unterschiedlichen Wissenschaftstraditionen oder theoretischen Annahmen. Die jeweils rechts stehenden Ausdrücke stehen in Bildungsstandards und entsprechend auch in den schulischen Fächern im Fokus.

39 Das linke Beispiel stammt von der Webseite: https://www.mehrsprachigkeit.uni-hamburg.de/foerderung-von-mehrsprachigkeit/in-der-schule.html (20.3.2022). Das rechte Beispiel ist angelehnt an eine Befragung mit Lehrkräften.

BICS	CALP
Sprache der Nähe	Sprache der Distanz
Konzeptionelle Mündlichkeit	Konzeptionelle Schriftlichkeit
Orate Strukturen	Literate Strukturen
Alltagssprache(n)	Standardsprache(n)
	Fachsprache(n)
	Bildungssprache

Kapitel 4

A. Bereits in diesem kurzen Auszug werden zahlreiche unterschiedliche sprachliche Anforderungen an die Lernenden formuliert, und zwar *benennen* (2x), *Begriffe unterscheiden, erläutern, Beispiele angeben, erklären* (2x), *beschreiben* (2x), *Texte lesen und zusammenfassen, wesentliche Aussagen in vollständigen Sätzen verständlich erläutern, Beiträgen anderer konzentriert zuhören, sachlich Bezug auf die Aussagen anderer nehmen.* Diese beziehen sich auf mündliche oder schriftliche sowie auf rezeptive oder produktive sprachliche Interaktionen.

B. Sprachbildung über alle Fächer umfasst im Prinzip alle Unterrichtssituationen, in denen Sprache explizit zum Unterrichtsgegenstand gemacht wird, wie in Tab. 3 (S. 59) am Beispiel des Physikunterrichts erläutert. Dabei können durchaus auch alle Sprachen, die in einer Klasse zur Verfügung stehen, mit in den Fachunterricht einbezogen werden, wenn beispielsweise im Mathematikunterricht in Partner- oder Gruppenarbeit alle Sprachen (d. h. insbesondere auch Familiensprachen der Lernenden) gesprochen werden dürfen oder wenn im Musikunterricht verschiedene Nationalhymnen in Text und Ton miteinander verglichen werden. In diesem Fall findet Sprachbildung dann gleichzeitig auch über alle Sprachen statt. Beispiele für Sprachbildung über Bildungskontexte hinweg wären Lesungen in der Stadtbibliothek, die sich an Lernende richten, eine Schülerzeitungs-AG im Rahmen der Ganztagsbetreuung oder auch Sprachkursangebote, die sich an die Eltern von Lernenden richten.

Kapitel 5

A. Die erste Lesestrategie bei der Sieben-Siebe-Methode ist die Suche nach internationalem Wortschatz, der in vielen Sprachen vorkommt und häufig lateinischer oder griechischer Herkunft ist. Entsprechend könnte z. B. leicht erkannt werden, dass es hier um einen *Illustrator* und *Autor* geht, der „libri illustrati", d. h. Bilderbücher, schreibt. Aufgrund von Textmusterwissen oder Wissen über den Autor könnte abgeleitet werden, dass Wolf Erlbruch 1948 geboren wurde und für Bücher wie „Die große Frage" oder „Vom kleinen Maulwurf, der wissen wollte, wer ihm auf den Kopf gemacht hat" bekannt ist. Wer eine romanische Sprache sprechen sollte (z. B. Französisch), erkennt auch weitere Wörter bzw. Wortgruppen (z.B. *di lingua italiana* = der italienischen Sprache, *grande successo* = großen Erfolg, *in tutto il mondo* = in der ganzen Welt). Die Aufgabe lässt sich wunderbar in der Gruppe lösen, weil die Mitglieder ihr gesammeltes, auch unterschiedliches Wissen nutzen können. Die Kontrolle des vollständigen Textes bei www.deepl.com ergibt:

> „Wolf Erlbruch, geboren 1948, ist ein deutscher Illustrator und Bilderbuchautor. Den italienischen Lesern ist er vor allem durch sein Buch Chi me l'ha fatta in testa? (1998) [bekannt], [das] weltweit ein großer Erfolg war. Wolf Erlbruch hat etwa zehn Veröffentlichungen vorzuweisen, außerdem hat er etwa fünfzig Bücher anderer Autoren illustriert." (20.03.2022)

Das Übersetzungsportal arbeitet noch nicht perfekt: Der Titel wird nicht übersetzt. Es fehlt das Wort „bekannt" (ergänzt in eckigen Klammern) und das Relativpronomen war falsch (statt „das" stand „der").

B. Auf der MELT-Webseite können unter „Medien und Materialien" verschiedene „Lesetheaterskripte" gewählt werden, die immer in zwei Versionen vorhanden sind – für Lehrende (u. a. mit Übersetzungen in Klammern) und für Lernende. Der folgende Ausschnitt stammt aus dem 4. Lesetheaterstück: *Heidi muss viel lernen* („Heidi" von Johanna Spyri), Version Lehrpersonen (im Schweizer Schriftsystem gibt es kein „ß", „sass", „heisse" sind entsprechend korrekt).

Erzähler 1	Im Hause des Herrn Sesemann in Frankfurt sass das kranke Töchterlein Klara im Rollstuhl.
Erzähler 2	She had blond hair and a pale face with big blue eyes. (Sie hatte blondes Haar und ein blasses Gesicht, aus dem zwei blaue Augen herausschauten.)
Erzähler 1	Nun musterten diese Augen Heidi neugiereig.
Klara → Track 1	¿Quieres que te dige Heidi o Adelheid? (Soll ich dich lieber Heidi nennen oder Adelheid?)
Heidi	Call me Heidi! (Nenn mich Heidi!)
Klara → Track 2	Je m'appelle Klara. (Ich heisse Klara.) Bist du gern nach Frankfurt gekommen?
Heidi	No, but I'll go home tomorrow. (Nein, aber morgen geh ich dann wieder heim!)
Klara → Track 3	¡Tu eres una niña curiosa! (Du bist aber ein kurioses Mädchen!) Natürlich bleibst du hier.
Heidi	Musst du immer in diesem Ding sitzen?
Klara → Track 4	Ja, leider. No puedo andar. (Ich kann nicht laufen.)

Kapitel 6

A.-D. Aufgrund der selbst zu wählenden Aufgabenstellung kann an dieser Stelle kein Lösungsvorschlag gegeben werden. Die Abbildungen im Kapitel enthalten aber Beispiele für Musterlösungen und sprachliche Mittel (Abb. 21) sowie fachliche und sprachliche Lernziele (Abb. 20), die als Anregung dienen können. Einige Scaffolds werden zudem in Abschnitt 6.2 vorgestellt. Weitere Anregungen finden Sie auch online, z. B. auf den Seiten von Josef Leisen (http://www.sprachsensiblerfachunterricht.de/methoden-werkzeuge) oder des *Mercator-Instituts für Sprachförderung und Deutsch als Zweitsprache* (https://www.mercator-institut-sprachfoerderung.de/de/publikationen/material-fuer-die-praxis/methodenpool/).

Kapitel 7

A. Einen Lösungsvorschlag finden Sie in der untenstehenden Tabelle. Je nach spezifischem Verfahren, an das Sie denken, können die Zuordnungen jedoch durchaus abweichen, wie hier teilweise auch bereits über relativierende Ausdrücke angezeigt.

Beobachtungsverfahren	**Testverfahren**
- Bindung an den Besuch einer Bildungsinstitution	+ keine Bindung an den Besuch einer Bildungsinstitution
+ Grundlage für einen Austausch zwischen Bildungsakteur:innen	+/- teilweise Grundlage für einen Austausch zwischen Bildungsakteur:innen
+ Longitudinalität	- Querschnittsmessung
+ Ganzheitlichkeit + Abbildung sprachlicher Breite	- Oberflächlichkeit - häufig Fokussierung auf ausgewählte Indikatoren
+ Ableitung konkreter Förderschwerpunkte möglich	+/- Ableitung konkreter Förderschwerpunkte teilweise möglich
- linguistische Kompetenzen erforderlich	+ häufig keine oder nur geringe linguistische Kompetenzen erforderlich
+ kostenökonomisch - zeitaufwändig	+/- teilweise kostenaufwändig +/- teilweise zeitökonomisch
- Fehleranfälligkeit, Subjektivität	+ Kontrolle, Objektivität
- mangelnde Vergleichbarkeit von Ergebnissen	+ Vergleichbarkeit von Ergebnissen (auf Basis einer Normierung)

B. Die Verfahrensgruppen können in der Reihenfolge *Screening, Profilanalyse, Beobachtung, Test* (von oben nach unten) in die Tabelle eingetragen werden. Im ersten Fall erscheint ein Screening der allgemeinen Sprachkompetenz (z. B. mittels C-Test) zielführend, da es dabei helfen kann, gezielt Lernenden mit besonderem Differenzierungsbedarf in den Blick zu nehmen. Im zweiten Fall kann eine Profilanalyse dabei helfen, Kompetenzen sowie daran anschließend anstehende Erwerbsaufgaben auf unterschiedlichen linguistischen Teilebenen zu eruieren. In Bezug auf das dritte Beispiel ist ein ganzheitlicher Ansatz vonnöten, der im Idealfall auch Präferenzen und Wünsche der Lernenden mit einbezieht. Hier könnte die Beobachtung auch durch eine Befragung der Lernenden selbst ergänzt werden, um sie stärker mit in die Planung einzubeziehen. Im Bereich der Lesekompetenz schließlich, um zum vierten Fallbeispiel zu kommen, liegen zahlreiche normierte Testverfahren für unterschiedliche Zielgruppen vor, die Referenzwerte angeben, deren Überschreiten ein tiefergehendes Leseverstehen anzeigt, das einen Bildungserfolg auch in anderen Fächern als dem Deutschen wahrscheinlich macht. Eine solche Prognose erlauben grundsätzlich nur Testverfahren.

Abkürzungsverzeichnis

2L1	doppelter oder bilingualer Erstspracherwerb
AA-IALT	ausdifferenziertes und adaptiertes IALT-Sprachmodell
AV	audiovisuell
BICS	Basic Interpersonal Communicative Skills
BikUS	Berater:in für interkulturelle Unterrichts- und Schulentwicklung
BLK	Bund-Länder-Kommission für Bildungsplanung und Forschungsförderung
CALP	Cognitive Academic Language Proficiency
CLIL	Content and Language Integrated Learning
DaE	Deutsch als Erstsprache
DaF	Deutsch als Fremdsprache
DaM	Deutsch als Muttersprache
DaZ	Deutsch als Zweitsprache
DBR	Design-Based Research
Delfin 4	Diagnostik, Elternarbeit, Förderung der Sprachkompetenz in Nordrhein-Westfalen bei 4-Jährigen
DESI	Deutsch Englisch Schülerleistungen International
DiGS	Deutsch in Genfer Schulen
DLF	Digitales Lexikon Fremdsprachendidaktik
EA	Einzelarbeit
ECC IALT	European Core Curriculum for Inclusive Academic Language Teaching
ELFE	Ein Leseverständnistest für Erst- bis Sechstklässler
EUCIM-TE	European Core Curriculum for Mainstreamed Second Language Teacher Education
EuroComSlav	Teilprojekt des EuroCom für slawische Sprachen
EuroCom	European Intercomprehension – Projekt „Mehrsprachiges Europa durch Interkomprehension in Sprachfamilien“
EuroComGerm	Teilprojekt des EuroCom für germanische Sprachen

EuroComRom	Teilprojekt des EuroCom für romanische Sprachen
FörMig	Förderung von Kindern und Jugendlichen mit Migrationshintergrund
GA	Gruppenarbeit
GER	Gemeinsamer Europäischer Referenzrahmen für Sprachen
HAVAS 5–7	Hamburger Verfahren zur Analyse des Sprachstandes Fünf- bis Siebenjähriger
HSP	Hamburger Schreib-Probe
HSU	Herkunftssprachlicher Unterricht
IALT	Inclusive Academic Language Teaching
IDS	Leibniz-Institut für Deutsche Sprache in Mannheim
KGS	an das Kind gerichtete Sprache
L1	native language; Erstsprache
L1, L2, L3	language one, language two, language three usw; d. h. die erste, zweite und alle weiteren Sprachen, die erworben werden
L2	target language; Zweitsprache oder Fremdsprache je nach Wissenschaftstradition
LAC	Language Across the Curriculum
LAD	Language Acquisition Device
LASS	Language Acquisition Support System
LiSe-DaZ	Linguistische Sprachstandserhebung – Deutsch als Zweitsprache
LSA	Lernersprachenanalyse
LT	Lerntheorie
MELT	Mehrsprachiges Lesetheater zur Förderung der Leseflüssigkeit und Lesemotivation
NRW	Nordrhein-Westfalen
PISA	Programme for International Student Assessment
PL	Plenum
SFL	Systemisch-funktionale Linguistik
SGS	an Schüler:innen gerichtete Sprache
SIOP	Sheltered Instruction Observation Protocol

U3	Gruppen für Kinder unter drei Jahren in Kindertagesstätten
Ü3	Gruppen für Kinder über drei Jahren in Kindertagesstätten
UG	Universalgrammatik
VERA	Vergleichsarbeiten
VGGF	Verzeichnis grundlegender grammatischer Fachausdrücke

Literatur

Abshagen, Maike (2015): Praxishandbuch Sprachbildung Mathematik. Sprachsensibel unterrichten – Sprache fördern. Stuttgart: Klett.

Ahrenholz, Bernt (2017): Erstsprache – Zweitsprache – Fremdsprache – Mehrsprachigkeit. In: Ahrenholz, Bernt/Oomen-Welke, Ingelore (Hrsg.): Deutsch als Zweitsprache. 4., vollständig überarb. und erw. Aufl. Baltmannsweiler: Schneider, 3–20.

Akbulut, Muhammed/Bien-Miller, Lena/Wildemann, Anja (2017): Mehrsprachigkeit als Ressource für Sprachbewusstheit. In: Zeitschrift für Grundschulforschung (ZfG) 2, 61–74.

Augst, Gerhard/Disselhoff, Katrin/Henrich, Alexandra/Pohl, Thorsten/Völzing, Paul-Ludwig (2007): Text – Sorten – Kompetenz. Eine echte Longitudinalstudie zur Entwicklung der Textkompetenz im Grundschulalter. Frankfurt a.M.: Peter Lang.

Baker, Colin/Wright, Wayne E. (2017): Foundations of Bilingual Education and Bilingualism. 6. Aufl. Bristol: Multilingual Matters.

Bangel, Melanie/Rautenberg, Iris/Weth, Constanze (2020): Syntaxorientierte Didaktik der Großschreibung – ein Forschungsüberblick. In: Didaktik Deutsch 48, 55–70.

Baumann, Barbara (2017): Sprachförderung und Deutsch als Zweitsprache in der Lehrerbildung – ein deutschlandweiter Überblick. In: Becker-Mrotzek, Michael/Rosenberg, Peter/Schroeder, Christoph/Witte, Annika (Hrsg.): Deutsch als Zweitsprache in der Lehrerbildung. Münster/New York: Waxmann, 9–26.

Baumann, Barbara/Becker-Mrotzek, Michael (2014): Sprachförderung und Deutsch als Zweitsprache an deutschen Schulen: Was leistet die Lehrerbildung? URL: https://www.stiftung-mercator.de/content/uploads/2020/12/Baumann_Becker_Mrotzek_DaZ_Lehrerbildung.pdf (11.06.2020).

Baur, Rupprecht S./Chlosta, Christoph/Goggin, Melanie (2012): Doppelklick 5. Der Cornelsen C-Test. Berlin: Cornelsen.

Baur, Rupprecht S./Goggin, Melanie/Wrede-Jackes, Jennifer (2013): Der C-Test: Einsatzmöglichkeiten im Bereich DaZ. Universität Duisburg-Essen: proDaZ.

Baur, Rupprecht S./Grotjahn, Rüdiger/Spettmann, Melanie (2006): Der C-Test als Instrument zur Sprachstandserhebung und Sprachförderung. In: Timm, Johannes-Peter (Hrsg.): Fremdsprachenlernen und Fremdsprachenforschung. Kompetenzen, Standards, Lernformen, Evaluation. Tübingen: Narr, 389–406.

Baur, Rupprecht S./Spettmann, Melanie (2009): Der C-Test als Instrument der Sprachdiagnose und Sprachförderung. In: Lengyel, Drorit/Reich, Hans R./ Roth, Hans-Joachim/Döll, Marion (Hrsg.): Von der Sprachdiagnose zur Sprachförderung. Münster u.a.: Waxmann, 115–127.

Becker-Mrotzek, Michael/Roth, Hans-Joachim (2017): Sprachliche Bildung – Grundlegende Begriffe und Konzepte. In: Becker-Mrotzek, Michael/Roth, Hans-Joachim (Hrsg.): Sprachliche Bildung – Grundlagen und Handlungsfelder. Münster/New York: Waxmann, 11–36.

Becker, Claudia/Jaeger, Hanna (2019): Deutsche Gebärdensprache (= LinguS 6). Tübingen: Narr Francke Attempto.

Behr, Ursula (Hrsg.) (2005): Sprachen entdecken – Sprachen vergleichen. Berlin: Cornelsen.

Belgrad, Jürgen (2010): Leseförderung durch Vorlesen. Erster Projektbericht. URL: https://www.lesefoerderung-durch-vorlesen.de (11.05.2021)

Belgrad, Jürgen/Schünemann, Ralf (2011): Leseförderung durch Vorlesen: Ergebnisse und Möglichkeiten eines Konzepts zur basalen Leseförderung. In: Eriksson, Brigit/Behrens, Ulrike (Hrsg.): Sprachliches Lernen zwischen Mündlichkeit und Schriftlichkeit. Bern: hep verlag, 144–171.

Belke, Gerlind (2012): Mehr Sprache(n) für alle. Sprachunterricht in der vielsprachigen Gesellschaft. 5., grundlegend überarb. und inhaltlich erw. Aufl. Baltmannsweiler: Schneider.

Benholz, Claudia/Siems, Maren (2016): Sprachbildender Unterricht in allen Fächern. Konzepte zur Professionalisierung von Lehrerinnen und Lehrern in den drei Phasen der Lehrerbildung. In: Die Deutsche Schule. Beiheft 13, 35–51.

Berg, Margit (2018): Kontextoptimierung: Praxisbausteine für die Förderung grammatischer Fähigkeiten. 3., aktual. Aufl. München: Reinhardt.

Bichsel, Peter (1964): San Salvador. In: Bichsel, Peter: Eigentlich möchte Frau Blum den Milchmann kennenlernen. 21 Geschichten. Olten/Freiburg i.Br.: Walter, 34–35.

BIM-Studie 2017 = Berliner Institut für empirische Integrations- und Migrationsforschung (BIM). Forschungsbereich beim Sachverständigenrat deutscher Stiftungen für Integration und Migration (SVR-Forschungsbereich) (2017): Vielfalt im Klassenzimmer. Wie Lehrkräfte gute Leistung fördern können. Berlin. URL: https://www.svr-migration.de/wp-content/uploads/2017/07/SVR_FB_Vielfalt_im_Klassenzimmer.pdf (11.06.2020).

Boeckmann, Klaus-Börge (2010): Lernersprache. In: Barkowski, Hans/Krumm, Hans-Jürgen (Hrsg.): Fachlexikon Deutsch als Fremd- und Zweitsprache. Tübingen: Francke, 192.

Bourdieu, Pierre (2012): Was heißt Sprechen? Zur Ökonomie des sprachlichen Tausches. Mit einer Einführung von John B. Thompson. Übersetzt von Hella Beister. 2., erw. und überarb. Aufl. Unveränderter Nachdruck der 2. Aufl. Wien: new academic press. (Franz. Original: Ce que parler veut dire. L'économie des échanges linguistiques. Paris: Libraire Arthème Fayard 1982.)

Brandt, Hanne/Gogolin, Ingrid (2016): Sprachförderlicher Fachunterricht. Erfahrungen und Beispiele. Unter Mitarbeit von Margit Maronde-Heyl und Heidi Scheinhardt-Stettner. Münster/New York: Waxmann.

Bräuer, Christoph/Wieser, Dorothee (Hrsg.) (2015): Lehrende im Blick. Empirische Lehrerforschung in der Deutschdidaktik. Wiesbaden: Springer VS.

Bredel, Ursula (2005): Sprachstandsmessung – Eine verlassene Landschaft. In: Bundesministerium für Bildung und Forschung (Hrsg.): Anforderungen an Verfahren der regelmäßigen Sprachstandsfeststellung als Grundlage für die frühe und individuelle Forderung von Kindern mit und ohne Migrationshintergrund, Bonn: BMBF, 77–119.

Bredel, Ursula/Fuhrhop, Nanna/Noack, Christina (2017): Wie Kinder lesen und schreiben lernen. 2., überarb. Aufl. Tübingen: Narr.

Brehmer, Bernhard/Mehlhorn, Grit (2018): Herkunftssprachen (= LinguS 4). Tübingen: Narr Francke Attempto.

Brizic, Katharina/Lo Hufnagl, Claudia (2016): Profile der Vielsprachigkeit und ihr Bildungserfolg. In: Der Deutschunterricht 68, 21–32.

Brühwiler, Christian (2014): Adaptive Lehrkompetenz und schulisches Lernen. Effekte handlungssteuernder Kognitionen von Lehrpersonen auf Unterrichtsprozesse und Lernergebnisse der Schülerinnen und Schüler. Münster/New York: Waxmann.

Bruner, Jerome (2002): Wie das Kind sprechen lernt. 2., erg. Aufl. Bern: Hans Huber.

BS AHR 2012 = Bildungsstandards im Fach Deutsch für die Allgemeine Hochschulreife. Beschluss der Kultusministerkonferenz vom 18.10.2012. URL: https://www.kmk.org/fileadmin/Dateien/veroeffentlichungen_beschluesse/2012/2012_10_18-Bildungsstandards-Deutsch-Abi.pdf (11.06.2022).

BS ESA/MSA 2022 = Bildungsstandards für das Fach Deutsch Erster Schulabschluss (ESA) und Mittlerer Schulabschluss (MSA). Beschluss der Kultusministerkonferenz vom 15.10.2004 und vom 04.12.2003, i.d.F. vom 23.06.2022. URL: https://www.kmk.org/fileadmin/Dateien/veroeffentlichungen_beschluesse/2022/2022_06_23-Bista-ESA-MSA-Deutsch.pdf (11.10.2022).

BS PB 2022 = Bildungsstandards für das Fach Deutsch Primarbereich. Beschluss der Kultusministerkonferenz vom 15.10.2004, i.d.F. vom 23.06.2022. URL: https://www.kmk.org/fileadmin/Dateien/veroeffentlichungen_beschluesse/2022/2022_06_23-Bista-Primarbereich-Deutsch.pdf (11.10.2022).

Budde, Monika (2012): Über Sprache reflektieren. Unterricht in sprachheterogenen Lerngruppen. Kassel: Kassel University Press.

Buhl, Heike M./Wiescholek, Sabrina (2016): Zur sprachlichen Bildung aus der Perspektive der Pädagogischen Psychologie. In: Kilian, Jörg/Brouër, Birgit/Lüttenberg, Dina (Hrsg.): Handbuch Sprache in der Bildung. Berlin/Boston: De Gruyter, 48–67.

Burwitz-Melzer, Eva/Königs, Frank G./Riemer, Claudia (Hrsg.) (2015): Lernen an allen Orten? Die Rolle der Lernorte beim Lehren und Lernen von Fremdsprachen. Arbeitspapiere der 35. Frühjahrskonferenz zur Erforschung des Fremdsprachenunterrichts. Tübingen: Narr.

Busch, Brigitta (2017): Mehrsprachigkeit. 2. Aufl. Wien: facultas wuv.

Castro Varela, María do Mar/Mecheril, Paul (2010): Grenze und Bewegung. Migrationswissenschaftliche Klärungen. In: Mecheril, Paul/Castro Varela, María do Mar/Dirim, Inci/Kalpaka, Annita/Melter, Claus (Hrsg.): Migrationspädagogik. Weinheim/Basel: Beltz, 23–53.

Chilla, Solveig (2019): Spracherwerbsverzögerung – Spracherwerbsstörung. In: Jeuk, Stefan/Settinieri, Julia (Hrsg.): Sprachdiagnostik Deutsch als Zweitsprache. Berlin/Boston: De Gruyter, 71–96.

Chlosta, Christoph/Schäfer, Andrea (2017): Deutsch als Zweitsprache im Fachunterricht. In: Ahrenholz, Bernt/Oomen-Welke, Ingelore (Hrsg.): Deutsch als Zweitsprache. Baltmannsweiler: Schneider, 369–381.

Chomsky, Noam (1959): A Review of B.F. Skinner's *Verbal Behavior*. In: Language 35, 26–58. URL: https://chomsky.info/1967____/ (11.06.2020).

Cope, Bill/Kalantzis, Mary (2009): „Multiliteracies": New Literacies, New Learning. In: Pedagogies: An International Journal 4, 164–195.

Couve de Murville, Stefanie/Kersten, Kristin/Maier, Esther/Ponto, Katharina/Weitz, Martina (2016): Rezeptiver L2 Wortschatz in der Grundschule. In: Steinlen, Anja/Piske, Thorsten (Hrsg.): Wortschatzlernen in bilingualen Schulen und Kindertagesstätten. Frankfurt a.M.: Peter Lang, 85–121.

Cummins, Jim (1979): Cognitive/Academic Language Proficiency, Linguistic Interdependence, the Optimum Age Question and Some Other Matters. In. Working Papers on Bilingualism 19, 121–129.

Cummins, Jim (1982): Die Schwellenniveau- und Interdependenz-Hypothese: Erklärungen zum Erfolg zweisprachiger Erziehung. In: Swift, James (Hrsg.): Bilinguale und multikulturelle Erziehung. Würzburg: Königshausen & Neumann, 34–43.

Cummins, Jim (2000): Language, Power, and Pedagogy. Bilingual Children in the Crossfire. Clevedon u.a.: Multilingual Matters Ltd.

Cummins, Jim (2008): BICS and CALP: Empirical and Theoretical Status of the Distinction. In: Street, Brian V.; Hornberger, Nancy H. (Hrsg.): Encyclopedia of Language and Education. Band 2: Literacy. 2. Aufl. New York: Springer, 71–83.

Dannerer, Monika/Mauser, Peter (2018): Innere und äußere Mehrsprachigkeit in Bildungsinstitutionen – vom Nutzen einer übergreifenden Perspektive. In: Dannerer, Monika/Mauser, Peter (Hrsg.): Formen der Mehrsprachigkeit. Sprachen und Varietäten in sekundären und tertiären Bildungskontexten. Unter Mitarbeit von Philip C. Vergeiner. Tübingen: Stauffenburg, 9–26.

Daugs, Helge/Ferrarello, Melanie/Freyer, Gerlinde/Gade, Katja/Wörner, Martin (2018): TINTO. Arbeitsordner Sprache. Lesen 4. Berlin: Cornelsen.

Dengscherz, Sabine (2019): Professionelles Schreiben in mehreren Sprachen. Strategien, Routinen und Sprachen im Schreibprozess. Berlin: Peter Lang.

Derewianka, Beverly (1990): Exploring How Text Works. Rozelle: Primary English Teaching Association.

Diehl, Erika/Christen, Helen/Leuenberger, Sandra/Pelvat, Isabelle/Studer, Thérèse (2000): Grammatikunterricht, alles für der Katz? Untersuchungen zum Zweitsprachenerwerb Deutsch. Tübingen: Niemeyer.

Dimroth, Christine (2019): Lernersprachen. In: Jeuk, Stefan/Settinieri, Julia (Hrsg.): Sprachdiagnostik Deutsch als Zweitsprache. Ein Handbuch. Berlin: De Gryuter, 21–46.

Dirim, Inci (2015): Hochschuldidaktische Interventionen, DaZ-Lehrende und -Studierende eruieren Spielräume machtkritisch positionierten Handelns. In: Thoma, Nadja/Knappik, Magdalena (Hrsg.): Sprache und Bildung in Migrationsgesellschaften. Machtkritische Perspektiven auf ein prekarisiertes Verhältnis. Bielefeld: transcript, 299–316.

Dittmann, Jürgen (2006): Der Spracherwerb des Kindes. Verlauf und Störungen. 2., durchges. Aufl. München: C.H. Beck.

Dittmar, Norbert (2004): Register. In: Ammon, Ulrich/Dittmar, Norbert/Mattheier, Klaus J./ Trudgill, Peter (Hrsg): Soziolinguistik. Band 1. 2., vollständig neu bearb. und erw. Aufl. Berlin: De Gruyter, 216–226.

Dittmar, Norbert (2010): Ethnolektale Varietäten des Deutschen? Eine soziolinguistische Herausforderung. In: Allemann-Ghionda, Cristina/Pfeiffer, Saskia (Hrsg.): Bildungserfolg, Migration und Zweisprachigkeit. Perspektiven für Forschung und Entwicklung. 2., durchges. Aufl. Berlin: Frank & Timme, 57–68.

Dobutowitsch, Friederike/Neumann, Ursula/Michel, Ute/Salem, Tanja (Hrsg.) (2013): Netzwerke für durchgängige Sprachbildung 2. Qualitätsmerkmale für Sprachbildungsnetzwerke. Münster/New York: Waxmann.

Döll, Marion (2019): Sprachdiagnose durch Beobachtung. In: Jeuk, Stefan/Settinieri, Julia (Hrsg.): Sprachdiagnostik Deutsch als Zweitsprache. Berlin/Boston: De Gruyter, 569–583.

Döll, Marion/Hägi-Mead, Sara/Settinieri, Julia (2016): „Ob ich mich auf eine sprachlich heterogene Klasse vorbereitet fühle? – Etwas!". Studentische Perspektiven auf DaZ und das DaZ-Modul (StupaDaZ) an der Universität Paderborn. In: Becker-Mrotzek, Michael/Rosenberg, Peter/Schroeder, Christoph/Witte, Annika (Hrsg.): Deutsch als Zweitsprache in der Lehrerbildung. Sprachliche Bildung. Münster/New York: Waxmann, 203–215.

Dube, Juliane/Prediger, Susanne (2017): Design-Research – Neue Forschungszugriffe für unterrichtsnahe Lernprozessforschung in der Deutschdidaktik. In: leseforum.ch 1, 1–13.

Dürrstein, Birgit/Jeuk, Stefan (2015): Werkzeug 2: C-Test als Screening. In: Junk-Deppenmeier, Alexander/Jeuk, Stefan (Hrsg.): Praxismaterial Förderdiagnostik. Werkzeuge für den Sprachunterricht in der Sekundarstufe I. Stuttgart: Fillibach, 21–30.

Dürscheid, Christa (2012): Syntax. Grundlagen und Theorien. 6., aktual. Aufl. Göttingen: Vandenhoeck & Ruprecht.

Edmondson, Willis J./House, Juliane (2006): Einführung in die Sprachlehrforschung. 3., aktual. und erw. Aufl. Tübingen/Basel: Francke.

Ehlich, Konrad (2005): Sprachaneignung und deren Feststellung bei Kindern mit und ohne Migrationshintergrund. Was man weiß, was man braucht, was man erwarten kann. In: Bundesministerium für Bildung und Forschung (BMBF) (Hrsg.): Anforderungen an Verfahren der regelmäßigen Sprachstandsfeststellung als Grundlage für die frühe und individuelle Förderung von Kindern mit und ohne Migrationshintergrund. Bonn/Berlin: BMBF, 11–75.

Eichler, Wolfgang/Nold, Günter (2007): Sprachbewusstheit. In: Beck, Bärbel/Klieme, Eckhard (Hrsg.): Sprachliche Kompetenzen. Konzepte und Messung. Weinheim/Basel: Beltz, 63–82.

EUCIM-TE (Hrsg.) (2011): European Core Curriculum for Inclusive Academic Language Teaching. National Adaptation of the European Core Curriculum for Inclusive Academic Language Teaching North Rhine Westphalia (NRW), Germany. Adaption des europäischen Kerncurriculums für inklusive Förderung der Bildungssprache Nordrhein-Westfalen (NRW), Bundesrepublik Deutschland. Verantwortung für diesen Text: Anja Brandenburger, Christiane Bainski, Wolf Hochherz, Prof. Dr. Hans-Joachim Roth. Köln. URL: https://www.hf.uni-koeln.de/data/eso27/File/Material/NRW.%20Adaptation.pdf (11.4.2020).

Feilke, Helmuth (2012): Bildungssprachliche Kompetenzen – fördern und entwickeln. In: Praxis Deutsch 233, 4–13.

Feilke, Helmuth (2016): Nähe, Distanz und literale Kompetenz. Versuch einer erklärenden Rezeptionsgeschichte. In: Feilke, Helmuth/Hennig, Mathilde (Hrsg.): Zur Karriere von ‚Nähe und Distanz'. Rezeption und Diskussion des Koch-Oesterreicher-Modells. Berlin/Boston: De Gruyter, 113–154.

Feilke, Helmuth/Hennig, Mathilde (Hrsg.) (2016): Zur Karriere von ›Nähe und Distanz‹. Rezeption und Diskussion des Koch-Oesterreicher-Modells. Berlin/Boston: De Gruyter.

Feilke, Helmuth/Jost, Jörg (2015): Sprache und Sprachgebrauch reflektieren. In: Becker-Mrotzek, Michael/Kämper-van den Boogaart, Michael/Köster, Juliane/Stanat, Petra/Gippner, Gabriele (Hrsg.): Bildungsstandards aktuell: Deutsch in der Sekundarstufe II. Braunschweig: Diesterweg, 236–296.

Felder, Ekkehard (2016): Einführung in die Varietätenlinguistik. Darmstadt: Wissenschaftliche Buchgesellschaft.

Franceschini, Rita (2011): Multilingualism and Multicompetence: A Conceptual View. In: The Modern Language Journal, Vol. 95/3, Special Issue: Toward a Multilingual Approach in the Study of Multilingualism in School Contexts, 344–355.

Franceschini, Rita (2016): Multilingualism research. In: Cook, Vivian/Wei, Li (Hrsg.): The Cambridge Handbook of Linguistic Multicompetence. Cambridge: Cambridge University Press, 97–124.

Frederking, Volker/Krommer, Axel/Maiwald, Klaus (2018): Mediendidaktik Deutsch. Eine Einführung. 3., völlig neu bearb. und erw. Aufl. Berlin: Erich Schmidt.

Fried, Lilian/Briedigkeit, Eva (2007): Delfin 4. Hintergründe und Einblicke zum neuen System der Sprachstandsfeststellung und -förderung. In: KOMPAKT Spezial 5, 10–12.

Frith, Uta (1985): Beneath the surface of developmental dyslexia. In: Patterson, Karalyn E./Marshall, John C./Coltheart, Max (Hrsg.): Surface dyslexia: Neurological and cognitive studies of phonological reading. Hillsdale, NJ: Erlbaum, 301–330.

Gallmann, Peter (2019): Das topologische Modell. In: Tophinke, Doris/Topalović, Elvira/Rohlfing, Katharina (Hrsg.): Sprachstrukturelle Modelle. Konvergenzen theoretischer und empirischer Forschung. Mitteilungen des Deutschen Germanistenverbandes 4/2019, 344–352.

Gantefort, Christoph/Roth, Hans-Joachim (2008): Ein Sturz und seine Folgen. Zur Evaluation von Textkompetenz im narrativen Schreiben mit dem FörMig-Instrument ‚Tulpenbeet'. In: Klinger, Thorsten/Schwippert, Knut/Leiblein, Birgit (Hrsg.): Evaluation im Modellprogramm FörMig. Münster: Waxmann, 29–50.

Garbe, Christine (2010): Lesesozialisation. In: Garbe, Christine/Holle, Karl/Jesch, Tatjana (Hrsg.): Texte lesen. Textverstehen, Lesedidaktik, Lesesozialisation. 2., durchges. Aufl. Paderborn: Schöningh, 167–222.

García, Ofelia (2009): Bilingual Education in the 21st Century: A Global Perspective. Maldan, MA: Blackwell.

García, Ofelia/Wei, Li (2014): Translanguaging, Language, Bilingualism and Education. New York, NY: Palgrave Macmillan.

Gass, Susan M./Selinker, Larry (1994): Second language acquisition. An introductory course. 2. Aufl. Mahwah, NJ: Erlbaum.

Gibbons, Pauline (2002): Scaffolding Language, Scaffolding Learning. Teaching Second Language Learners in the Mainstream Classroom. Portsmouth, NH: Heinemann.

Gibbons, Pauline (2015): Scaffolding Language, Scaffolding Learning: Teaching English Language Learners in the Mainstream Classroom. 2. Aufl. Portsmouth, NH: Heinemann.

Gilham, Polly/Fürstenau, Sara (2019): The relationship between teachers' language experience and their inclusion of pupils' home languages in school life. In: Language and Education, 34/5, 1–15.

Gogolin, Ingrid (2008): Der monolinguale Habitus der multilingualen Schule. 2., unv. Aufl. Münster: Waxmann.

Gogolin, Ingrid (2009): Zweisprachigkeit und die Entwicklung bildungssprachlicher Fähigkeiten. In: Gogolin, Ingrid/Neumann, Ursula (Hrsg.): Streitfall Zweisprachigkeit – The Bilingualism Controversy. Wiesbaden: VS, 263–280.

Gogolin, Ingrid (2016): Zum Schluss: Optimaler HSU-Unterricht als Teil einer neuen Kultur der Sprachbildung – eine Zukunftsvision. In: Schader, Basil (Hrsg.): Grundlagen und Hintergründe. Zürich: orell füssli Verlag, 176–182.

Goglin, Ingrid (2018): Durchgängige sprachliche Bildung als fächerübergreifende Aufgabe. In: Gogolin, Ingrid/Georgi, Viola B./Krüger-Potratz, Marianne/Lengyel, Drorit/Sandfuchs, Uwe (Hrsg.): Handbuch Interkulturelle Pädagogik. Bad Heilbrunn: Julius Klinkhardt, 474–480.

Gogolin, Ingrid/Lange, Imke (2011): Bildungssprache und Durchgängige Sprachbildung. In: Gomolla, Mechtild/Fürstenau, Sara (Hrsg.): Migration und schulischer Wandel: Mehrsprachigkeit. Wiesbaden: VS, 107–127.

Gogolin, Ingrid/Lange, Imke/Hawighorst, Britta/Bainski, Christiane/Heintze, Andreas/Rutten, Sabine/Saalmann, Wiebke (2011): Durchgängige Sprachbildung: Qualitätsmerkmale für den Unterricht. Münster/New York: Waxmann.

Grießhaber, Wilhelm (2013): Die Profilanalyse als Instrument zur Beurteilung von Lernersprachen. Münster: WWU Sprachenzentrum.

Grießhaber, Wilhelm (2019): Profilanalysen. In: Jeuk, Stefan/Settinieri, Julia (Hrsg.): Sprachdiagnostik Deutsch als Zweitsprache. Berlin/Boston: De Gruyter, 547–567.

Grotjahn, Rüdiger (2002): Konstruktion und Einsatz von C-Tests: Ein Leitfaden für die Praxis. In: Grotjahn, Rüdiger (Hrsg.): Der C-Test. Theoretische Grundlagen und praktische Anwendungen. Band 4. Bochum: AKS-Verlag, 211–225.

Grotjahn, Rüdiger (2019): C-Tests. In: Jeuk, Stefan/Settinieri, Julia (Hrsg.): Sprachdiagnostik Deutsch als Zweitsprache. Berlin/Boston: De Gruyter, 585–609.

Gültekin-Karakoç, Nazan (2019): Sprachdiagnostische Grundverfahren. In: Jeuk, Stefan/Settinieri, Julia (Hrsg.): Sprachdiagnostik Deutsch als Zweitsprache. Berlin/Boston: De Gruyter, 97–115.

Günthner, Werner (2013): Lesen und Schreiben lernen bei geistiger Behinderung. Grundlagen und Übungsvorschläge zum erweiterten Lese- und Schreibbegriff. 4., völlig überarb. Aufl. Dortmund: modernes lernen.

Günther, Katrin/Laxczkowiak, Jana/Niederhaus, Constanze/Wittwer, Franziska (2013): Sprachförderung im Fachunterricht an beruflichen Schulen. Berlin: Cornelsen.

Habermas, Jürgen (1977): Umgangssprache, Wissenschaftssprache, Bildungssprache. In: Jahrbuch der Max-Planck-Gesellschaft zur Förderung der Wissenschaften, 36–51.

Haberzettl, Stefanie (2005): Der Erwerb der Verbstellungsregeln in der Zweitsprache Deutsch durch Kinder mit russischer und türkischer Muttersprache. Tübingen: Niemeyer.

Haberzettl, Stefanie (2014): Zweitspracherwerb und Mehrsprachigkeit bei Kindern und Jugendlichen in der Migrationsgesellschaft. In: Chilla, Solveig/Haberzettl, Stefanie (Hrsg.): Handbuch Spracherwerb und Sprachentwicklungsstörungen. Mehrsprachigkeit. München: Urban & Fischer, 3–18.

Härle, Gerhard/Rank, Bernhard (2008): Bildung und Freiheit. Eine Einleitung. In: Härle, Gerhard/Rank, Bernhard (Hrsg.): „Sich bilden, ist nichts anders, als frei werden." Sprachliche und literarische Bildung als Herausforderung für den Deutschunterricht. Baltmannsweiler: Schneider, 3–18.

Halliday, Michael A.K. (1978): Language as Social Semiotic. The Social Interpretation of Language and Meaning. London: Edward Arnold.

Halliday, Michael A.K. (1985): Spoken and Written Language. Geelong/Vic.: Deakin University Press.

Hattie, John/Timperley, Helen (2007): The Power of Feedback. In: Review of Educational Research 77/1, 81–112.

Hattie, John (2013): Lernen sichtbar machen. Baltmannsweiler: Schneider.

Haueis, Eduard (2018): Sprachausbau durch literarisches Lernen? In: Leseräume 4, 78–89.

Hennies, Johannes/Ritter, Michael (2014): Texte (schreiben) im inklusiven Deutschunterricht. In: Trumpa, Silke/Seifried, Stefanie/Franz, Eva-Kristina/Klauß, Theo (Hrsg.): Inklusive Bildung: Erkenntnisse und Konzepte aus Fachdidaktik und Sonderpädagogik. Weinheim/Basel: Beltz, 170–185.

Hoff, Dagmar von/Köpcke, Klaus-Michael (1997): Deixis als didaktisches Konzept. Zur Verknüpfung des Literatur- und Sprachunterrichts in der Sekundarstufe. In: Wirkendes Wort 2, 292–311.

Hollich, George J./Hirsh-Pasek, Kathy/Golinkoff, Roberta Michnick/Brand, Rebecca. J./Brown, Ellie/Chung, He Len/Hennon, Elizabeth/Rocroi, Camille/Bloom, Lois (2000): Breaking the Language Barrier: An Emergentist Coalition Model for the Origins of Word Learning. In: Monographs of the Society for Research in Child Development 65/3, i–vi, 1–135.

Horstmann, Susanne/Settinieri, Julia/Freitag, Dagmar (2019): Einführung in die Linguistik DaF/DaZ. Unter Mitarbeit von Susanne Rummel. Paderborn: Schöningh.

Hufeisen, Britta (2005): Gesamtsprachencurriculum: Einflussfaktoren und Bedingungsgefüge. In: Hufeisen, Britta/Lutjeharms, Madeline (Hrsg.): Gesamtsprachencurriculum – Integrierte Sprachendidaktik – Common Curriculum. Tübingen: Narr, 9–18.

Hufeisen, Britta (2017): Lernforschung Deutsch als zweite (und weitere) Sprache. In: Ahrenholz, Bernt/Oomen-Welke, Ingelore (Hrsg.): Deutsch als Zweitsprache. 4., vollständig überarb. und erg. Aufl. Baltmannsweiler: Schneider, 507–517.

Hufeisen, Britta/Marx, Nicole (2007): EuroComGerm – Die sieben Siebe: Germanische Texte lesen lernen. Aachen: Shaker.

Hufeisen, Britta/Topalović Elvira (2018): Mehrsprachige Literacy: Potentiale eines Gesamtsprachencurriculums in einer Pluralen Mehrsprachigkeitsdidaktik. In: Gessner, Elisabeth/Giambalvo Rode, Jenny/Kuhley, Horst Paul (Hrsg.): Atlas der Mehrsprachigkeit. Leipzig: Universitätsverlag, 15–29.

Hüttis-Graff, Petra (2013): Beobachten als didaktische Aufgabe. In: Dehn, Mechthild: Zeit für die Schrift. Berlin: Cornelsen, 152–163.

Ibbotson, Paul/Tomasello, Michael (2017): Ein neues Bild der Sprache. In: Spektrum der Wissenschaft 3, 12–17.

Isaac, Kevin/Kleinbub, Iris (2018): Bestandsaufnahme zum mehrsprachigkeitsorientierten Grammatikunterricht: Ergebnisse einer Lehrerbefragung an Grundschulen. In: Gessner, Elisabeth/Giambalvo-Rode, Jenny/Kuhley, Horst Paul (Hrsg.): Atlas der Mehrsprachigkeit in Europa. Mehrsprachigkeit als Chance. Leipzig: Leipziger Universitätsverlag, 199–220.

Isler, Dieter/Wiesner, Esther/Künzli, Sibylle (2016): „Jaaa … beschreiben!“ Ein Kreisgespräch im Kindergarten als Erwerbskontext schulischer Formen der Kommunikation. In: leseforum.ch 1, 1–15.

Jeuk, Stefan (2013): Deutsch als Zweitsprache in der Schule. Grundlagen – Diagnose – Förderung. 2., aktual. Aufl. Stuttgart: Kohlhammer.

Jostes, Brigitte/Darsow, Annkathrin (2017): Entwicklung eines phasenübergreifenden Ausbildungskonzepts für Sprachbildung/Deutsch als Zweitsprache in der Berliner Lehrkräftebildung – Grundlegende Fragen und Vorgehen. In: Jostes, Brigitte/Caspari, Daniela/Lütke, Beate (Hrsg.): Sprachen – Bilden – Chancen: Sprachbildung in Didaktik und Lehrkräftebildung. Münster/New York: Waxmann, 289–306.

Kersten, Kristin (2019): Einflussfaktoren im bilingualen Fremdsprachenerwerb. In: Rohde, Andreas/Steinlen, Anja K. (Hrsg.): Sprachenvielfalt als Ressource begreifen. Mehrsprachigkeit in bilingualen Kindertagesstätten und Schulen. Band II. Berlin: Dohrmann, 35–70.

Kilian, Jörg/Brouër, Birgit/Lüttenberg, Dina (2016): Zur Einführung. In: Kilian, Jörg/Brouër, Birgit/Lüttenberg, Dina (Hrsg.): Handbuch Sprache in der Bildung. Berlin/Boston: De Gruyter, XI– XVI.

Klann-Delius, Gisela (2016): Spracherwerb. Eine Einführung. Stuttgart: J.B. Metzler.

Klein, Wolfgang (2001): Typen und Konzepte des Spracherwerbs. In: Helbig, Gerhard/Götze, Lutz/Henrici, Gert/Krumm, Hans-Jürgen (Hrsg.): Deutsch als Fremdsprache. Berlin: De Gruyter, 604–616.

Kleinschmidt-Schinke, Katrin (2018): Die an die Schüler/-innen gerichtete Sprache (SGS). Studien zur Veränderung der Lehrer/-innensprache von der Grundschule bis zur Oberstufe. Berlin: De Gruyter.

Klieme, Eckhard (2004): Was sind Kompetenzen und wie lassen sie sich messen? In: Pädagogik 6, 10–13.

Klieme, Eckhard (2006): Zusammenfassung zentraler Ergebnisse der DESI-Studie. Frankfurt a.M: DIPF.

KMK (2021) = Lehren und Lernen in der digitalen Welt. Die ergänzende Empfehlung zur Strategie „Bildung in der digitalen Welt“. Beschluss der Kultusministerkonferenz vom 09.12.2021. URL: https://www.kmk.org/fileadmin/veroeffentlichungen_beschluesse/2021/2021_12_09-Lehren-und-Lernen-Digi.pdf (11.06.2022).

KMK (2019) = Bildungssprachliche Kompetenzen in der deutschen Sprache stärken. Beschluss der Kultusministerkonferenz vom 05.12.2019. URL: https://www.kmk.org/fileadmin/Dateien/veroeffentlichungen_beschluesse/2019/2019_12_05-Beschluss-Bildungssprachl-Kompetenzen.pdf (11.05.2021).

KMK (2017) = Bildung in der digitalen Welt. Strategie der Kultusministerkonferenz. Beschluss der Kultusministerkonferenz vom 08.12.2016 in der Fassung vom 07.12.2017. URL: https://

www.kmk.org/fileadmin/Dateien/pdf/PresseUndAktuelles/2018/Digitalstrategie_2017_mit_Weiterbildung.pdf (11.05.2021).

Kniffka, Gabriele M. (2010): Scaffolding. URL: http://www.prodaz.org/content/scaffolding.pdf (11.9.2019).

Kniffka, Gabriele M. (2015): Scaffolding – Möglichkeiten, im Fachunterricht sprachliche Kompetenzen zu vermitteln. In: Michalak, Magdalena/Kuchenreuther, Michaela (Hrsg.): Grundlagen der Sprachdidaktik Deutsch als Zweitsprache. 3., überarb. Aufl. Baltmannsweiler: Schneider, 221–237.

Kniffka, Gabriele M./Neuer, Birgit S. (2008): „Wo geht's hier nach Aldi?" – Fachsprachen lernen im kulturell heterogenen Klassenzimmer. In: Budke, Alexandra (Hrsg.): Interkulturelles Lernen im Geographieunterricht. Potsdam: Universitätsverlag, 121–135.

Kniffka, Gabriele M./Roelcke, Thorsten (2016): Integration von Sprach- und Fachlernen: Konzepte und Modelle. In: Der Deutschunterricht 68, 83–88.

Knopp, Matthias (2020): Das Sprachliche in den Medien – eine sprach-, mediendidaktische (und inklusive) Perspektivierung. In: MiDU – Medien im Deutschunterricht, 2–12.

Koch, Peter/Oesterreicher, Wulf (1985): Sprache der Nähe – Sprache der Distanz. Mündlichkeit und Schriftlichkeit im Spannungsfeld von Sprachtheorie und Sprachgeschichte. In: Romanistisches Jahrbuch 36, 15–43.

Koch, Peter/Oesterreicher, Wulf (1994): Schriftlichkeit und Sprache. In: Günther, Hartmut/Ludwig, Otto (Hrsg.): Schrift und Schriftlichkeit. Ein interdisziplinäres Handbuch internationaler Forschung. (1. Halbband). Berlin/New York: De Gruyter, 587–604.

Köller, Wilhelm (1997): Funktionaler Grammatikunterricht. Tempus, Genus, Modus: Wozu wurde das erfunden? Baltmannsweiler: Schneider.

König, Werner (2004): dtv-Atlas deutsche Sprache. 14., durchges. und korr. Aufl. München: Deutscher Taschenbuch-Verlag.

Krifka, Manfred/Blaszczak, Joanna/Leßmöllmann, Annette/Meinunger, André/ Stiebels, Barbara/Tracy, Rosemarie/Truckenbrodt, Hubert (Hrsg.) (2014): Das mehrsprachige Klassenzimmer. Über die Muttersprachen unserer Schüler. Berlin/Heidelberg: Springer.

Krumm, Hans-Jürgen/Fandrych, Christian/Hufeisen, Britta/Riemer, Claudia (Hrsg.) (2010): Deutsch als Fremd- und Zweitsprache. Ein internationales Handbuch. Berlin: De Gruyter.

Kruse, Iris (2016): Intermedial und inklusiv. Ein kinderliterarischer Medienverbund stiftet gemeinsame literarische Erfahrungen. In: Grundschulunterricht Deutsch 1, 34–38.

KSM-P (2015) = Kompetenzstufenmodell zu den Bildungsstandards im Fach Deutsch im Kompetenzbereich *Sprache und Sprachgebrauch untersuchen* für den Primarbereich. Beschluss der Kultusministerkonferenz (KMK) vom 04.03.2010. Überarbeiteter Entwurf in der Version vom 24. März 2015.

Kümmerling-Meibauer, Bettina (2012): Literacy. URL: http://www.kinderundjugendmedien.de/index.php/begriffe-und-termini/407-literacy (10.10.2019).

Kutzelmann, Sabine/Masseler, Ute/Peter, Klaus/Götz, Kristina/Ilg, Angelika (Hrsg.) (2017): Mehrsprachiges Lesetheater. Handbuch zu Theorie und Praxis. Opladen/Berlin/Toronto: Budrich.

Kutzelmann, Sabine/Massler, Ute/Peter, Klaus (2016): Die zentralen Lehr-Lern-Prozesse des mehrsprachigen Lesetheaters. Eine Anleitung für die Praxis. Weingarten: Pädagogische Hochschule Weingarten. URL: https://melt-multilingual-readers-theatre.eu/publikationen/ (08.02.2023).

Kuzminykh, Ksenia (2016): Aufgabenvariation im sprachsensiblen Mathematikunterricht. Vortrag gehalten auf der Internationalen Tagung „Sprache im Fachunterricht" an der Friedrich-Schiller-Universität Jena am 25.11.2016.

Lang, Susanne/Topalović, Elvira (2020): Wortgruppen entdecken. In: Müller, Astrid/Tophinke, Doris (Hrsg.): Grammatik entdecken. Praxis Deutsch 282. Hannover: Friedrich, 20–23.

Lange, Imke/Gogolin, Ingrid (2010): Durchgängige Sprachbildung. Eine Handreichung. Unter Mitarbeit von Dorothea Grießbach. Münster: Waxmann.

Lange, Imke (2012): Von ‚Schülerisch' zu Bildungssprache. Übergänge zwischen Mündlichkeit und Schriftlichkeit im Konzept der Durchgängigen Sprachbildung. In: Fürstenau, Sara (Hrsg.): Interkulturelle Pädagogik und Sprachliche Bildung. Herausforderungen für die Lehrerbildung. Heidelberg: Springer, 123–142.

Leisen, Josef (2011): Praktische Ansätze schulischer Sprachförderung – Der sprachsensible Fachunterricht. URL: http://www.josefleisen.de/downloads/sprachbildung/Praktische%20Ansätze%20schulischer%20Sprachförderung%20-%20Der%20sprachsensible%20Fachunterricht%202011.pdf (11.05.2020).

Leisen, Josef (2013): Handbuch Sprachförderung im Fach. Sprachsensibler Fachunterricht in der Praxis. Grundlagenteil/Praxismaterialien. Stuttgart: Klett.

Leisen, Josef (2015): Fachliches und sprachliches Lernen im sprachsensiblen Fachunterricht. In: Drumbl, Hans/Hornung, Antonie (Hrsg.): IDT 2013. Hauptvorträge. Band 1. Bozen: Bozen-Bolzano University Press, 249–274.

Lengyel, Drorit (2012): Sprachstandsfeststellung bei mehrsprachigen Kindern im Elementarbereich. Deutsches Jugendinstitut e. V. URL: http://www.weiterbildungsinitiative.de/uploads/media/Expertise_29_Lengyel_Sprachstandsfeststellung.pdf (20.06.2018).

Lengyel, Drorit (2016): Umgang mit sprachlicher Heterogenität im Klassenzimmer. In: Kilian, Jörg/Brouër, Birgit/Lüttenberg, Dina (Hrsg.): Handbuch Sprache in der Bildung. Berlin: De Gruyter, 500–522.

Lipowsky, Frank (2006): Auf den Lehrer kommt es an. Empirische Evidenzen für Zusammenhänge zwischen Lehrerkompetenzen, Lehrerhandeln und dem Lernen der Schüler. In: Allemann-Ghionda, Cristina/Terhart, Ewald (Hrsg.): Kompetenzen und Kompetenzentwicklung von Lehrerinnen und Lehrern. Weinheim/Basel: Beltz Juventa, 47–70.

Löffler, Heinrich (2016): Germanistische Soziolinguistik. 5., neu bearb. Aufl. Berlin: Erich Schmidt.

Luchtenberg, Sigrid (1995): Interkulturelle Sprachliche Bildung. Zur Bedeutung von Zwei- und Mehrsprachigkeit für Schule und Unterricht. Münster: Waxmann.

Luchtenberg, Sigrid (2002): Mehrsprachigkeit und Deutschunterricht: Widerspruch oder Chance? Zu den Möglichkeiten von Language Awareness in interkultureller Deutschdidaktik. In: Informationen zur Deutschdidaktik (ide) 3, 27–46.

Luchtenberg, Sigrid (2017): Language Awareness. In: Ahrenholz, Bernt/Oomen-Welke, Ingelore (Hrsg.): Deutsch als Zweitsprache. 4., vollständig überarb. und erw. Aufl. Baltmannsweiler: Schneider, 150–162.

Ludescher, Franz/Unterthiner, Dominik (2016): Modul: Mehrsprachigkeit und mehrsprachiger Unterricht. URL: https://melt-multilingual-readers-theatre.eu/module/ (11.06.2020)

Lüdi, Georges (2006): Migration – Sprache – Sprachohnmacht. In: Clalüna, Monika/Studer, Thomas (Hrsg.): Deutsch im Gespräch. Sprechen im DaF-/DaZ-Unterricht. Sprechen über DaF/DaZ in der Schweiz. Akten der Gesamtschweizerischen Tagung für Deutschlehrerinnen und Deutschlehrer. 22. und 23. September 2006 – Universität Bern, 9–30.

Maas, Utz (2010): Literat und orat. Grundbegriffe der Analyse geschriebener und gesprochener Sprache. In: Maas, Utz (Hrsg.): Orat und literat. Grazer Linguistische Studien 73, 22–150.

Maas, Utz (2014): Der Ausbau des Deutschen zur Schriftsprache. In: Euphorion 108/3, 325–363.

Maas, Utz (2016): Was wird bei der Modellierung mit Nähe und Distanz sichtbar und was wird von ihr verstellt? In: Feilke, Helmuth/Hennig, Mathilde (Hrsg.): Zur Karriere von ‚Nähe und Distanz'. Rezeption und Diskussion des Koch-Oesterreicher-Modells. Berlin/Boston: De Gruyter, 89–111.

MacSwan, Jeff/Rolstad, Kellie/Glass, Gene V. (2002): Do Some School-Age Children Have No Language? Some Problems of Construct Validity in the Pre-LAS Español. In: Bilingual Research Journal 26, 213–238.

Maier, Esther/Neubauer, Lea/Ponto, Katharina/Couve de Murville, Stefanie/Kersten, Kristin (2016): Assessing linguistic levels of L2 English in primary program. In: Keßler, Jörg-U./Lenzing, Anke/Liebner, Mathias (Hrsg.): Developing, Modelling and Assessing Second Languages. Amsterdam: John Benjamins, 163–192.

Martin, Carsten (2012): Probleme mit der Allgemeinsprache in Textaufgaben bei Lernenden mit Deutsch als Zweitsprache (DaZ). In: Praxis der Mathematik in der Schule. Sekundarstufen I und II 46/54, 20–25.

Martin, J.R./Rose, David (2008): Genre Relations. Mapping Culture. London/Oakville: Equinox.

Marx, Nicole (2014): Häppchen oder Hauptgericht? Zeichen der Stagnation in der deutschen Mehrsprachigkeitsdidaktik. In: Zeitschrift für Interkulturellen Fremdsprachenunterricht 19/1, 8–24.

Meißner, Franz-Joseph (2004): Transfer und Transferieren. Anleitungen zum Interkomprehensionsunterricht. In: Klein, Horst G./Rutke, Dorothea (Hrsg.): Neuere Forschungen zur Europäischen Interkomprehension. Aachen: Shaker, 39–66.

Merklinger, Daniela (2011): Frühe Zugänge zu Schriftlichkeit. Eine explorative Studie zum Diktieren. Freiburg i.B.: Fillibach. (2018 in der KöBeS-Reihe B online publiziert)

Merklinger, Daniela (2015): Vorlesen in der Schule. In: Dehn, Mechthild/Merklinger, Daniela (Hrsg.): Erzählen – vorlesen – zum Schmökern anregen. Frankfurt a.M.: Grundschulverband, 88–97.

Ministerium für Schule und Weiterbildung des Landes Nordrhein-Westfalen (Hrsg.) (2013): Kernlehrplan für die Gesamtschule – Sekundarstufe I in Nordrhein-Westfalen. Naturwissenschaften. Biologie, Chemie, Physik. 2. Aufl. URL: https://www.schulentwicklung.nrw.de//lehrplaene/upload/klp_SI/GE/NW/KLP_GE_NW.pdf (9.9.2019).

Morek, Miriam/Heller, Vivien (2012): Bildungssprache – Kommunikative, epistemische, soziale und interaktive Aspekte. In: Zeitschrift für angewandte Linguistik 57, 67–101.

Morek, Miriam/Heller, Vivien (2019): Bildungssprachliche Praktiken. URL: epub.ub.uni-muenchen.de (11.4.2020).

Müller, Anja/Schönfelder, Mandy (2019): Das topologische Modell aus spracherwerbstheoretischer Perspektive. In: Tophinke, Doris/Topalović, Elvira/Rohlfing, Katharina (Hrsg.): Sprachstrukturelle Modelle. Konvergenzen theoretischer und empirischer Forschung. Mitteilungen des Deutschen Germanistenverbandes 4/2019, 353–359.

Müller, Natascha/Kupisch, Tanja/Schmitz, Katrin/Cantone, Katja (2011): Einführung in die Mehrsprachigkeitsforschung. 3., überarb. Aufl. Tübingen: Narr.

Naugk, Nadine/Ritter, Alexandra/Ritter, Michael/Zielinski, Sascha (2016): Deutschunterricht in der inklusiven Grundschule. Perspektiven und Beispiele. Weinheim: Beltz.

Neubert, Stefan/Reich, Kersten/Voß, Reinhard (2001): Lernen als konstruktiver Prozess. In: Hug, Theo (Hrsg.): Die Wissenschaft und ihr Wissen. Band 1. Baltmannsweiler: Schneider, 253–265.

Neugebauer, Claudia/Nodari, Claudio (1999): Aspekte der Sprachförderung. In: Gyger, Mathilde/Heckendorn-Heinimann, Brigitte (Hrsg.): Erfolgreich integriert? Fremd- und mehrsprachige Kinder und Jugendliche in der Schweiz. Bern: Bernischer Lehrmittel- und Medienverlag, 161–175.

Oesterreicher, Wulf/Koch, Peter (2016): 30 Jahre „Sprache der Nähe – Sprache der Distanz". Zu Anfängen und Entwicklung von Konzepten im Feld von Mündlichkeit und Schriftlichkeit. In: Feilke, Helmuth/Hennig, Mathilde (Hrsg.): Zur Karriere von ‚Nähe und Distanz'. Rezeption und Diskussion des Koch-Oesterreicher-Modells. Berlin/Boston: De Gruyter, 11–72.

Oleschko, Sven (2011): Interkomprehension am Beispiel der germanischen Sprachen. ProDaZ. Universität Duisburg-Essen.

Oomen-Welke, Ingelore/Kühn, Peter (2011): Sprache und Sprachgebrauch untersuchen. In: Bremerich-Vos, Albert/Granzer, Dietlinde/Behrens, Ulrike/Köller, Olaf (Hrsg.): Bildungsstandards für die Grundschule: Deutsch konkret. 3. Aufl. Berlin: Cornelsen, 139–184.

Oomen-Welke, Ingelore (1999): Sprachen in der Klasse. In: Praxis Deutsch 26, 14–23.

Oomen-Welke, Ingelore (2017): Didaktik der Sprachenvielfalt. In: Ahrenholz, Bernt/Ingelore Oomen-Welke (Hrsg.): Deutsch als Zweitsprache. 4., vollständig überarb. und erw. Aufl. Baltmannsweiler: Schneider, 479–492.

Ossner, Jakob (2008): Sprachdidaktik Deutsch. 2., überarb. Aufl. Paderborn: Schöningh.

Ott, Margarete (2017): Zweitsprachler in der Sekundarstufe. In: Ahrenholz, Bernt/Oomen-Welke, Ingelore (Hrsg.): Deutsch als Zweitsprache. 4., vollständig überarb. und erw. Aufl. Baltmannsweiler: Schneider, 251–263.

Paetsch, Jennifer (2019): Psychometrische Testverfahren. In: Jeuk, Stefan/Settinieri, Julia (Hrsg.): Sprachdiagnostik Deutsch als Zweitsprache. Berlin/Boston: De Gruyter, 525–545.

Peyer, Ann/Uhl, Benjamin (2020): Sprachreflexion – Handlungsfelder und Erwerbskontexte. In: Peyer, Ann/Uhl, Benjamin (Hrsg.): Sprachreflexion – Handlungsfelder und Erwerbskontexte. Berlin: Peter Lang, 9–31.

Peuschel, Kristina/Burkard, Anne (2019): Sprachliche Bildung und DaZ in den geistes- und gesellschaftswissenschaftlichen Fächern. Tübingen: Narr Francke Attempto.

Pompe, Anja/Spinner, Kaspar H./Ossner, Jakob (2016): Deutschdidaktik Grundschule. Eine Einführung. Köln/Berlin: Erich Schmidt.

Prediger, Susanne/Renk, Nadine/Büchter, Andreas/Gürsoy, Erkan/Benholz, Claudia (2013): Family background or language disadvantages? Factors for underachievement in high stakes tests. In: Lindmeier, Anke M./Heinze, Aiso (Hrsg.): Proceedings of the 37th Conference of the International Group for the Psychology of Mathematics Education. Vol. 4. Kiel, Germany: PME, 49–56.

Primus, Beatrice (2010): Schriftstrukturelle Grundlagen des deutschen Schriftsystems. In: Bredel, Ursula/Müller, Astrid/Hinney, Gabriele (Hrsg.): Schriftsystem und Schrifterwerb: linguistisch – didaktisch – empirisch. Tübingen: Niemeyer, 9–45.

Pütz, Martin (2004): Sprachrepertoire. In: Ammon, Ulrich; Dittmar, Norbert; Mattheier, Klaus J.; Trudgill, Peter (Hrsg.) Soziolinguistik. Ein internationales Handbuch zur Wissenschaft von Sprache und Gesellschaft. 1. Teilband. Berlin/New York: De Gruyter, 226–232.

Quehl, Thomas/Trapp, Ulrike (2013): Sprachbildung im Sachunterricht der Grundschule. Mit dem Scaffolding-Konzept unterwegs zur Bildungssprache. Münster u.a.: Waxmann.

Quehl, Thomas/Trapp, Ulrike (2015): Wege zur Bildungssprache im Sachunterricht. Sprachbildung in der Grundschule auf der Basis von Planungsrahmen. Münster/New York: Waxmann.

Raatz, Ulrich/Klein-Braley, Christine (1992): CT-D 4. Schulleistungstest Deutsch für 4. Klassen. Test und Beiheft mit Anleitung und Normentabellen. Weinheim: Beltz.

Rastner, Eva Maria (2005): Mehrsprachigkeit als Sprach- und Kulturkompetenz. Sprachliche Entdeckungsreisen im Unterrichtsfach Deutsch. In: Informationen zur Deutschdidaktik (ide) 2, 20–31.

Reich, Hans H. (2013): Durchgängige Sprachbildung. In: Gogolin, Ingrid/ Lange, Imke/Michel, Ute/Reich, Hans R. (Hrsg.): Herausforderung Bildungssprache – und wie man sie meistert. Münster u.a.: Waxmann, 55–70.

Reich, Hans H./Krumm, Hans-Jürgen (2013): Sprachbildung und Mehrsprachigkeit. Ein Curriculum zur Wahrnehmung und Bewältigung sprachlicher Vielfalt im Unterricht. Münster: Waxmann.

Reich, Hans H./Roth, Hans-Joachim (2007): HAVAS 5. Das Hamburger Verfahren zur Analyse des Sprachstands bei Fünfjahrigen. In: Reich, Hans H./ Roth, Hans-Joachim/Neumann, Ursula (Hrsg.): Sprachdiagnostik im Lernprozess. Verfahren zur Analyse von Sprachstanden im Kontext von Zweisprachigkeit. Münster: Waxmann, 71–94.

Reich, Hans H./Roth, Hans-Joachim/Döll, Marion (2009): Fast Catch Bumerang. Auswertungshinweise, Schreibimpuls und Auswertungsbogen. In: Lengyel, Drorit/Reich, Hans H./Roth, Hans-Joachim/Döll, Marion (Hrsg.): Von der Sprachdiagnose zur Sprachförderung. Münster: Waxmann, 207–241.

Rezat, Sara/Feilke, Helmuth (2018): Textsorten im Deutschunterricht. Was sollten LehrerInnen und SchülerInnen können und wissen? In: Informationen zur Deutschdidaktik (ide) 2, 24–38.

Riebling, Linda (2013): Heuristik der Bildungssprache. In: Gogolin, Ingrid/Lange, Imke/Michel, Ute/Reich, Hans H. (Hrsg.): Herausforderung Bildungssprache – und wie man sie meistert. Münster: Waxmann, 106–153.

Riehl, Claudia Maria (2013): Mehrsprachigkeit und Sprachkontakt. In: Auer, Peter (Hrsg.): Sprachwissenschaft. Grammatik – Interaktion – Kognition. Stuttgart/Weimar: J.B. Metzler, 377–404.

Riemer, Claudia (2002): Wie lernt man Sprachen? In: Quetz, Jürgen/von der Handt, Gerhard (Hrsg.): Neue Sprachen lehren und lernen. Bielefeld: Bertelsmann, 49–82.

Riemer, Claudia (2017): „Deutsch als Zweitsprache und Inklusion – Gemeinsamkeiten und Unterschiede. Ein fachpolitischer Positionierungsversuch aus der Perspektive des Fachs DaF/DaZ". In: Becker-Mrotzek, Michael/Rosenberg, Peter/Schroeder, Christoph/Witte, Annika (Hrsg.): Deutsch als Zweitsprache in der Lehrerbildung. Münster/New York: Waxmann, 171–186.

Röber, Christa (2009): Die Leistungen der Kinder beim Lesen- und Schreibenlernen. Grundlagen der Silbenanalytischen Methode. Ein Arbeitsbuch mit Übungsaufgaben. Baltmannsweiler: Schneider.

Rödel, Michael (2022): Diesseits und jenseits der Pandemie: Lehrkräfte unter Druck. In: Knopf, Julia/Mergen, Torsten/Müller, Ann-Kristin (Hrsg.): Digitalität und Deutschunterricht. Mitteilungen des Deutschen Germanistenverbandes 4/2022, 334–345.

Rohlfing, Katharina J. (2019): Frühe Sprachentwicklung. Tübingen: Narr Francke Attempto.

Rösch, Heidi (2015): Sprach(en)bewusstheit als Sprachbildungskonzept. In: Dittmann, Alina/Giblak, Beata/Witt, Monika (Hrsg.): Bildungsziel: Mehrsprachigkeit/Towards the Aim of Education: Multilingualism. Leipzig: Leipziger Universitätsverlag, 93–108.

Rösch, Heidi (2019): Heterogenität – ein Weg zu Bildungsgerechtigkeit? In: Standke, Jan/Topalović, Elvira (Hrsg.): Deutschdidaktik 2000–2018. Debatten – Entwicklungen – Perspektiven. Mitteilungen des Deutschen Germanistenverbandes 1/2019, 70–74.

Rose, David (2018): Languages of Schooling: embedding literacy learning with genre-based pedagogy. In: European Journal of Applied Linguistics 6 (1), 59–89.

Rosebrock, Cornelia/Nix, Daniel (2014): Grundlagen der Lesedidaktik und der systematischen schulischen Leseförderung. 7., überarb. und erw. Aufl. Baltmannsweiler: Schneider.

Rothstein, Björn (2011): Sprachvergleich in der Schule. Baltmannsweiler: Schneider.

Salem, Tanja/Neumann, Ursula/Michel, Ute/Dobutowitsch, Friederike (Hrsg.) (2013): Netzwerke für durchgängige Sprachbildung 1. Grundlagen und Fallbeispiele. Münster u.a.: Waxmann.

Schader, Basil (2004): Sprachenvielfalt als Chance. Das Handbuch. Hintergründe und 101 praktische Vorschläge für den Unterricht in mehrsprachigen Klassen. Troisdorf: Bildungsverlag E1NS/orell füssli Verlag. (1. Aufl. 2000).

Schmitz, Anke/Oleschko, Sven (2017): Die Bedeutung der sprachlichen Bildung im Fachunterricht. Empirische Befunde zur Rezeption und Produktion von Texten aus gesellschaftswissenschaftlichen Bezugsdisziplinen. In: Becker-Mrotzek, Michael/Rosenberg, Peter/Schroeder, Christoph/Witte, Annika (Hrsg.): Deutsch als Zweitsprache in der Lehrerbildung. Münster/New York: Waxmann, 143–154.

Schmölzer-Eibinger, Sabine/Dorner, Magdalena/Langer, Elisabeth/Helten-Pacher, Maria-Rita (2013): Sprachförderung in sprachlich heterogenen Klassen. Stuttgart: Filibach bei Klett.

Schulz, Petra/Tracy, Rosemarie (2011): Linguistische Sprachstandserhebung. Deutsch als Zweitsprache (LiSe-DaZ). Göttingen: Hogrefe.

Selinker, Larry (1969): Language Transfer. In: General Linguistics 9, 67–92.

Selinker, Larry (1972): Interlanguage. In: International Review of Applied Linguistics 10, 219–231.

Settinieri, Julia (2012): Zur Messgüte sprachstandsdiagnostischer Verfahren im Vorschulalter. Erste Ergebnisse der Korrelationsstudie Sismik/Seldak – Delfin 4. In: Ahrenholz, Bernt/Knapp, Werner (Hrsg.): Sprachstand erheben – Spracherwerb erforschen. Beiträge aus dem 6. Workshop „Kinder mit Migrationshintergrund", 2010. Freiburg i.B.: Fillibach, 35–52.

Settinieri, Julia (2017): Aus Deutsch für Ausländer wird Deutsch als Fremdsprache wird Deutsch als Zweitsprache wird Durchgängige Sprachbildung… wird Inklusion? In: Burwitz-Melzer, Eva/Königs, Frank G./Riemer, Claudia/ Schmelter, Lars (Hrsg.): Inklusion, Diversität und das Lehren und Lernen fremder Sprachen. Arbeitspapiere der 37. Frühjahrskonferenz zur Erforschung des Fremdsprachenunterrichts. Tübingen: Narr, 306–313.

Settinieri, Julia (2018): Wie wird jeder Unterricht zu Sprachunterricht? Zur Professionalisierung von Lehramtsstudierenden im Bereich der sprachlichen Bildung. In: Burwitz-Melzer, Eva/Riemer, Claudia/Schmelter, Lars (Hrsg.): Rolle und Professionalität von Fremdsprachenlehrpersonen. Arbeitspapiere der 38. Frühjahrskonferenz zur Erforschung des Fremdsprachenunterrichts. Tübingen: Narr, 186–196.

Settinieri, Julia/Jeuk, Stefan (2019): Einführung in die Sprachdiagnostik. In: Jeuk, Stefan/Settinieri, Julia (Hrsg.): Sprachdiagnostik Deutsch als Zweitsprache. Berlin/Boston: De Gruyter, 3–20.

Settinieri, Julia/Spaude, Magdalena (2014): Verbkontexte als Sprachstandsindikatoren. In: Lütke, Beate/Petersen, Inger (Hrsg.): Deutsch als Zweitsprache – erwerben, lernen und lehren. Beiträge aus dem 9. Workshop „Kinder mit Migrationshintergrund" 2013. Stuttgart: Fillibach, 157–176.

Skinner, Burrhus Frederic (1957): Verbal behavior. New York: Appleton-Century-Crofts.

Skutnabb-Kangas, Tove/Toukomaa, Pertti (1976): Teaching Migrant Children's Mother Tongue and Learning the Language of the Host Country in the Context of the Sociocultural Situation of the Migrant Family. Helsinki: The Finnish National Commission for UNESCO.

Söll, Ludwig (1985): Gesprochenes und geschriebenes Französisch. 3., überarb. Aufl. Berlin: Erich Schmidt.

Spaude, Magdalena/Settinieri, Julia (2018): Alles „Bildungssprache"? Zur Relevanz allgemeinsprachlicher Fähigkeiten für den Bildungserfolg mehrsprachiger Grundschulkinder. In: Ricart Brede, Julia/Maak, Diana/Plinska, Enisa (Hrsg.): Deutsch als Zweitsprache und Mehrsprachigkeit. Stuttgart: Klett, 37–54.

Spinner, Kaspar H. (2006): Literarisches Lernen. In: Praxis Deutsch 200, 6–16.

Spinner, Kaspar H. (2015): Elf Aspekte auf dem Prüfstand. Verbirgt sich in den elf Aspekten literarischen Lernens eine Systematik? In: Leseräume 2, 188–194.

Spitta, Gudrun Uta (1999): Aufsatzbeurteilung heute: Der Wechsel vom Defizitblick zur Könnensperspektive (II). In: Grundschulunterricht 4, 22–25.

Stahns, Ruven (2016): Bildungssprachliche Merkmale von Texten und Items. Zur Operationalisierung des Konstrukts „Bildungssprache". In: Didaktik Deutsch 21/41, 44–55.

Stegkemper, Jan Markus (2018): Schüler*innen mit geistiger Behinderung als Verlierer eines bildungssprachlich orientierten Unterrichts!? Überlegungen zu einem erweiterten Verständnis bildungssprachlicher Handlungen. In: Caruso, Celestine/Hofmann, Judith/Rohde, Andreas/Schick, Kim (Hrsg.): Sprache im Unterricht. Ansätze, Konzepte, Methoden. Trier: wvt, 373–386.

Steinbrenner, Marcus (2017): „Die Sprachlichkeit des Menschen als Bildungsaufgabe in der Zeit" – und als Denkrahmen für die Deutschdidaktik. In: Bräuer, Christoph (Hrsg.): Denkrahmen der Deutschdidaktik. Die Identität der Disziplin in der Diskussion. Frankfurt a.M.: Lang, 95–126.

Steinbrenner, Marcus (2018): Sprachliche Bildung, Bildungssprache und Sprachlichkeit der Literatur. In: Leseräume 4, 8–21.

Steinbrenner, Marcus/Wiprächtiger-Geppert, Maja (2010): Verstehen und Nicht-Verstehen im Gespräch. Das Heidelberger Modell des Literarischen Unterrichtsgesprächs. In: leseforum.ch 3, 1–14.

Steinig, Wolfgang/Huneke, Hans-Werner (2011): Sprachdidaktik Deutsch. Eine Einführung. Berlin: Erich Schmidt.

Szagun, Gisela (2013): Sprachentwicklung beim Kind. Ein Lehrbuch. 5., aktual. Aufl. Weinheim/Basel: Beltz.

Tajmel, Tanja (2010a): DaZ-Förderung im naturwissenschaftlichen Fachunterricht. In: Ahrenholz, Bernt (Hrsg.): Fachunterricht und Deutsch als Zweitsprache. Tübingen: Narr, 167–184.

Tajmel, Tanja (2010b): Physikunterricht als Lernumgebung für Sprachlernen. In: Knapp, Werner/Rösch, Heidi (Hrsg.): Sprachliche Lernumgebungen gestalten. Freiburg i.B.: Fillibach, 139–154.

Tajmel, Tanja (2011): Sprachliche Lernziele des naturwissenschaftlichen Unterrichts. URL: https://www.schulentwicklung.nrw.de/cms/upload/sprachsensibler_FU/Sprachliche_Lernziele_NAWI_Tajmel.pdf (11.05.2020).

Tajmel, Tanja (2013): Möglichkeiten der sprachlichen Sensibilisierung von Lehrkräften naturwissenschaftlicher Fächer. In: Röhner, Charlotte/Hövelbrinks, Britta (Hrsg.): Fachbezogene Sprachförderung in Deutsch als Zweitsprache. Theoretische Konzepte und empirische Befunde zum Erwerb bildungssprachlicher Kompetenzen. Weinheim/Basel: Beltz Juventa, 198–211.

Tajmel, Tanja (2017): Die Bedeutung von ‚Alltagssprache' – eine physik-didaktische Betrachtung. In: Lütke, Beate/Petersen, Inger/Tajmel, Tanja (Hrsg.): Fachintegrierte Sprachbildung. Forschung, Theoriebildung und Konzepte für die Unterrichtspraxis. Berlin/Boston: De Gruyter, 253–267.

Tajmel, Tanja/Hägi-Mead, Sara (2017): Sprachbewusste Unterrichtsplanung. Prinzipien, Methoden und Beispiele für die Umsetzung. Münster/New York: Waxmann.

Thürmann, Eike/Vollmer, Helmut Johannes (2013): Schulsprache und Sprachsensibler Fachunterricht: Eine Checkliste mit Erläuterungen. In: Röhner, Charlotte/Hövelbrinks, Britta (Hrsg.): Fachbezogene Sprachförderung in Deutsch als Zweitsprache. Weinheim: Beltz, 212–230.

Tomasello, Michael (1999): The Cultural Origins of Human Cognition. Cambridge: Harvard University Press.

Tomasello, Michael (2003): Constructing a Language. A Usage-Based Theory of Language Acquisition. Cambridge: Harvard University Press.

Topalović, Elvira (2019): Transferprozesse bei mehrsprachigen Literacy-Erfahrungen. In: Rohde, Andreas/Steinlen, Anja K. (Hrsg.): Sprachenvielfalt als Ressource begreifen. Mehrsprachigkeit in bilingualen Kindertagesstätten und Schulen. Band 2. Berlin: Dohrmann, 194–204.

Topalović, Elvira (2020): Digitales Lesen. Empirische Evidenzen für den Deutschunterricht. In: Topalović, Elvira (Hrsg.): Digitales Lesen. Der Deutschunterricht 4/2020. Hannover: Friedrich, 49–57

Topalović, Elvira/Drepper, Laura (2019): Nähe-Distanz als multimodaler Strukturierungsraum: Empirische Daten zum vorschulischen Schriftspracherwerb. In: Tophinke, Doris/Topalović, Elvira/Rohlfing, Katharina (Hrsg.): Sprachstrukturelle Modelle. Konvergenzen theoretischer und empirischer Forschung. Mitteilungen des Deutschen Germanistenverbandes 4/2019, 327–336.

Topalović, Elvira/Drepper, Laura/Fröhlich, Nadine (2018): Digitale Bildung als Querschnittsaufgabe. Der Beitrag des Fachs Deutsch zwischen Sprache, Literatur und Medien. In: Beste, Gisela/Plien, Christian/Anselm, Sabine (Hrsg.): Medienbildung trifft Deutschunterricht. Mitteilungen des Deutschen Germanistenverbandes 3/2018, 317–325.

Topalović, Elvira/Michalak, Magdalena (2012): Sprachreflexion und Grammatik zwischen DaM und DaZ. In: Michalak, Magdalena/Kuchenreuther, Michaela (Hrsg.): Grundlagen der Sprachdidaktik Deutsch als Zweitsprache. Baltmannsweiler: Schneider, 226–250.

Topalović, Elvira/Uhl, Benjamin (2014): Linguistik des literarischen Erzählens. In: Zeitschrift für germanistische Linguistik (ZGL) 42/14, 26–49.

Topalović, Elvira/Uhl, Benjamin (Hrsg.) (2017): Deutsch lernen: Hören – Sprechen – Lesen – Schreiben. Band 1: Basale Sprachfähigkeiten. DaM – DaZ – DaF. Paderborn: Schöningh bei Westermann.

Tophinke, Doris (2002): Lebensgeschichte und Sprache. Zum Konzept der Sprachbiografie aus linguistischer Sicht. In: Bulletin suisse de linguistique appliquée 76, 1–14.

Tophinke, Doris (2016): Sprachgeschichtsforschung im Horizont von Nähe und Distanz. In: Feilke, Helmuth/Hennig, Mathilde (Hrsg.): Zur Karriere von ›Nähe und Distanz‹. Rezeption und Diskussion des Koch-Oesterreicher-Modells. Berlin/Boston: De Gruyter, 299–331.

Tracy, Rosemarie (2007): Linguistische Grundlagen der Sprachförderung: Wieviel Theorie braucht (und verlangt) die Praxis? In: Ahrenholz, Bernt (Hrsg.): Deutsch als Zweitsprache. Voraussetzungen und Konzepte für die Förderung von Kindern und Jugendlichen mit Migrationshintergrund. Baltmannsweiler: Schneider, 17–29.

Tracy, Rosemarie (2011): Konstruktion, Dekonstruktion und Rekonstruktion: Minimalistische und (trotzdem) konstruktivistische Überlegungen zum Spracherwerb. In: Engelberg, Stefan/ Holler, Anke/Proost, Kristel (Hrsg.): Sprachliches Wissen zwischen Lexikon und Grammatik. Berlin/Boston: De Gruyter, 397–428.

Tracy, Rosemarie (2014): Mehrsprachigkeit: Vom Störfall zum Glücksfall. In: Krifka, Manfred/ Blaszczak, Joanna/Leßmöllmann, Annette/Meinungen, André /Stiebels, Barbara/Tracy, Rosemarie/Tuckenbrodt, Hubert (Hrsg.): Das mehrsprachige Klassenzimmer. Über die Muttersprachen unserer Schüler. Berlin: Springer VS, 13–33.

Tracy, Rosemarie/Gawlitzek, Ira (i.V.): Mehrsprachigkeit, Spracherwerb (= LinguS 10). Tübingen: Narr Francke Attempto.

Uhl, Benjamin (2019): Topologie und sprachliches Lernen – vier Argumente für das grammatikdidaktische Potenzial des Stellungsfeldermodells. In: Tophinke, Doris/Topalović, Elvira/ Rohlfing, Katharina (Hrsg.): Sprachstrukturelle Modelle. Konvergenzen theoretischer und empirischer Forschung. Mitteilungen des Deutschen Germanistenverbandes 4/2019, 360–368.

Ulich, Michaela/Mayr, Toni (2003): Sismik. Sprachverhalten und Interesse an Sprache bei Migrantenkindern in Kindertageseinrichtungen (Beobachtungsbogen und Begleitheft). Freiburg: Herder.

Ulich, Michaela/Mayr, Toni (2006): Seldak. Sprachentwicklung und Literacy bei deutschsprachig aufwachsenden Kindern (Beobachtungsbogen und Begleitheft). Freiburg: Herder.

Vollmer, Helmut Johannes (2011): Schulsprachliche Kompetenzen: Zentrale Diskursfunktionen. URL: https://www.home.uni-osnabrueck.de/hvollmer/VollmerDF-Kurzdefinitionen.pdf (11.5.2021).

Vollmer, Helmut Johannes/Thürmann, Eike (2013): Sprachbildung und Bildungssprache als Aufgabe aller Fächer der Regelschule. In: Becker-Mrotzek, Michael/Schramm, Karen/Thürmann, Eike/Vollmer, Helmut Johannes (Hrsg.): Sprache im Fach. Sprachlichkeit und fachliches Lernen. Münster: Waxmann, 41–57.

VGGF 2019 = Verzeichnis grundlegender grammatischer Fachausdrücke. URL: https://grammis.ids-mannheim.de/vggf (11.06.2021).

Vygotskij, Lew Semjonowitsch (2002): Denken und Sprechen. Psychologische Untersuchungen. Weinheim/Basel: Beltz. (1. Auflage 1934)

Wandruszka, Mario (1979): Die Mehrsprachigkeit des Menschen. München: Piper.

Wei, Li/Lin, Angel M.Y. (2019): Translanguaging classroom discourse: pushing limits, breaking boundaries. In: Wei, Li/Lin, Angel M.Y. (Hrsg.): Translanguaging Classroom Discourse. Classroom Discourse 10/3–4, 209–215.

Weidenmann, Bernd (2002): Multicodierung und Multimodalität im Lernprozess. In: Issing, Ludwig/Klimsa, Paul (Hrsg.): Information und Lernen mit Multimedia und Internet. Weinheim: Beltz, 45–62.

Wenzel, Ramona/Schulz, Petra/Tracy, Rosemarie (2009): Herausforderungen und Potenzial der Sprachstandsdiagnostik – Überlegungen am Beispiel von LiSe-DaZ. In: Lengyel, Drorit/ Reich, Hans H./Roth, Hans-Joachim/Döll, Marion (Hrsg.): Von der Sprachdiagnose zur Sprachforderung. Münster: Waxmann, 45–70.

Wildemann, Anja/Krzyzek, Sebastian/Andronie, Melina/Bien-Miller, Lena (2020): Explizite Sprachenthematisierung im Deutschunterricht der Primarstufe – zum sprachreflexiven mehrsprachigen Handeln von Lehrkräften mit und ohne Fortbildung: In: Peyer, Ann/Uhl, Benjamin (Hrsg.): Sprachreflexion – Handlungsfelder und Erwerbskontexte. Frankfurt a.M.: Peter Lang, 109–136.

Wieler, Petra (2018): Sprachlich-ästhetische Literaturerfahrung als Beitrag zur Identitäts- und Sprachentwicklung jüngerer Kinder. In: Leseräume 4, 35–48.

Wiese, Heike (2012): Kiezdeutsch. Ein neuer Dialekt entsteht. 2., durchges. Aufl. München: C.H. Beck.

Wildenauer-Jósza, Doris (2005): Sprachvergleich als Lernerstrategie. Eine Interviewstudie mit erwachsenen Deutschlernenden. Freiburg i.B.: Fillibach.

Wöllstein, Angelika (2014): Topologisches Satzmodell. 2. Aufl. Heidelberg: Winter.

Wood, David/Bruner, Jerome S./Ross, Gail (1976): The Role of Tutoring in Problem Solving. In: The Journal of Child Psychology and Psychiatry 17, 89–100.

DEMON SLAYER

KIMETSU NO YAIBA

DER WIND WEIST DEN WEG

manga 漫画 cult

Koyoharu Gotouge
Aya Yajima

Die Charaktere

Tanjiro Kamado

Ein lieber Junge, der seine Schwester retten und seine getötete Familie rächen will. Er kann die Schwachstellen von Dämonen und anderen Feinden am Geruch erkennen.

Nezuko Kamado

Tanjiros jüngere Schwester wurde von einem Dämon angefallen und selbst zu einem Dämon gemacht.

Zenitsu Agatsuma

Er ist im gleichen Alter wie Tanjiro. Im Wachzustand ist er feige und weinerlich. Erst im Schlaf entfaltet er seine wahre Kraft.

Inosuke Hashibira

Auch er ist in Tanjiros Alter. Er umhüllt sich mit einem Wildschweinfell und ist sehr kampflustig.

Dieser Demon Slayer benutzt die Windatmung.
Er hat Sanemi einem Ausbilder vorgestellt.

Innerhalb der Demon-Slayer-Truppe ist er die Säule des Windes. Mit seinem kleinen Bruder Genya ist er sehr streng.

Shinobus »Tsuguko« ist sehr wortkarg und tut sich schwer, selbstständig Entscheidungen zu treffen.

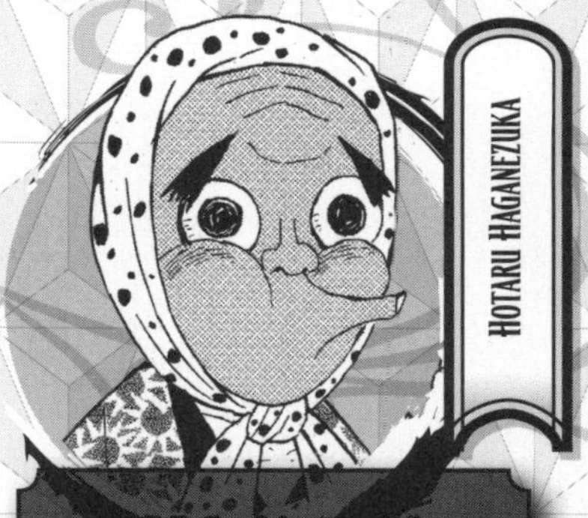

Der für Tanjiros Schwert zuständige Schwertschmied. Wegen seines ausgeprägten Handwerkerstolzes wird er schnell wütend, wenn seine Produkte nicht wertgeschätzt werden.

Säule des Nebels. Er ist ein Nachfahre von Benutzern der Sonnenatmung, der ersten Atemtechnik.

Junge im Dorf der Schwertschmiede. Er hilft Tanjiro beim Training mit der von seinen Vorfahren erbauten Puppe Yori-ichi Typ 0.

INHALT

DEMON SLAYER
KIMETSU NO YAIBA

DER WIND WEIST DEN WEG

KAPITEL 1

Der Wind weist den Weg

»He, alles in Ordnung? Ich hab den Dämon schon geköpft, du kannst aufatmen. Oh, dein linker Arm blutet ja heftig. Hier, drück das auf die Wunde«, sagte der Junge. Er hielt sein Schwert noch in der Hand und warf Sanemi mit der anderen Hand ein sauberes Tuch zu. Der Junge schien ein bis zwei Jahre älter als er selbst zu sein und trug eine schwarze Uniform mit Stehkragen.

»Und wenn ein Dämon geköpft wird, stirbt er?«

Der Junge reagierte verblüfft: »Nicht mal das weißt du und jagst trotzdem Dämonen? Es ist ein Wunder, dass du noch lebst.« Dann wischte er mit einem Papiertaschentuch das Blut von seinem Schwert, steckte es zurück in die Scheide und ließ sich neben Sanemi nieder.

»Die Blutung ist wohl zu stark. Da verbinden wir deinen Arm besser ganz fest. Später musst du ihn richtig behandeln lassen.«

Der Junge holte Verbandsmaterial aus seiner Tasche und bat Sanemi, seinen Arm vorzustrecken. Während er diesen geschickt verband, fragte er: »Du bist wohl dieser Junge, der wie verrückt Dämonen jagt, obwohl er kein Demon Slayer ist? Warum machst du das?«

Der Junge sah Sanemi mit einem stechenden Blick direkt in die Augen. Sanemi wich diesem Blick aus und murmelte: »Ich will diese schrecklichen Biester alle umbringen.«

»Ach so«, erwiderte der Junge. Er ignorierte Sanemis finsteren Hass und fügte arglos hinzu: »Aber wenn du so weitermachst, stirbst du noch irgendwann. Mit deiner Art zu kämpfen kannst du nicht alle Dämonen töten.«

»Was?« Sanemi sah den Jungen scharf an.

Der Junge stand auf und streckte Sanemi die rechte Hand hin. »Ich werde dich einem Lehrmeister vorstellen. Wenn du alle Dämonen umbringen willst, musst du stärker werden.« Sein Lächeln strahlte so sehr, dass Sanemi ganz verdutzt war.

So lernte Sanemi den Demon Slayer Masachika Kumeno kennen.

»Sanemi! Hast du dich wieder verletzt?«

»Halt die Klappe.«

Masachika hatte vor Sanemis Haus gewartet, bis dieser von einer Mission zurückkommen würde. Als er dessen verwundete Schulter sah, war er zunächst erstaunt, doch dann blickte er Sanemi finster an.

»Was machst du denn hier?« Sanemi konnte seinen Ärger nicht verbergen.

»Ich komme auch gerade von einer Mission zurück. Meine Verbindungskrähe sagte, dass du gleich hier seist, deswegen dachte ich, wir könnten zusammen was essen. Aber du hast dich beim Kämpfen anscheinend wieder auf dein Marechi* verlassen, was? Ich hab dir doch gesagt, du sollst dich nicht immer verletzen lassen!«

»Das kann dir doch egal sein, Mann«, schnaubte Sanemi gereizt und kämmte sein Stirnhaar nach hinten. Da kam er nun völlig abgekämpft nach Hause und wollte so schnell wie möglich schlafen gehen, stattdessen traf er wieder diese Nervensäge. Sanemi war angewidert.

Jedes Mal das Gleiche, als würde er mir auflauern! Was ist los mit dem Kerl?

»Wir gehen jetzt zum Schmetterlingsanwesen.«

»Hä?«

»Lass dich richtig behandeln und dir von Frau Kocho den Kopf waschen!«

»Mach keine blöden Witze!« Sanemi sah Masachika aus nächster Nähe ins Gesicht. Die Kakushi**, die anderen

* *»seltenes Blut«*

** *Aufräumarbeiter*

Demon Slayer, und selbst die älteren Kämpfer hatten Angst vor Sanemis grimmiger Miene, doch auf Masachika hatte diese keinerlei Wirkung.

»Ich mache keine Witze. Ich meine das absolut ernst!«

»Ich hab dir schon mal gesagt, meine Verletzung kann dir egal sein, Kumeno!«

»Wie könnte sie mir egal sein? Ich bin dein älterer Mitschüler, schließlich hab ich dich dem Lehrmeister vorgestellt, der auch mein Lehrmeister ist, Sanemi!«

»Sprich mich nicht so ungezwungen bei meinem Vornamen an! Sanemi, Sanemi … Das nervt!«

»Nenn du mich doch auch Masachika, statt bei meinem Nachnamen! Dann sind wir quitt, ja? Ma-sa-chi-ka … Probier mal, das auszusprechen!«

»Darum geht's nicht!«

Gereizt und grob versuchte Sanemi, Masachika abzuschütteln, doch dieser hatte Sanemis Arm fest im Griff. Am Ende kämpften sie sogar miteinander, doch Sanemi hatte so viel Blut verloren, dass er während der Rauferei bewusstlos wurde, bis er sich auf einem Bett im Schmetterlingsanwesen wiederfand.

»Du hast dich also wieder verletzt!«

»Lassen Sie mich in Ruhe.«

Im Behandlungsraum stand Kanae Kocho bei ihm und sah ihn besorgt an. »Deine Verletzung vom letzten Mal ist noch nicht mal ganz verheilt, aber du hast schon den Verband abgerissen. So wird die Wunde eitrig! Und selbst dein Gesicht ist so sehr angeschwollen, dass du schon ganz komisch aussiehst.«

Mit diesen Worten nahm Kanae ein Wunddesinfektionsmittel zur Hand, und Sanemi wandte sich mit einem verächtlichen Laut ab. »Das war kein Dämon, sondern dieser Kotzbrocken Kumeno.«

Kanae seufzte. »Du darfst Kumeno nicht immer so viele Sorgen bereiten!«

»Hä? Ist doch seine Sache, wenn er sich Sorgen macht! Wer ist der Kerl überhaupt?«

Sanemi wurde allmählich immer lauter und beklagte sich bitter darüber, dass Masachika ihn ermahnte, sich nicht zu verletzen, nicht so draufgängerisch zu kämpfen und andere nicht so mürrisch anzuschauen, sondern sich mit ihnen gut zu vertragen. Auch nervten ihn Masachikas Fragen, ob er auch gut esse und ordentlich bade … »Älterer Mitschüler hin oder her, der Kerl geht mir so was von auf den Sack!«

Sanemi schnalzte wütend mit der Zunge, doch Kanae drückte sanft seine beiden Hände.

»Sei nicht immer so schlecht gelaunt! Vertrag dich mit den anderen, hörst du?«

Ihr warmes Lächeln so nah an seinem Gesicht war so entwaffnend, dass Sanemi keine Widerworte mehr gab. Als er zur Seite sah, begann Kanae, fingerfertig seine neue Wunde zu verarzten. Sanemi spürte deutlich, wie sie mit ihren zarten Händen und ihrer Geschicklichkeit bemüht war, die Wunde nicht zu stark zu berühren oder ihm Schmerzen zu bereiten.

So warm …

Verträumt dachte er an die Hände seiner verstorbenen Mutter, die genauso warm gewesen waren, da riss ihn Kanae aus seinen Gedanken. »Kumeno macht sich Sorgen um dich.« Kanae nähte die desinfizierte Wunde zu und fuhr mit sanfter Stimme fort: »Weil du zu nett bist.«

»Was?«

Mit einem Mal war Sanemi wieder zurück in der Realität und musste auf Kanaes Worte hin lachen. »Ich soll nett sein? Ich bin überhaupt nicht nett. Kumeno ist nett, der Schwachkopf ist so beschissen naiv und gutmütig!«

Auf Sanemis kalte, beleidigende Worte hin zuckte Kanae unwillkürlich zusammen und sah Sanemi an. Sie schien etwas sagen zu wollen, doch dann schwieg sie doch lieber. Sie legte Gaze auf die genähte Wunde und verband sie sorgfältig.

Den ordentlich eingerichteten Behandlungsraum durchdrang der strenge Geruch des Desinfektionsmittels, doch in diesen mischte sich auch leicht der Duft von Blauregen.

Als Sanemi den Behandlungsraum verließ, sah er im Gang Masachika stehen und mit einem Mitglied der Demon Slayer sprechen.

Hat der Kerl etwa auf mich gewartet?

Masachikas Hartnäckigkeit ließ Sanemi fast schwindlig werden. *Was muss ich noch tun, bis er merkt, wie nervtötend er ist?*, fragte sich Sanemi fast schon ernsthaft.

Masachikas Gesprächspartner war eine zierliche junge Frau mit ebenmäßigem Gesicht und einem schmückenden Schmetterling im Haar. Es war Kanaes jüngere Schwester Shinobu Kocho. Zwei Schwestern als Demon Slayer, das war eine Seltenheit.

Sanemi hatte gehört, dass die beiden Demon Slayer geworden waren, nachdem ihre Eltern vor ihren Augen von einem Dämon getötet und sie selbst von der Säule der Felsen gerettet worden waren. Aber er konnte Kanae nicht verstehen.

Egal, welche Gefühle sie hegen mochte, für Sanemi wäre es undenkbar gewesen, seine jüngeren Geschwister ebenfalls Demon Slayer werden zu lassen. Wenn sein kleiner Bruder Genya sagen würde, dass er in die Demon-Slayer-Truppe eintreten wolle, würde er dies niemals zulassen. Er würde ihn unter allen Umständen daran hindern, selbst wenn er ihn dafür halb totschlagen müsste. Es reichte schon, dass Sanemi selbst diesen blutigen Weg gewählt hatte.

»Die Säule der Felsen hat laut Shakuhachi-Flöte gespielt und damit die Nachbarin so sehr gestört, dass die alte Dame mit dem Besen auf ihn losging und durch die Straßen jagte«, sagte Masachika, und Shinobu Kocho prustete los, fing sich aber sofort wieder, räusperte sich und sagte mit ernstem Gesicht: »Ach, das ist Himejimas Hobby.«

»Das ist erstaunlich, nicht wahr? Ach ja, und die Säule der Felsen liebt Katzen über alles. Wenn die Katzen aus der Umgebung sein Gesicht sehen, dann …«

Worüber reden die da? Nicht, dass Demon Slayer nach einer Mission immer todernst und angespannt miteinander sprechen müssen, aber ist das Geplauder da nicht ein bisschen albern?

Sanemi wurde wieder gereizt.

»Oh, Sanemi! Behandlung beendet?« Masachika hob grüßend den Arm.

»Also, ich muss jetzt etwas mit Kanae besprechen.« Shinobu verneigte sich leicht vor Sanemi und ging in Richtung Behandlungsraum. Wie um Sanemi zu foppen, rückte Masachika an seinen jüngeren Mitschüler heran: »Verletz dich nicht immer, klar? Du bereitest allen Sorgen! Nanu? Dein Gesicht ist ja ganz rot, ist irgendwas?«

»Halt's Maul.«

Masachika grinste über das ganze Gesicht, und Sanemi rempelte ihn beim Weggehen absichtlich mit der Schulter an. Masachika zeigte keine Anzeichen von Verärgerung, sondern folgte ihm mit den Worten: »Warte doch!«

Seine Unbekümmertheit machte Sanemi noch gereizter.

»Ich habe gerade mit Shinobu über die Säule der Felsen gesprochen. Die Säulen sind wirklich bewundernswert. So stark und verlässlich!«

Masachika ging direkt hinter Sanemi und fuhr in schwärmerischem Ton fort: »Die Säulen sind so toll!«

Aber da Sanemi leider nur den Teil der Unterhaltung gehört hatte, der Himejimas Liebe zu Katzen und sein Flötenspiel betraf, schnaubte er innerlich verächtlich und dachte: *Was ist so toll an dem?*

»Ich will später auch eine Säule werden. Du doch auch, Sanemi?«

Weil Masachika ihm so hartnäckig folgte und schon wieder mit Fragen bedrängte, beschloss Sanemi, ihn zu ignorieren.

»Dann lass uns wetten, wer von uns als Erster Säule wird!«

Masachika ging also davon aus, dass Sanemis auch Säule werden wollte, ohne aus dessen Mund eine Bestätigung dafür gehört zu haben.

»Hm, mal sehen … Wie wär's, wenn der, der als Zweiter Säule wird, den anderen zum Essen einladen muss? Aber nicht einfach nur zu Soba-Nudeln, lieber zum Rindfleisch-Eintopf! Weicher, in Soße getränkter Tofu schmeckt lecker zu Rindfleisch!«

Sanemi konnte es nicht mehr ertragen und seufzte genervt. »Kein Interesse.«

Masachika schaute ihn perplex an, und sein Gesicht reizte Sanemi noch mehr. *Tsk! Der Kerl ist und bleibt eine Nervensäge. Wieso setzt einer wie der im Kampf gegen Dämonen sein Leben aufs Spiel? Einen echten Hass auf Dämonen kann der nicht haben.* Mit diesen Gedanken steigerte sich Sanemi mehr und mehr in seinen Ärger hinein.

»Wieso? Willst du keine Säule werden? Als Säule ist man bestimmt auch total beliebt bei den Mädchen!«

»Das interessiert mich noch weniger.«

»Du willst nicht beliebt bei den Mädchen sein? Bist du nicht ganz richtig im Kopf?«

»Halt's Maul.«

Vor lauter Wut blieb Sanemi nun stehen und drehte sich um. Alles an Masachika trieb ihn zur Weißglut.

»Was willst du eigentlich? Du gehst mir schon die ganze Zeit auf den Sack!«

Sanemi starrte Masachika finster an. Dieser blieb nun ebenfalls stehen und sah ihn aus irgendeinem Grund mitleidig an.

»Hör zu, Sanemi. Du darfst die Hoffnung nicht aufgeben! Auch wenn du bisher kein Glück hattest, irgendwann wird die Richtige erscheinen und die guten Seiten an dir erkennen. Also wirf die Flinte nicht leichtfertig ins Korn, ja?«

»Hä?«

»Kopf hoch!«

Als Masachika mit selbstgefälliger Miene die Hände auf Sanemis Schultern legte, glaubte dieser, vor Wut fast zu sterben. Brüsk schüttelte er die störenden Hände ab.

»Was redest du da für oberflächliches Zeug? Unsere Arbeit ist es, gegen Dämonen zu kämpfen, oder?«

Masachika schüttelte den Kopf. »Nein, nein! Das Leben zu genießen ist auch wichtig! Als Demon Slayer steht man immer mit einem Bein im Grab. Aber viele Mitglieder der Truppe haben Liebhaberinnen, und einige sind verheiratet. Die Säule der Klänge hat drei wunderschöne Ehefrauen! Hörst du? Drei Frauen! Das sind ganz schön viele, mir würde schon eine reichen. Wenn es eine gibt, die mich liebt und ...«

»Ich will nur so viele Dämonen töten wie möglich«, fuhr Sanemi barsch dazwischen. »Das Leben ist nicht zum Spaß haben da.«

Seit Sanemi seine eigene Mutter getötet hatte, weil sie zum Dämon geworden war, hatte er jeden Wunsch nach einem normalen Menschenleben aufgegeben. Alles, was ihn am Leben hielt, waren Hass und Feindschaft gegenüber den Dämonen. Abgesehen davon wünschte er nur seinem kleinen Bruder Genya, dass er eine geliebte Frau heiraten, viele Kinder mit ihr haben und ein glückliches Leben führen möge. Um dieses Glück zu verteidigen, würde Sanemi alles tun. Alle Dämonen, die das Glück seines Bruders bedrohten, würde er niedermetzeln. Selbst wenn von seinem Körper nur noch der Kopf übrig bliebe, würde er Dämonen die Kehle durchbeißen. Alles andere war ihm nicht mehr wichtig.

»Kapiert? Also hau ab und lass mich in Ruhe!«

Masachika stand für eine Weile schweigsam da und schien nur seine eigene Nasenspitze zu betrachten, dann sagte er schließlich folgsam: »Ist gut. Ich habe verstanden.«

Er hat's also endlich kapiert, dachte Sanemi und schnaubte verächtlich. Doch dann packte Masachika Sanemi fest am Handgelenk.

»Was soll das? Lass meine Hand ...«

»Wir gehen jetzt Ohagi* essen!«

»Wie bitte, was?«

»Ich lade dich ein, also iss so viele Ohagi, wie du willst! Einen ganzen Berg kannst du essen! Dann wirst du sicher glücklich! Na, was sagst du?«

»Du hast mich ja doch nicht verstanden! Überhaupt nicht! Du Vollidiot!«

* *süße Reiskuchen*

»Na gut, dann trinken wir auch Matcha dazu.«

»Ich will keinen Matcha! Und überhaupt, wie kommst du darauf, dass ich Ohagi essen will?«

»Ich hab mal gesehen, wie du Ohagi gegessen hast. Die magst du doch! Du hast friedlich geschaut wie selten sonst, daher dachte ich, du isst Ohagi sicher sehr gerne.«

»Spionier mir nicht hinterher! Du bist ja abartig«, schimpfte Sanemi, als sein bärenstarker Senior ihn packte und mitschleifte. Dann murmelte Masachika: »Ich weiß, ich weiß.« Seine Stimme klang dabei erschreckend zart, sensibel, ja geradezu schwächlich und passte gar nicht zu diesem jungen Mann. Und so gab Sanemi unwillkürlich jeden Widerstand auf. Masachika nahm seine Hände von Sanemi und blieb stehen. »So tief sind deine Wunden. Und trotzdem ...«, sagte Sanemis älterer Mitschüler. Sein Rücken, auf dem das Schriftzeichen für »Vernichtung« prangte, zitterte leicht.

»Ich will einfach nicht, dass du dein eigenes Leben aufgibst!«

Sanemi schwieg. Nach einer Weile drehte Masachika sich lächelnd um, doch Sanemi schien es, als würde sein Senior hinter dem Lächeln weinen.

»Ich habe einen neuen Befehl bekommen, Sanemi, und weißt du was? Es ist eine gemeinsame Mission!«

»Wir zu zweit? Das ist selten!«

»Na ja, wenn man im Rang aufsteigt, muss man sich auch um die Nachwuchskämpfer kümmern, und so kommen wir kaum noch dazu, zusammen zu kämpfen.«

In dem Dojo, das für das Training der Demon Slayer gemietet worden war, traf Sanemi seit längerer Zeit mal wieder Masachika, der wie immer fröhlich lächelte. Seit ihrer ersten Begegnung war viel Zeit ins Land gegangen, und nun hatten beide den Rang Kinoe erreicht. Sanemi nannte seinen aufdringlichen älteren Mitschüler nun Masachika statt Kumeno, und als er ihn bei seinem Familiennamen ansprach, ließ dieser vor Schreck sein Übungsschwert aus Holz fallen, obwohl ihm die Anrede sonst egal war. Dann lächelte er erfreut. Als sie sich so in der Mitte des Dojo im Schneidersitz gegenübersaßen, fühlten sie sich in die Zeit von damals versetzt. Der Geruch des in die Dielen des Dojo-Fußbodens eingedrungenen Schweißes weckte Erinnerungen.

»Es soll eine ziemlich schwierige Mission sein.«

»Ha! Deswegen wurde sie wohl uns zugeteilt«, sagte Sanemi lachend. »Und worum geht es?«

»Wir müssen in eine Stadt, die allerdings ziemlich weit weg ist …«

In der Nähe eines leer stehenden Hauses, das in den Außenbezirken der Stadt lag, verschwanden offenbar Menschen.

»Gibt es gemeinsame Merkmale der Vermissten?«, fragte Sanemi und führte seine Hand zum Kinn.

»Es sind alles Kinder.«

Masachikas Antwort ließ Sanemis kurz an seine kleinen Geschwister denken, doch die Erinnerung verschwand sofort wieder. Sanemi sah Masachikas besorgten Blick, als wollte er fragen, ob alles in Ordnung sei. Außer diesem Freund hatte er nie jemandem von seiner Mutter und seinen Geschwistern erzählt. Doch Sanemi sagte nichts zu dem Thema, sondern fragte weiter: »Weiß man, ob es eher Jungen oder Mädchen sind, die verschwinden?«

»Nein.« Dann verhärtete sich Masachikas Stimme. »Bevor wir den Befehl bekamen, waren schon etliche andere Truppenmitglieder in dieser Mission losgeschickt worden, aber außer dreien sind alle verschollen.«

»Und es ist nicht bekannt, ob sie noch am Leben sind?«

»Genau.«

»Und die anderen drei, die nicht verschollen sind? Sind die tot?«

»Nein, sie sind ganz normal lebend zurückgekehrt.«

»Was?«

»Sie berichteten, es sei niemand in dem Haus gewesen. Keine Kinder, keine Demon Slayer, und Dämonen schon gar nicht.«

»Was hat das zu bedeuten?«

Die Geschichte klang nach einem Fuchs, der Menschen raubte, und Sanemi raufte sich das helle Haar.

»Gibt es irgendwas, worin sich die Verschollenen von den anderen unterscheiden?«

»Leider haben wir da gar keine Erkenntnisse. Außerdem: Wenn wir auch scheitern, werden Säulen hingeschickt.«

»Das will was heißen«, sagte Sanemi mit sarkastischem Unterton. Die Säulen trugen, ganz wie dieser Titel suggeriert, gewissermaßen die Gesamtheit der Demon Slayer auf ihren Schultern, und rückten erst bei sehr schweren Fällen aus. Wenn selbst zwei Kämpfer vom Rang Kinoe nichts ausrichten konnten, waren die Säulen wohl gezwungen, den Fall selbst zu übernehmen. Aber das wollte Sanemi verhindern. Er wollte den Säulen keine Umstände machen. Was für ein Dämon es auch sei, Sanemi würde ihn eigenhändig zerschmettern.

»Also, gehen wir, Masachika!« Sanemi erhob sich ohne Hast. »Seit Langem mal wieder eine gemeinsame Mission!«

Masachika nickte und stand ebenfalls auf. Sanemi sah zu, wie sein Freund sich reckte und streckte und einen sehnsuchtsvollen Blick an die Decke des mangels Zeit lange nicht mehr besuchten Dojo warf. Dann schloss er halb die Augenlider und sagte: »Schade, ich hätte gerne mal wieder mit dir geübt.«

»Das können wir ja nachholen, wenn wir von der Mission zurückkommen.«

»Wir hatten insgesamt 207 Kämpfe. 159 davon habe ich gewonnen, 42 verloren, und sechs gingen unentschieden aus. Ich bin also mit großem Abstand Sieger.«

»Idiot. Es ist genau umgekehrt.«

Masachika hatte das Sieg-Niederlage-Verhältnis dreist falsch herum dargestellt, aber Sanemi ließ es bei einer kurzen Beschimpfung bewenden, dann machten sie sich auf zu der Stadt mit dem besagten Anwesen.

Unterwegs fing Masachika an zu nörgeln: »Du bist in letzter Zeit so schroff. Und du bist mittlerweile größer als ich.«

»Wenn das so weitergeht, werde ich vor dir Säule.«

»Mist. Nein, ich werde vor dir Säule, und du musst mich zum Rindereintopf einladen! Und dann bin ich total beliebt bei den Mädels! Du wirst sehen!«

»Hey, geh mal ein bisschen schneller! Trödel nicht so!«

»Im Hirschkäfer-Ringkampf bin ich dir überlegen! Bei meiner Würde als älterer Mitschüler, ich werde dir nicht unterliegen!«

»Halt's Maul. Beeil dich, du Dummschwätzer.«

Obwohl sie gerade in einer Mission unterwegs waren, genoss Sanemi das Zusammensein mit dem Freund, den er eine Weile nicht gesehen hatte, in vollen Zügen und zeigte ein friedfertiges Lächeln wie sonst nur selten.

✲

Entsprechend ihrer erhaltenen Informationen lag die Stadt weit weg von ihrem Dojo, zudem befand sich das besagte Haus in einem Außenbezirk dieser Stadt. Als sie es erreichten, ging die Sonne bereits unter. Das Wetter an diesem Tag war ohnehin nicht gut gewesen, und aus dem dunklen, wolkenverhangenen Himmel konnten jeden Moment Regentropfen fallen. Der Wind war stechend kalt.

»Sind wir hier richtig?«

»Was für ein Prachtbau«, bemerkte Masachika mit Bewunderung in der Stimme.

In der Tat, das Haus wirkte wie eine prächtige Residenz. Und es war alt. Dicht umgeben von Bäumen und Sträuchern strahlte es Stille und Frieden aus, erschien gleichzeitig aber auch düster und verdächtig.

»Das ist mir irgendwie nicht geheuer.« Unter seinem langen Stirnhaar zog Sanemi die Augenbrauen zusammen.

Überall im Garten wuchs die rosarote Spinnenlilie, doch dieser Anblick wirkte nicht schön, sondern widerlich.

»Gehen wir rein.«

»Ja.«

Nach diesem kurzen Wortwechsel betraten die beiden das Innere des Anwesens.

»Huch?« Sanemi stieg ein ihm bislang völlig fremder und sehr intensiver Geruch in die Nase. Er schien zwar von Räucherwerk zu stammen, aber war unerträglich süß und ähnelte dem Gestank von verrottendem Aas. Trotzdem roch es im Haus unbeschreiblich aromatisch. Fast wurde ihm schwindlig davon.

»Was ist das, dieser süßliche Gestank?« Sanemi schüttelte heftig den Kopf und versuchte, den Geruch zu vertreiben. »Du, Masa...« Er rümpfte die Nase und sah nach rechts, doch der Freund war nicht mehr da. »Masachika?«

Sanemi sah sich um, doch weder im übergroßen Eingangsbereich noch im Gang, der sich diesem anschloss, war sein Freund zu sehen. Vorsichtshalber sah Sanemi auch draußen nach, aber auch da entdeckte er niemanden. Außerdem wäre Masachika sicher nicht aus dem Haus getreten, ohne ihm etwas zu sagen. Sein Freund war also plötzlich verschwunden. »Was hat das zu bedeuten?«, murmelte Sanemi verwundert.

✱

»Was hat das zu bedeuten?«

Sanemi, der die ganze Zeit neben ihm gegangen war, hatte sich plötzlich in Luft aufgelöst.

Masachika blinzelte ungläubig und begann dann, das von süßlichem Geruch erfüllte Haus zu durchsuchen.

»Hey, Sanemi! Wo bist du?«

Die unbewohnten Zimmer waren still und kalt. Und sie gähnten vor Leere. Da und dort gab es zwar noch Einrichtungsgegenstände, aber sie standen herum, als hätte jemand vergessen, sie mitzunehmen. Im zentralen Zimmer des Hauses fand Masachika zum Beispiel eine Frisierkommode und ein verziertes Regal aus Rosenholz. Sicher waren dies hochwertige Möbel, aber als Überbleibsel in dem geräumigen Empfangszimmer wirkten sie einfach nur trostlos.

»Sanemi? Wo bist du?«

Masachika rief seinen Freund und suchte in allen Winkeln des Hauses nach ihm: nicht nur in Küche und Abstellraum, sondern auch in Bad und Toilette, aber er fand ihn nicht.

Die vermissten Kinder und die anderen Demon Slayer waren ebenfalls nirgends zu sehen, und Dämonen natürlich auch nicht.

»Hier ist niemand!«

»Sie berichteten, es sei niemand in dem Haus gewesen. Keine Kinder, keine Demon Slayer, und Dämonen schon gar nicht.«

Unwillkürlich musste Masachika daran denken, was er vor der Mission zu Sanemi gesagt hatte, und er verzog das Gesicht. »Wo bist du hin, Sanemi? Wenn du da bist, dann sag, dass du da bist, und wenn du nicht da bist, dann sag, dass du nicht da bist!«

Wenn sein Freund das gehört hätte, hätte er ihn sicher ernsthaft für verrückt erklärt, aber selbstverständlich blieb eine Antwort aus. Entgeistert stand Masachika im halbdunklen Gang. Dann stieg ihm verstärkt der süßliche, verdorbene und auf unerträgliche Weise aromatische Geruch in die Nase. *Dieser Geruch die ganze Zeit schon ... Ich weiß nicht, ob er angenehm oder unangenehm ist. Und er ist so intensiv, dass er mich ganz benommen macht.*

Er fragte sich, woher dieser Geruch eigentlich kam. Er hatte jedenfalls im ganzen Haus kein Räuchergefäß gesehen. Masachika hielt sich mit dem Ärmel seiner Uniform die Nase zu und dachte zurück an den Moment, als sie ins Haus eingetreten waren. *Sanemi hat ›Gehen wir!‹ gesagt und ich mit ›Ja.‹ geantwortet. Dann gingen wir nebeneinander durch das Gittertor hinein ... Und dann roch alles so streng ...*

Und dann hatte Masachika plötzlich gemerkt, dass Sanemi nicht mehr da war. So sehr er sich auch bemühte, an mehr konnte er sich nicht erinnern. Zudem wurden seine Erinnerungen zunehmend verschwommener. Schließlich begann er sogar daran zu zweifeln, ob er überhaupt mit Sanemi hierhergekommen war, und gab sich selbst Klapse auf die Wangen. »Reiß dich zusammen, Masachika! Bleib ruhig und besonnen!«

So rief er sich selbst laut zur Vernunft und trat erst einmal durch die Tür ins Freie.

Als ihn draußen der kalte Wind traf, wurde sein Kopf schlagartig wieder klar, und mit scharf gewordenem Blick sah er sich erneut das Haus genau an.

Es hatte weder ein Obergeschoss noch ein abgetrenntes Nebenhaus. Gerade, als er nach einem unter den Dielen versteckten Kellerraum suchen wollte, hörte er hinter sich eine Stimme.

»He, Kleiner! Was machst du da?«

Masachika drehte sich hastig um und sah außerhalb des Tores einen alten Mann stehen. Er hatte schneeweißes Haar, aber war rüstig und brauchte keinen Stock. Seine nach unten gezogenen Mundwinkel und seine versteinerte Miene ließen auf einen störrischen Charakter schließen.

»Spazier nicht einfach in ein fremdes Haus rein!«

»Entschuldigung.«

Masachika verbeugte sich höflich, und die ohnehin kleinen Augen des Mannes verzogen sich zu dünnen Schlitzen.

»Bist du von der Polizei?« Das Missverständnis des alten Mannes war wohl auf Masachikas pechschwarze Uniform zurückzuführen. »Aber dafür bist du verdammt jung.«

»Nein, ich wirke nur jung durch mein kindliches Gesicht. Sehen Sie?«

Masachika machte sich das Missverständnis des alten Mannes zunutze. Wenn er gesagt hätte: ›Nein, ich bin kein Polizist, ich bin ein Demon Slayer‹, hätte das die Sache nur verkompliziert. Die Demon-Slayer-Truppe war ja keine öffentlich anerkannte Organisation, sondern im Grunde eine private Vereinigung, deren Existenz der breiten Öffentlichkeit nicht bekannt war.

Masachika lächelte unbekümmert, doch der alte Mann beäugte ihn misstrauisch und fragte: »Was will die Polizei hier?«

Masachika musste improvisieren. »Äh, ich muss etwas klären in der Angelegenheit eines Bewohners ...«

»Was soll es denn zu klären geben? Das Haus steht leer. Hier wohnt mittlerweile niemand mehr.«

»Ach nein?«

Masachika hörte heraus, dass da etwas dahintersteckte, und ging auf den Mann zu.

»Wissen Sie denn, wer hier vorher gewohnt hat? Wenn ja, würden Sie es mir bitte sagen?«

Vielleicht würde die Antwort einen Hinweis auf den Dämon liefern. Auf Masachikas aufgeregt geäußerte Frage hin erwiderte der Mann: »Ha?« Er hielt sich die Hand hinters Ohr. Masachika rückte näher an den Mann heran und wiederholte seine Frage mit größerer Lautstärke.

»Wer hat hier früher gewohnt, Großväterchen?«

»Nicht so laut! Und überhaupt, ich bin noch nicht so alt, dass Sie mich Großvater nennen dürfen! Ich hatte Sie nur nicht verstanden, weil Sie so schnell sprechen!«

Masachika lächelte innerlich. *Mein erster Eindruck bestätigt sich: Der ist ein schwieriger Fall.* Aber Masachikas angeborene Gutmütigkeit besänftigte den alten Mann, und schließlich legte er seinen Zorn ab und wurde redselig.

»Als ich noch ein Kind war, lebte hier eine schöne junge Frau namens Yae mit ihrem Dienstpersonal.«

Ihre Eltern waren früh gestorben, und sie heiratete, wohl aus Einsamkeit, sehr jung. Ihr Mann war gut aussehend wie ein Schauspieler und mimte anfangs den ruhigen und bedächtigen Ehemann, doch nach der Geburt ihrer Tochter Sae zeigte er plötzlich sein wahres Gesicht.

»Er war schrecklich gewalttätig.«

Seine Frau und Tochter waren ständig überall verletzt. Außerdem verkaufte der Mann die wertvollen Rollbilder und Antiquitäten, die Yae von ihren Eltern geerbt hatte, und verprasste das Geld bei Glücksspiel und Alkohol. Und wenn Yae auch nur den leisesten Vorwurf äußerte, schlug er sie bis zur Bewusstlosigkeit, erzählte der alte Mann. Die Diener flohen alle aus Angst vor Yaes Ehemann.

Masachika war aufgebracht. »Das muss ja ein schrecklicher Mann gewesen sein!«

»Ja.«

»Ich an ihrer Stelle hätte ihn umgebracht.«

»Was regen Sie sich über eine längst vergangene Geschichte auf? Seien Sie still und hören Sie weiter zu!«

Dass Masachika so einfühlsam reagierte, erstaunte den alten Mann, und aus irgendeinem Grund schien es ihn auch zu freuen, denn nun sprach er in freundlichem, umgänglichem Ton. »Keine Sorge, junger Mann. Der hat seine gerechte Strafe bekommen.«

Am Morgen nach einer Nacht heftigen Regens wurde am nahen Fluss von Stadtbewohnern die Leiche des ertrunkenen Mannes entdeckt. Bei schlechter Sicht und durch den vom Regen aufgeweichten Boden war er vermutlich ins Wasser gestürzt. Niemand weinte ihm eine Träne nach.

»Nun waren alle erleichtert und dachten, Yae und ihre Tochter würden fortan glücklich leben können, doch …«

Kaum war Yae von ihrem gewalttätigen Ehemann befreit, wurde ihre Tochter Sae schwer krank. Die Leute in der Stadt bedauerten Yae und versuchten ihr zu helfen. Der alte Mann war damals ungefähr im gleichen Alter wie Sae und machte häufig Krankenbesuche mit Geschenken, die seine Mutter ihm mitgegeben hatte.

»Yae tat wirklich alles für ihre Tochter.«

Sie kühlte ihr die Stirn, kochte ihr Reisschleim, wusch sie, wischte ihr Erbrochenes weg … Yae arbeitete unermüdlich und hatte kein bisschen Zeit zum Ausruhen mehr. Sei es, um die Gerüche der Medizin und Desinfektionsmittel zu überdecken, sei es, um ihrer kranken Tochter das Leben ein wenig leichter zu machen, jedenfalls soll sie im Haus immer Räucherwerk abgebrannt haben. Doch trotz all ihrer aufopferungsvollen Pflege verschlimmerte sich Saes Zustand weiter, auch wenn es manchmal kurze Besserungen gab.

»Am Ende konnte sie nicht einmal mehr sprechen ... Sie starb, noch bevor sie zehn Jahre alt war.«

Bei dieser Erinnerung seufzte der alte Mann gequält.

»Bei der Totenwache saß Yae die ganze Nacht vor dem Zakagami und weinte.«

»Zakagami?«

»Das ist ein Schminktisch mit Spiegel. Es soll ein außergewöhnliches Exemplar gewesen sein, das sie von ihrer Mutter und ihre Mutter von ihrer Großmutter geerbt hatte. Der Spiegel war offenbar eine Sonderanfertigung und hatte die Fähigkeit, böse Geister abzuwehren, und er war der einzige Gegenstand, den sie mit Zähnen und Klauen vor ihrem Mann geschützt hatte. Sie sagte, dass der Spiegel sie und Sae ganz sicher beschützt habe. Trotzdem ...«

Der alte Mann konnte nicht mehr weitersprechen. Selbst der von Generation zu Generation weitervererbte Spiegel, der böse Geister abwehrte, hatte Mutter und Tochter nicht beschützen können.

»Was ist danach aus Yae geworden?«, fragte Masachika zögernd, und die schneeweißen Brauen des alten Mannes zogen sich zusammen. Dann stöhnte er und erzählte:

»Kurz nach Saes Begräbnis wurde ihre im Garten vergrabene Leiche ausgegraben.«

Vielleicht war sie von wilden Hunden angefallen und gefressen worden. Es hieß, es sei nur noch ihr Kimono übrig gewesen.

»Yae ist vor lauter Trauer einfach irgendwohin gegangen. Was danach geschah … niemand weiß es.«

»Hat danach in dem Haus niemand mehr gewohnt?«

»Nein. Es stand die ganze Zeit leer«, erwiderte der alte Mann. Vielleicht hegte er warme Gefühle für das viel zu früh aus dem Leben geschiedene Kind oder dessen Mutter. Selbst jetzt noch konnte er das Haus nicht vergessen, sah jeden Tag nach ihm und war fast so etwas wie ein Grabhüter.

»Es ist ja ein beeindruckendes Bauwerk. Man kann nie wissen, ob nicht irgendein Strolch herkommt und denkt, er könne hier ein leeres Haus für seine Untaten missbrauchen.«

»Ja, das wäre schlimm.« Masachika nickte mit ernstem Gesicht, und auch der alte Mann nickte. »Ja. Gerade vorhin erst habe ich zwei verdächtige Gestalten beobachtet, wie sie schnurstracks auf das Anwesen zugingen. Deswegen kam ich her, um nach dem Rechten zu sehen …«

Der alte Mann sah Masachika flüchtig an, doch dieser verstand seine Stichelei nicht, sondern fragte erschrocken: »Ach, da waren Leute? Und wo sind sie jetzt?«

»Sind Sie dumm? Ich meinte Sie beide!« Der Mann schien verblüfft. »Aber wenn ich mir Sie so betrachte, sind Sie wohl ein wenig einfältig und können keiner Fliege was zuleide tun. Aber wo ist eigentlich der mit der Verbrechervisage? Ist er noch im Haus?«

Dann sah er mit misstrauischem Blick zum Haus, und Masachika schrie innerlich: *Er meint Sanemi! Ganz sicher, er meint Sanemi!*

Also waren sie doch zusammen hierhergekommen. Und sein Freund war nun verschwunden. Vielleicht war dies durch die besondere Fähigkeit eines Dämons geschehen, mit der er Menschen, die ihm gefielen, einfach entführen und irgendwo anders hinbringen konnte. Aber warum hatte er dann nur Sanemi entführt und nicht auch Masachika?

Gibt es irgendwelche Gemeinsamkeiten zwischen den verschwundenen Kindern und Sanemi beziehungsweise den anderen verschollenen Demon Slayern?

Und während Masachika so tief in Gedanken versunken war, setzte der alte Mann an, das Gespräch auf den Punkt zu bringen.

»Jetzt wissen Sie, was für ein Haus das hier ist. Auch als Polizist sollten Sie nicht einfach in die erinnerungsträchtigen Orte anderer Menschen eindringen. Schnappen Sie sich den anderen, und dann verschwinden Sie von hier, ist das klar?«

Nach dieser letzten Verwarnung zog der alte Mann gemächlich seines Weges.

Masachika sah ihm nach und wandte den Blick dann dem von dichtem Wald umgebenen Haus zu. Nachdem er die Erzählung des alten Mannes gehört hatte, war ihm weniger unheimlich als traurig zumute. Wo war Yae nach dem Tod ihrer Tochter hingegangen?

Angenommen …

Was, wenn sie zu einem Dämon geworden war? Die Mutter, die ihr geliebtes Kind geraubt bekommen hatte, hatte sich in tiefster Verzweiflung von Muzan Kibutsuji Blut geben lassen. Dann war sie zu einem Dämon geworden, und da sie ihre Tochter nicht vergessen konnte, raubte sie fortgesetzt Kinder …

Aber wohin brachte sie sie? Wohin waren die entführten Kinder, die Demon Slayer und Sanemi verschwunden?

Da kam Masachika plötzlich ein Gedanke …

Sanemi ging stetig den dunklen langen Korridor hinunter, bis er zu einem mit Tatami-Matten ausgelegten Zimmer kam. Dort war der besagte Geruch auffällig stark und es standen sechs Betten in einer Reihe.

»Was ist das denn hier?«

Angesichts der sich ihm darbietenden befremdlichen Szene zog Sanemi die Augenbrauen zusammen. Eine zierliche Frau, die ihr schwarzes Haar zu einem geflochtenen Zopf frisiert hatte, lief gehetzt zwischen den Betten hin und her. Die Bettlaken waren so strahlend weiß, dass ihr Anblick den Augen wehtat. Auf den Betten lagen vier Kinder und zwei Demon Slayer. Doch zwei der Kinder und ein Demon Slayer waren bereits nicht mehr am Leben. Auf ihren Augäpfeln saßen Fliegen, und auf ihrer Haut krochen Maden herum. Die zwei Kinder, die noch lebten, waren klapperdürr und starrten mit trübem Blick zur Zimmerdecke.

Auf dem Bett ganz rechts lag ein männlicher Demon Slayer, sein ganzer Körper war in blutbefleckte Bandagen eingewickelt. Er stöhnte vor Schmerzen wie ein Frosch, der zerquetscht wird, dann hustete er heftig und übergab sich.

»Oh nein, du hast dich ja schon wieder erbrochen, du Armer.« Die Frau wischte mit anmutigen Handbewegungen das Erbrochene weg, goss Wasser aus der Karaffe in ein Glas und gab es ihm zu trinken. Aus den Mundwinkeln des Jungen floss überschüssiges Wasser wie Speichel. Sie wischte ihm sanft den Schweiß von der Stirn und brachte ihn in eine Sitzposition, in der er besser atmen konnte. Dann begann sie, einem Mädchen das trockene, glanzlose Haar zu kämmen.

»Komm, ich mach dich hübsch!«

Während die Frau dem Mädchen die Haare hochband, lächelte sie voller Zuneigung. Man hätte meinen können, sie sei die leibliche Mutter der Patienten.

Doch diese Frau war kein Mensch.

»Keine Sorge! Ich bin immer bei euch und beschütze euch!« Sie streichelte dem Mädchen den Kopf und ihre Stimme klang wie ein lieblicher Singsang, doch in ihrem Mund hatte sie scharfe Fangzähne, und ihre Augen waren blutrot.

»Ach ja, heute ist ein neues Kind gekommen. Vertragt euch gut mit ihm, ja?«

Dann wandte sie sich Sanemi zu. Beiläufig schob sie das in die linke Gesichtshälfte gefallene Haar hinters Ohr. In dem nun sichtbaren linken Auge waren die Schriftzeichen für »Abnehmende Eins« erkennbar.

Sanemi riss die Augen auf. Das so beschriftete Auge bewies, dass dieser Dämon direkt Muzan Kibutsuji diente.

»Du bist einer der zwölf Dämonenmonde?«

Sanemi kniff die Augen wieder halb zu. Dies war kein unbedeutender Allerweltsdämon. In dem Dämon, der vor ihm stand, floss, im Vergleich zu den anderen der zwölf Dämonenmonde, relativ viel von Muzan Kibutsujis Blut. Sanemi schauderte vor Hass und Erregung. Er zückte sein Sonnenschwert und stampfte auf dem Fußboden auf. Um die Kranken nicht zu gefährden, zielte er direkt auf den schmalen Hals der Frau. Er konzentrierte seine volle Kraft auf diesen einen Punkt. Doch die dämonische Frau wehrte Sanemis Angriff mit einer einzigen leichten Bewegung ihres dünnen Arms ab, die die scharlachrote Blume in ihrem glänzenden Haar erzittern ließ. Es war, als ob ein Windhauch sie getroffen hätte.

»Was zum ...«

»Ts, ts, ts, mach keinen Quatsch!«

Die Abnehmende Eins sah in Sanemis erschrockenes Gesicht und spitzte leicht die roten Lippen. Sie zeigte ein bildschönes Lächeln, als würde sie ein Kind zurechtweisen, das ihr einen Streich gespielt hatte. Sanemi starrte sie finster an.

»Wo hast du Masachika hingebracht?«

»Masachika? Ach, den brauche ich nicht. Der sucht jetzt zwar nach dir, aber wird bald aufgeben und nach Hause gehen. Ich will nur dich!«

Der Dämon lächelte und sah Sanemi aus kurzer Entfernung direkt in die Augen.

»Du Armer«, hauchte die Frau, und ihre langen Arme schnellten vor zu seinen Wangen.

Sanemi erschrak. Als die Finger des Dämons seine Wangen berührten, wich er zurück und ging erneut in Kampfstellung.

Die Frau legte die Finger an ihre Oberlippe und kniff die dunklen Augen halb zu.

»Du bist als Kind misshandelt worden, nicht wahr? Das sehe ich dir an. Wer war es? Dein Vater? Deine Mutter? Oder etwa beide?«

»Du Scheusal!«

Als der Dämon seine Mutter schlechtmachte, stieg Zorn in Sanemi hoch, und er begann wieder sein Schwert zu schwingen. »Du sollst sterben!«

»Na, na! Du bist ja ein ungezogenes Kind!«

Mit einem leichten Sprung zur Seite wich sie Sanemis Hieb aus.

»Kinder dürfen ihre Eltern nicht mit dem Schwert bedrohen«, schalt sie ihn mit einem bezaubernden Lächeln. Der unerträgliche, süße Geruch intensivierte sich erneut.

Im nächsten Moment verwandelten sich alle Gegenstände im Raum. Sanemi riss entsetzt die Augen auf. Die Wände in dem neu entstandenen Raum bestanden nun aus rötlich-schwarzem Fleisch. Die vormals schneeweißen Betten, auf denen die Kinder und Demon Slayer lagen, hatten sich ebenfalls in dunkle, matschige Fleischklumpen verwandelt, die an überreife Früchte erinnerten.

»Was ist das hier für ein grauenerregender Ort?«

»Das ist das Innere meines Bauches«, antwortete der Dämon seelenruhig und ließ dieser schockierenden Mitteilung ein zärtliches Lächeln folgen.

»Damit bist auch du jetzt eins meiner Kinder.«

»Was?«

»Glaubst du es immer noch nicht?«

Die Körper der drei Toten zerfielen mit einem feucht glucksenden Geräusch zu Fleischklumpen, während die Fleischwände stark pulsierten.

Wie nach einer schmackhaften Mahlzeit leckte sich der Dämon die roten Lippen.

»Was hast du mit den Leichnamen gemacht?«

Sanemi war so zornig, dass seine Stimme tief grollte, doch die dämonische Frau lächelte nur und antwortete: »Ich hab sie gegessen, was sonst? Ich habe sie in meinen Mutterleib zurückgeholt. Auf diese Weise können sie für immer bei mir sein!«

Die Frau legte die Arme auf die Brust, und ihre Stimme klang so überaus zärtlich, dass sie bei Sanemi Brechreiz erregte.

Ganz egal, wo er hier war, wenn er es nicht schaffte, diesen Dämon zu töten, würde er keine Ruhe finden.

»Hey! Hör sofort auf, Mutter zu spielen!«

»Spielen? So ein Unsinn! Ich spiele nicht. Im Ausgleich für meine geliebte Tochter, die mir durch ihre Krankheit entrissen wurde, lindere ich das Leid dieser Kinder, denen keine Eltern vergönnt waren. Ich erkenne sofort, welch schlimmes Leid und Elend sie durchlebt haben. Deshalb bin ich zur Mutter dieser Kinder geworden.«

»Red keinen Blödsinn!« Sanemi spuckte aus. »Was an dir ist denn schon mütterlich? Nennst du das hier etwa ›Leid lindern‹?«

Sanemis Gebrüll bewirkte eine Reaktion des kranken Demon Slayers. Mit größter Anstrengung richtete dieser sich auf und wandte sein leichenhaft bleiches Gesicht Sanemi zu, der dieses schon einmal gesehen hatte: »Du bist doch ...«

»Ah ... ah ...«

Sanemi kannte ihn vom letzten Auswahlverfahren. Er erinnerte sich, dass der gut gebaute Junge Uraga hieß. Uragas Kehle war vermutlich beschädigt, denn seine Stimme war nur noch ein kaum hörbares Krächzen, als er Sanemi mit seinem Nachnamen Shinazugawa ansprach: »Hi... hilf mir ... bitte ...« Dabei streckte er Sanemi kraftlos einen Arm entgegen, der nur noch so dünn wie ein Zweig war.

Als die dämonische Frau dies sah, wurde ihr Gesicht merkwürdig ausdruckslos. Wortlos trat sie auf Uraga zu und hob einen Arm. Doch als sie ihre Klaue gegen Uragas Hals richtete, war Sanemi schneller und rettete seinen Kollegen vor dem Zugriff des Ungeheuers, indem er ihn der dämonischen Bettstatt entriss. Uragas Körper war für einen jungen Mann wie ihn viel zu leicht.

Sanemi legte Uraga an einer von der Dämonin etwas entfernten Stelle ab. Mit unerwarteter Stärke griff Uraga nach Sanemis Uniform.

»Meine Freundin ... wartet auf ... mich ... Bitte ... ich will nicht ... sterben ... ich will ... nicht sterben ...«

Sanemi erinnerte sich, wie Uraga ihm einmal erzählt hatte, dass er mit seinen Eltern, und zwar besonders mit seiner Mutter nicht gut auskomme und deshalb möglichst bald eine eigene Familie gründen wolle. Sanemi biss die Zähne zusammen. Selbst wenn dieser Junge sofort behandelt werden würde, stünden seine Überlebenschancen sicher nicht besser als fünfzig Prozent.

»Hi... hilf mir ...«

»Alles wird gut, Uraga. Sprich jetzt nicht«, erwiderte Sanemi knapp und ließ seine Hand los.

»Auch du verstößt also deine Mutter«, sagte die Dämonin mit seltsam ausdrucksloser Intonation. Frostig starrte sie Uraga an und fuhr fort: »Du bist genau wie jenes andere Kind, du bist wirklich sehr undankbar. All die Zeit, die ich dir gewidmet habe, war umsonst. Du widerlicher Kerl. Du verrätst mich? Dann sollst du jetzt sofort verschwinden. Dein Leben hat keinerlei Wert. Dich brauche ich nicht. Du sollst jetzt sofort sterben!«

»Hä? Was redest du da?«

Sanemi starrte die Dämonin hasserfüllt an. Uraga griff sich an den Kopf und begann am ganzen Körper leicht zu zittern. »Ah ... Aaah ...«

»Hey!«

Sanemi erkannte, dass Uragas Zustand sich auf seltsame Weise verschlimmerte, und packte ihn an den Schultern.

»Shina ... zu ... ga ... wa ...«

Für einen Moment sah Uraga Sanemi flehentlich ins Gesicht. Er hatte Tränen in den Augen. Doch dann schüttelte er leicht den Kopf, als würde er von einem Gedanken abrücken, und lächelte unter Tränen.

»Nein ... Ich kann ... meine Mutter ... einfach nicht ... verraten ...«, brachte er mit ersterbender Stimme hervor. Er zog einen Dolch aus seiner Uniformtasche und schnitt sich mit einer Bewegung die Kehle durch. Vor Sanemis Augen spritzte eine rote Fontäne hervor. Frisches Blut landete auf Sanemis Gesicht und Körper.

»Uraga!«

»Ah ...« Uraga war auf dem aus Fleisch bestehenden Boden zusammengebrochen und krümmte sich noch für einige Momente vor Schmerzen, dann lag er regungslos da. Tränen rannen über seine Wangen, die so abgemagert waren, dass sein Kopf einem Totenschädel glich.

»Du Drecksweib ... Was hast du mit ... mit Uraga gemacht?« Sanemis Stimme bebte vor Wut.

»Na, na, was regst du dich denn so auf? Der Junge hat mich als Verbrecherin hingestellt! Dabei will ich doch nur für immer mit meinen geliebten Kindern zusammenleben. Aber daran wollte er mich hindern. Er hat auf meinen zarten Gefühlen herumgetrampelt! Dass er dafür mit seinem Leben büßt, ist ja wohl das Mindeste.«

Mit diesen Worten fand die dämonische Frau zu ihrem früheren freundlichen Gesichtsausdruck zurück und lächelte.

»Du verdammtes Biest!«

Sanemis Wutgebrüll hallte durch die ganze Umgebung.

»Sanemi?«

Masachika war, als hätte er gerade die Stimme seines Freundes gehört, aber sehen konnte er ihn nirgends. Er befand sich jetzt in einem mit Tatami-Matten ausgelegten Zimmer und betrachtete den Schminktisch mit dem Spiegel, von dem der alte Mann gesprochen hatte. Er wusste selbst nicht, warum dieser Gegenstand ihn so sehr interessierte, aber wenn Yae wirklich zu einem Dämon geworden war, dann würde einzig dieser Schminktisch einen Hinweis auf ihren Verbleib liefern.

Masachika hockte sich vor den Spiegel, der mit einem schön bestickten Tuch verhüllt war. Abgesehen von seinem Alter war dies ein gewöhnlicher Schminktisch. Doch der Griff der Schublade war aus einem ähnlichen Material gefertigt wie ein Sonnenschwert. Da der Spiegel ja böse Geister abhalten sollte, war vielleicht auch für die Herstellung des Spiegeltischs tatsächlich Erz vom Berg Yoko verwendet worden. Erz, das viel Sonnenlicht ausgesetzt war, hatte die Fähigkeit, Dämonen und Böses abzuwehren.

Masachika berührte den Griff mit den Fingern und zog die Schublade auf. Sie schien leer zu sein. Doch um sicherzugehen, fühlte er mit der Hand bis tief in die Ecken hinein, und seine Finger kamen mit einem Gegenstand in Berührung.

»Nanu? Was ist das? Ist das … Papier? Das wurde vielleicht mit Klebstoff oder irgendwas angeklebt …«

Um den Gegenstand nicht zu zerstören, löste er ihn vorsichtig aus der Schublade heraus. Es war ein Stück grob zusammengefaltetes Holzschliffpapier. Ohne besonderen Eifer faltete er es auf. Doch im nächsten Moment erstarrte er. Auf dem Papier stand ein mit schwarz gewordenem Blut geschriebener Text.

Mutter hat mir Gift gegeben. Mutter hat mir die Kehle verbrannt. Mutter hat mir die Ohren zerquetscht. Mutter hat mir Haare ausgerissen. Mutter hat mir Nägel abgezogen. Mutter hat mir Knochen gebrochen. Mutter umarmt mich nie. Mutter sagt, sie brauche mich nicht. Mutter sagt, ich sei ihr sehr wichtig. Mutter will mich töten. Hilfe!

Der Rest des Textes war unleserlich und kaum noch als Schrift zu erkennen.

Masachika hielt sich erschrocken den Mund zu und ließ dabei das Papier fallen, konnte es aber gerade noch hastig mit beiden Händen auffangen. Das Papier knisterte trocken.

Was ist da passiert? Die Mutter hat doch nicht etwa ihr Kind umgebracht?

Masachika konnte es nicht glauben. Aber nach dem, was der alte Mann ihm erzählt hatte, war dies hier offenbar Saes Zimmer.

Yae hat Sae getötet...

Sobald er diesen Gedanken gefasst hatte, drehte sich die ganze Geschichte für ihn. Das Bild von der starken, aber mitleiderregenden Mutter bekam dunkle Schatten. Entgeistert starrte Masachika den Spiegel an. Dieser Spiegel hatte immer alles gesehen und kannte die wahre Natur der scheinbar so liebevollen Mutter, die sich für ihre kranke Tochter aufopferte ...

Und was war dann mit dem Vater? War sein Tod wirklich nur ein Unfall? Und wer hatte Saes Leiche ausgegraben?

»Uh ...« Was nun in Masachikas Fantasie ablief, war so entsetzlich, dass ihm übel wurde.

Die mit Blut geschriebenen Hilferufe waren da und dort auch voller Tränen. Hatte Sae in ihren kleinen Finger gebissen, als sie dies schrieb? Die Schriftzeichen waren verzerrt, als hätte sie sie unter Schmerzen aufgeschrieben. Furcht und Verzweiflung der nicht einmal Zehnjährigen waren deutlich erkennbar. Masachikas Augen wurden feucht.

»Die Ärmste ...«

Sie musste unermesslich gelitten und Angst gehabt haben. Auf die Schrift aus schwärzlichem Blut tropften nun Masachikas Tränen. Dann geschah es ...

»Sanemi?«

Der strenge Geruch in seiner Nase ließ schlagartig nach, dann hörte er die Stimme des Freundes noch einmal, deutlicher als zuvor.

»Du bist es doch, Sanemi! Wo steckst du?«

Masachika sprang auf und sah sich in der Umgebung um. Dabei berührte die Spitze seines Sonnenschwerts das Seidentuch, das den Spiegel umhüllte, und es fiel zu Boden. Als er es erschrocken aufheben wollte, fiel sein Blick frontal auf die Spiegeloberfläche.

Masachika hielt inne. »Huch?«

Im Spiegel war Sanemi zu sehen. Er stand in der Mitte des Zimmers und konfrontierte einen weiblichen Dämon ... Nein, so war es nicht. Aus irgendeinem Grund blickte Sanemi in die falsche Richtung, und der Dämon betrachtete ihn mit einem glücklichen Gesichtsausdruck. Masachika wurde kreidebleich.

»Sanemi! Nicht da! Der Dämon ist hinter dir!«

Hastig griff Masachika nach seinem Schwert und drehte sich um. Doch da standen weder sein Freund Sanemi noch der weibliche Dämon.

»Aber eben waren sie doch noch da, ich bin ganz sicher!«

Verwirrt blickte Masachika zum Spiegel zurück. Das Spiegelbild zeigte wieder den gleichen Raum, in dem Sanemi gegen einen unsichtbaren Gegner kämpfte, während der Dämon nach wie vor höhnisch grinste.

Dann spürte Masachika ein merkwürdiges Unbehagen. Er konnte sich selbst nicht im Spiegel sehen, und das verzierte Regal, das in der Ecke stehen sollte, war verschwunden.

»Das ist nicht dieser Raum!«

Reflektierte der Spiegel also einen woanders existierenden Raum? Masachika trat näher heran, um den Spiegel besser sehen zu können. Plötzlich verschwand der Freund aus dem Spiegelbild, stattdessen sah er sich selbst mit einem flehenden Gesichtsausdruck. Kreidebleich packte Masachika den Spiegel an beiden Seiten.

»Mo… Moment! Wo ist Sanemi hin?«

Er schüttelte den Spiegel mit voller Kraft, dann ließ er von ihm ab. In der Ecke erschien nun das Spiegelbild des verzierten Regals. Im obersten Fach stand ein unheimlich wirkendes Räuchergefäß. Aber als er ein zweites Mal hinsah, war das Regal wieder völlig leer.

»Was zum ...«

Masachika verstand gar nichts mehr. Verwirrt sah er erneut zum Spiegel. Aus dem Räuchergefäß stieg schwach erkennbar ein rötlicher Rauch empor. Süßlich-fauliger und aromatischer Geruch erfüllte nach wie vor den Raum.

Könnte es sein, dass ...

»Ist dieser Geruch etwa ...«, murmelte Masachika, und der rote Rauch begann zu flackern. Er hatte das Gefühl, dass irgendwo in seinem Innern Sae mit tonloser Stimme sprach: *Hilf mir!*

Das nun tote Mädchen presste mit aller Kraft diese gehauchten Worte hervor.

❋

»Verdammt ... Warum kann ich keinen Treffer landen?«

»Du dummer Junge! Ich sagte doch schon, dass wir hier in meinem Bauch sind. Hier kann mich niemand verletzen«, sagte die dämonische Frau zu Sanemi wie zu einem ungelehrigen Kind. Nachdem sie schon unzählige Male

Sanemis Angriffe abgewehrt hatte, war er entsprechend wütend geworden. Sanemi musste widerstrebend einsehen, dass sie recht hatte: Er konnte mit seinem Schwert nicht einmal den Fleischwänden einen Kratzer zufügen, geschweige denn dem weiblichen Dämon selbst. Nach und nach wurde Uragas Leiche von dem sie umgebenden Fleisch verschlungen. Nun konnte Sanemi seiner Freundin nicht einmal die sterblichen Überreste des Toten übergeben, und das schmerzte ihn zutiefst.

»Nun sieh's doch endlich ein. Du bist längst zu meinem Kind geworden! Und als deine Mutter werde ich dich immer beschützen. Also gib endlich deinen zwecklosen Widerstand auf. Komm her, ich umarme dich! Oder soll ich dir ein Wiegenlied singen?«

»Halt's Maul!«, knurrte Sanemi mit tiefer Stimme.

Scheiße ... Die spielt hier mit mir!

Dass der Dämon ihn nie angriff, war Beweis genug. Die Frau ließ ihn sich in sinnlosen Angriffen verausgaben, bis er körperlich und seelisch erschöpft war, und dabei ergötzte sie sich auch noch an diesem Anblick.

Jedenfalls musste er erst mal von hier weg, sonst hatte er keine Siegeschance. Aber wie sollte er das anstellen? Seine Gedanken drehten sich im Kreis.

Ich muss versuchen, wenigstens die Kinder nach draußen zu bringen …

Sanemi warf einen Seitenblick auf die zwei Kinder. Der Junge war ihm schon vor einer Weile wegen seines merkwürdigen Zustands aufgefallen. Vielleicht hatte er hohes Fieber, jedenfalls zitterte er am ganzen Leib. Das Mädchen schien außer Lebensgefahr zu sein, trotzdem wollte er auch es möglichst bald in Sicherheit bringen, damit es behandelt werden konnte. Aber dafür musste er so schnell wie möglich den Dämon töten und diesem Raum entkommen. Doch solange er hier war, konnte er der Frau nicht die kleinste Verletzung beibringen.

Scheiße!

Mit einem höhnischen Lächeln beobachtete die Dämonin, wie Sanemi in der Klemme steckte. Doch plötzlich wich das Lächeln aus ihrem Gesicht.

»Warum?«

»Was?«, fragte Sanemi zurück, weil er glaubte, die Frau habe ihn angesprochen. Doch diese sah nicht ihn an, sondern starrte mit ungläubigem Blick ins Leere.

»Was ist das für ein Junge?«

Zum ersten Mal schien die Dämonin ihre Selbstsicherheit verloren zu haben und flüsterte wie im Fieberwahn:

»Er sollte das nicht sehen können!«

»Hä? Wovon redest du da?«, fragte Sanemi verwundert, und sofort danach ertönte irgendwo im Raum das harte Geräusch von Töpferware, die zerbrach.

Was war das für ein Krach? Sanemi blinzelte, dann verwandelte sich auf einmal alles um ihn herum.

»Ah? Was zum ...«

Die schwarzrote Welt hatte sich auf einmal in den ursprünglichen Raum zurückverwandelt. Die Dämonin stand nun nicht mehr vor, sondern schräg hinter ihm. Er dreht sich um und sprang weg von der dämonischen Frau.

Was ist denn jetzt los?

Bei genauerer Betrachtung erkannte Sanemi, dass der Raum doch nicht ganz genau so war wie zu Beginn. Die weißen Betten waren nicht mehr da, die Kinder lagen direkt auf den Bodenmatten, und Sanemis Schwerthiebe hatten deutliche Spuren an der Schiebetür, den Wänden, dem Boden und an der Decke hinterlassen.

Dann verstand er. *Es war eine Halluzination!*

Die weißen Betten, die gruselige Welt aus schwarzrotem Fleisch um ihn herum, und schließlich der Dämon selbst ... Kein Wunder, dass seine Angriffe ins Leere gelaufen waren! Als er dies nun erkannte, war auch der verdammte süßlich-faule Geruch verflogen.

Verdammt ... Die hat mich zum Narren gehalten!

Die Erkenntnis, dass er einer Illusion aufgesessen war, ließ ihn vor Wut kochen. Wenn auch nicht im Bauch eines Dämons, so war er doch sicher gewesen, in irgendeiner anderen Dimension gefangen zu sein. Er war einzig und allein auf das Ziel konzentriert gewesen, den Dämon zu töten und diese Dimension zu verlassen, deshalb hatte er die Wahrheit nicht erkennen können. Er war in der Zauberei eines Dämons gefangen gewesen.

Aber warum wurde der Zauber plötzlich wirkungslos?

Seine Frage wurde gleichsam beantwortet durch eine Stimme, die nun immer lauter nach ihm rief.

»Sanemi! Wo bist du?«

Diese Stimme hatte er eine Weile nicht mehr gehört, und nun rief Sanemi zurück: »Masachika! Hier bin ich!«

Einige Sekunden später ertönten hastige Schritte im Korridor, dann stürmte Masachika durch die offene Tür ins Zimmer. »Sanemi ... Bin ich noch rechtzeitig gekommen?« Auf seiner Stirn standen große Schweißperlen, und er rang nach Atem. »Ein Glück!«

Masachikas Gesichtsausdruck wirkte ganz aufgelöst. Als Sanemi Masachikas Lächeln und seine unverhohlene Erleichterung sah, verstand er, dass dieser Junge ihn mithilfe irgendeiner Technik aus seiner Notlage gerettet hatte. Sanemis Gereiztheit und Wut waren im Nu verflogen. Obwohl sie sich aus den Augen verloren hatten, hatte Masachika weiter für ihn gekämpft. In Sanemis Gesicht erschien ganz natürlich ein breites Lächeln. »Danke, du hast mich gerettet, Masachika!«

»Na klar! Ich bin schließlich dein älterer Mitschüler«, erwiderte der Freund mit einem freudigen Lächeln.

✸

Mithilfe des Spiegelbildes hatte Masachika mit dem Schwert das verzierte Regal durchschnitten, und mit dem Geräusch der zerbrechenden Töpferware war auch der faulige Gestank verflogen. Als er unter dem Holz des zerstörten Regals die zerbrochene Räucherschale entdeckt hatte, war er den Gang hinuntergelaufen und hatte Sanemi gerufen, der daraufhin geantwortet hatte. Dann war er der Stimme gefolgt und weitergelaufen, dabei hatte er einen Raum entdeckt, wo vorher nur eine Wand gewesen war. Als Masachika dann durch die offene Tür ins Zimmer gestürmt war, hatte er den weiblichen Dämon, die zwei Kinder und den unversehrten Freund vorgefunden.

»Sanemi … Bin ich noch rechtzeitig gekommen?«

Sein jüngerer Mitschüler hatte keine neuen Verwundungen erlitten und blutete auch nicht. Offenbar war er nicht, im blinden Vertrauen auf sein Marechi, zu draufgängerisch vorgegangen. Trotz der gefährlichen Situation hatte Masachika lächeln müssen.

»Ein Glück!«

Masachika lief auf ihn zu, und auch Sanemi zeigte nun seine weißen Zähne.

»Wie hast du das gemacht? Wie hast du den Zauber gebrochen?«

»In einem der Zimmer stand ein Spiegel, der von Generation zu Generation weitervererbt wurde und böse Geister abwehren soll!«

Tief hinten in der Schublade hatte die von ihrer Mutter ermordete Tochter einen mit Blut geschriebenen Brief hinterlassen. Wahrscheinlich hatte der Groll der Tochter dem Spiegel den Verfall der Mutter, die sie getötet hatte, also die Wahrheit gezeigt.

Dann berichtete er noch den Rest in aller Kürze, zum Beispiel, dass durch die Zerstörung der Räucherschale der strenge Geruch verschwunden war. Sanemi, der nicht auf den Kopf gefallen war, verstand die Zusammenhänge sofort.

»Dann war die Mutter, die die Tochter umgebracht hat ...«

»Genau, sie ist der Dämon.«

Masachika sah die Frau noch einmal scharf an.

»Ja, der Spiegel hat solche Kräfte!«

Die Dämonin erwiderte Masachikas Blick und lächelte kühl. In ihrem linken Auge waren zwei Schriftzeichen zu sehen, sie war die Abnehmende Eins, also einer der zwölf Dämonenmonde. Unter allen Dämonen, die sie bisher bekämpft hatten, stand sie Muzan Kibutsuji am nächsten.

Doch Masachika war erstaunlicherweise frei von jeder Furcht oder Aufregung, sondern einfach nur unheimlich wütend.

Diese Frau hatte Sae getötet. Diese Frau war ein Dämon. Auch als Mensch war sie schon ein Dämon gewesen, der nur die Gestalt eines Menschen angenommen hatte.

»Als mein Mann mich verprügelte, half mir der Spiegel überhaupt nicht. Dass er Böses abwehren soll, ist nur ein Gerücht. Ich dachte, der wird mir überhaupt nichts nützen.«

»Die kleine Sae hat uns gerettet!«

War es ein Fluch? Oder wollte sie, dass ihre Mutter keine weiteren Verbrechen mehr beging? Als Masachika sich vorstellte, welche Gefühle das verzweifelte Mädchen gehabt haben musste, ballte er grimmig die Fäuste.

»Das Kind hat mich wieder verraten«, murmelte die dämonische Frau.

Als Masachika ihren selbstmitleidigen Ton hörte, brach sein ganzer Zorn aus ihm hervor.

»Wie kannst du dich hier als Opfer hinstellen? Du bist doch die Verräterin! Du hast doch deine eigene Tochter nach und nach getötet, oder? Obwohl sie schon auf dem Weg der Besserung war, hast du ihr Gift gegeben, ihr Ohren und ihren Hals kaputt gemacht! Ihr die Beine gebrochen! Wie konntest du so was Schreckliches tun? Wie konntest du deinem eigenen Kind, das du unter Schmerzen geboren hast, das antun?«

Seine Stimme überschlug sich vor Zorn. Doch die Augen der Dämonin zeigten nicht die geringste Regung. Sie hatte offenbar keinerlei Interesse an dem Thema.

Masachikas Zorn verwandelte sich in Trauer.

»Yae … Dafür sollst du büßen.«

Als die Dämonin den Namen hörte, den sie als Mensch getragen hatte, reagierte sie mit einem Zucken. Als es um ihre Tochter gegangen war, hatte sie keine Regung gezeigt, aber nun antwortete sie mit erkennbar unbehaglicher Miene: »Den Namen habe ich schon längst abgelegt. Ich heiße Ubume! Zusammen mit diesem wunderbaren Dämonenkörper hat mir jener Herr auch diesen schönen Namen gegeben. Der Einzige, der mich je verstanden hat, gab mir diesen Namen!«

Verzückt fuhr sie fort: »Wisst ihr, ich wollte einfach nur glücklich werden!«

Deswegen hatte sie die Gewalttätigkeiten ihres Mannes ertragen und gehofft, eines Tages würden sie doch noch eine glückliche Familie werden können. Aber dann verliebte sich ihr Mann in eine Frau aus dem Spielsalon und wollte seine Familie verlassen. Also brachte sie ihn um und ließ den Mord wie einen Unfall aussehen. Als ihre Tochter krank wurde und sie sie pflegte, ertrug sie mit für sie erstaunlichem Gleichmut die Freudlosigkeit, trotz ihrer harten Arbeit nicht glücklich werden zu können. Sie wünschte sich nur noch, für immer so weiterleben zu können, und fuhr beharrlich fort, ihre Tochter zu pflegen.

»Aber sie wollte vor mir fliehen!«

Ubume machte plötzlich ein trauriges Gesicht und seufzte.

»Sie wollte mich unbedingt im Stich lassen, selbst auf allen vieren versuchte sie wegzukriechen. Ich war so lieb und aufopferungsvoll, und sie trampelte auf meinen Gefühlen herum!«

»Und deshalb hast du dein Kind umgebracht? Ist es das, was du sagen willst?«, fragte Sanemi, der bisher still geblieben war, mit merkwürdig monotoner Stimme.

»Ja, genau.«

Ubume schloss sacht die Augen. Sie sah Sanemi völlig anders an als Masachika, denn Sanemi betrachtete sie als ihr eigenes Kind.

»Aber nachdem ich sie getötet hatte, bereute ich es sofort. Denn nun war ich nicht mehr die Ehefrau, die alles für ihren gewalttätigen Mann tat, und auch nicht mehr die liebevolle Mutter, die ihre kranke Tochter pflegte. Kurz darauf erschien jener Herr.«

Er zeigte Verständnis für sie und gab ihr von seinem Blut. Er machte ihr Mut, dass sie sicher ein starker Dämon werden würde. Dafür müsse sie viele Menschen essen. »Was glaubt ihr, was ich als Erstes aß, nachdem ich ein Dämon geworden war? Saes Leiche!«

Das entsprach dem, was Masachika sich schon ausgemalt hatte. Vor Abscheu und Mitleid mit dem Mädchen ballte er beide Fäuste.

Ubume machte ein verzücktes Gesicht. »Danach habe ich ganz viele Kinder entführt und gegessen. Ich ließ sie in meinen Bauch zurückkehren und machte sie zu meinen Kindern. In diesem Haus konnten ich und meine geliebten Kinder eine glückliche Familie werden.«

Hier hielt sie inne, warf Masachika einen Blick zu und fuhr fort: »Kinder, die nicht von ihren Eltern geliebt wurden oder Verletzungen erfahren haben, sind sehr zutraulich. Einige haben mich sogar noch im Angesicht des Todes geliebt und sich voller Dankbarkeit an mich geklammert. Das hat mich wirklich gefreut. Ich war so glücklich ... Deshalb will ich nicht solche Kinder wie den da mit seinem charakterfesten Gesichtsausdruck, sondern dich, Sanemi.«

Beim letzten Satz wandte Ubume sich wieder Sanemi zu, und in ihren blutroten Augen stand grenzenlose Zärtlichkeit.

»Du bist sehr verwundet, nicht wahr? Nicht nur am Körper, sondern auch an der Seele. Ich merkte sofort, dass deine Eltern dich misshandelt haben. Bemitleidenswerte

Kinder wie dich will ich trösten und ihnen meine Liebe schenken.«

In diesem Moment stieg Blut in Masachikas Kopf. Er nahm sich nicht einmal mehr die Zeit, sie brüllend zum Schweigen aufzufordern, sondern legte all seine Kraft in einen Angriff auf die Abnehmende Eins.

»Windatmung, dritte Form: Heiterer Bergwind!«

Ubume versuchte, Masachikas Schwertattacke mit beiden Händen abzuwehren, doch die Wucht des Angriffs überstieg die Körperkraft des Dämons bei Weitem.

Ubumes linker Arm wurde an der Schulter abgetrennt und landete auf einer Tatami-Matte. Ihre roten Augen starrten kalt auf ihren zu Boden gefallenen Arm und richteten sich dann auf Masachika. Dieser blickte finster in Ubumes blutrote Pupillen und sagte mit gedämpfter Stimme: »Sanemi ist kein bemitleidenswertes Kind. Seine Mutter hat ihn und seine Geschwister aus tiefstem Herzen geliebt!«

Er schrie den Dämon nur deshalb nicht wütend an, weil sich außer seinem Zorn auch noch andere Gefühle in ihm Bahn brachen.

Er ärgerte sich so sehr darüber, dass Ubume keine Ahnung hatte, wie sein Freund bis jetzt gelebt hatte, was dieser in Wirklichkeit überaus gutmütige Mensch durchgemacht hatte, und wie sehr er sich selbst verletzt hatte, um dorthin zu kommen, wo er jetzt war.

»Du bist nur ein Dämon und weißt überhaupt nichts … Also hör auf, so falsch über ihn zu reden!«

»Ist schon gut, Masachika.«

Als Sanemi sah, dass der Freund vor Wut zitterte, legte er ihm die Hand auf die Schulter. Die Wärme dieser Hand ließ Masachikas Rage schnell abkühlen.

»Sanemi …«

»Warum machst du so ein Gesicht?«, fragte Sanemi und lächelte bitter. »Du bist zu gut erzogen. Ich hab, unter anderem von meinem Alten, schon so oft derlei Schwachsinn gehört, dass er mir schon zu den Ohren wieder herauskommt. So ein Geschwätz darfst du nicht für bare Münze nehmen!«

Sanemis Tonfall wirkte unheimlich beruhigend. »Ich habe mich noch nie für bemitleidenswert gehalten.«

Masachika schwieg und nickte. Sanemis Stimme und Gesichtsausdruck verstärkten jedoch seinen seelischen Schmerz noch, und er biss die Zähne zusammen.

»So, du hast es gehört!« Sanemi richtete die Spitze seines Sonnenschwerts auf den nunmehr einarmigen Dämon.

»Mich kannst du nicht manipulieren, du Möchtegern-Mutter. Schade, was? Drecksdämon, elender!«

»Es läuft wohl nicht so, wie ich wollte. Das ist wirklich schade. Ich war sicher, dass wir ein wunderbares Mutter-Kind-Verhältnis haben würden.«

Ubume lächelte gefasst.

»Halt die Klappe«, fauchte Sanemi und spuckte aus. »Das Spiel ist aus. Ich kann dich jetzt wieder ganz normal angreifen.«

»Ja, das kannst du.« Ubume hob demonstrativ ihren linken Arm vom Boden auf und drückte ihn leicht gegen die Schnittfläche an ihrer Schulter. Sofort schwoll das Fleisch an der Wunde an, und der abgetrennte Arm verband sich wieder mit dem Restkörper.

Ihre gespenstische Regenerationsgeschwindigkeit war höher als bei allen Dämonen, gegen die Masachika bisher gekämpft hatte.

»Na und? Ich kann mich immer wieder regenerieren, so oft ich will! Ich bin schließlich ein Dämon. Na, könnt ihr Menschen das auch?«

»Dann zerschneide ich dich eben so schnell, dass du mit dem Regenerieren nicht mehr hinterherkommst!« Sanemi lächelte kühl und wandte verschiedene Kampftechniken an. Die erste Form, die zweite Form, die dritte Form, die vierte Form, die fünfte Form ... So ging es Schlag auf Schlag. Manchen Angriffen wich Ubume aus, andere wehrte sie ab.

Masachika wollte helfen und ging in Angriffsstellung. In dem Moment rief Sanemi seinen Namen, doch Masachika verstand zunächst nicht, was der Freund wollte.

Sanemi heftete den Blick auf eine bestimmte Stelle, um ihm etwas zu zeigen. Masachika folgte Sanemis Blickrichtung und sah die von Ubume entführten Kinder, die kraftlos auf dem Boden lagen.

Masachika erkannte Sanemis Plan und hob die Kinder mit beiden Armen hoch. Dann brachte er sie schnell in eine Zimmerecke und setzte sie mit den Rücken an die Wand. Hier würden sie nicht durch den Kampf in Mitleidenschaft gezogen werden, und im Notfall würde er sie beschützen können. Der Junge war etwa zwölf, das Mädchen vielleicht noch unter zehn Jahre alt. Ihr ausgezehrter Zustand zerriss einem das Herz.

»Wir retten euch auf jeden Fall! Haltet durch!«

»D... du ...«, stöhnte der Junge und sah Masachika aus hohlen Augen an. Dieser erstarrte vor Schreck.

»Du ... rettest uns?«

»Ja!«

»Danke …«

Aus den Augenwinkeln des Jungen tropften Tränen.

Die extrem abgemagerten Wangen des Jungen waren so fahl und grau, dass sie Masachikas Mitleid erregten. Das Mädchen neben ihm hatte sich vielleicht schon aufgegeben, denn es starrte nur geistesabwesend ins Leere und rührte sich nicht mehr.

Masachika biss so hart die Zähne zusammen, dass sie hörbar knirschten.

Verdammt … Was hat sie aus den Kindern gemacht?

Masachika spürte, wie wahnsinnige Wut in ihm aufstieg.

»Ihr zwei, bleibt hier und bewegt euch nicht vom Fleck!« Dann griff er nach dem Schaft seines Sonnenschwerts.

Masachika war in Rage. Sanemi wandte ununterbrochen seine Techniken an und blickte zu seinem Freund neben ihm, der ebenfalls kämpfte. Masachika hatte einen unkomplizierten Charakter, war normalerweise immer grenzenlos heiter, aber auch klug und beherrscht. Er ließ sich sonst nie von heftigen Gefühlen hinreißen. Doch nun sah Sanemi seinen Freund zum ersten Mal offen erkennbar zornig.

Du solltest dich nicht so von deiner Wut mitreißen lassen, dass du deine Umgebung nicht mehr wahrnimmst!

Sanemi machte sich Sorgen um seinen Freund, den er noch nie so erlebt hatte, doch Masachika vergeudete trotz seiner Rage nicht seine Kraft. Im Gegenteil, er platzierte seine Hiebe sogar präziser und kaltblütiger als sonst.

Selbst aus Sanemis kleinsten Bewegungen konnte Masachika dessen nächste Aktionen ableiten und seine eigenen Schläge so anpassen, dass die beiden sich nicht in die Quere kamen.

Als Sanemi die flüssigen Bewegungen seines Freundes sah, musste er leicht lächeln: *Er ist eben mein älterer Mitschüler!*

»Sanemi! Ihren Hals! Ziele nur auf ihren Hals!!«

»Ja! Das Biest soll endlich verrecken, verdammt noch mal!«

»Meine Güte, ihr Kinder seid ja vielleicht hartnäckig!«

Durch die heftigen und gut koordinierten Angriffe zeigte Ubumes Gesicht erstmals den Ausdruck von

Gereiztheit. Im nächsten Moment kam sie gefährlich dicht an Sanemi heran und brachte ihr Bein bis zu seinem Kinn. Er konnte sofort nach hinten ausweichen, doch der Winddruck von Ubumes Tritt streifte seinen Adamsapfel leicht, sodass er das Gesicht verzog, und der Dämon versetzte ihm einen Schlag in die Magengrube.

Für einen Moment setzte Sanemis Atmung aus. Er fiel nach hinten und landete auf dem Boden. Dann bekam er einen heftigen Hustenanfall.

»Sanemi!«

Masachika rief nach seinem Freund und ging gleichzeitig auf Ubume los. »Windatmung, dritte Form, heiterer Bergwind!«

Ubume wich dem Schwerthieb nicht aus, sondern nutzte ihn, um Masachika einen Tritt gegen die Schläfe zu versetzen. Er konnte zwar um ein Haar ausweichen, aber die Haut an seiner Schläfe riss auf, und über sein Gesicht floss Blut.

Masachika schwankte hin und her. Er hatte eine Gehirnerschütterung. Als Ubume ihm mit der Handkante in den Bauch schlagen wollte, konnte Masachika gerade noch ausweichen, sodass ihr Angriff nur seine Flanke streifte, ihn dabei aber ins Fleisch schnitt.

»Guah!!«

Masachikas Gesicht war verzerrt vor Schmerz. Ubume leckte sein auf ihre Hand gespritztes Blut genießerisch ab.

»Ich habe schon viele Kinder gegessen! Da waren auch welche mit Marechi dabei. Auch ohne auf meine übermenschlichen Fähigkeiten zurückzugreifen bin ich stark genug!«

»Uh ...«

Masachika ging auf die Knie und konnte sich nicht mehr bewegen. Er benutzte eine Atemtechnik, um seine Blutung zu stillen. Ubumes Hand bewegte sich auf seine Kehle zu.

»Masachikaaa!«, brüllte Sanemi und stürzte sich auf den Dämon.

»Windatmung, vierte ...«

In dem Moment, als er einen Angriff landen wollte, riss seine zuvor erlittene Wunde am Hals auf. Blut spitzte heraus, und Sanemi musste wieder heftig husten. Vermutlich war seine Kehle innen verletzt worden. Beim Husten spuckte er große Mengen Blut, das die Tatami-Matten rot färbte.

Ubume erstarrte. Dann erschauderte ihr schlanker Körper.

»Was ist das?«, flüsterte sie. Ihr Blick wanderte durch den Raum, als suche sie etwas, und fiel dann auf Sanemi, der aus dem Mund und dem Hals blutete.

»Marechi? Du hast Marechi in dir, stimmt's?«

Ubumes vorher schneeweiße Wangen färbten sich nun rot. Kurz darauf wurden ihre Augen glasig, und sie schien in eine Art Ekstase zu geraten.

»Das ist ungemein selten ... Ist es so viel wert wie das Blut von hundert normalen Menschen? Nein, dieses Blut ist noch viel, viel wertvoller!«

Wie in einem Fiebertraum wankte sie in Zeitlupe auf Sanemi zu und wirkte dabei wie eine andere Person.

Masachika war drauf und dran, ihr den Todesstoß zu versetzen, aber Ubume sah ihn nicht einmal an. Ihre roten Wangen umspielte ein Lächeln voller mütterlicher Zärtlichkeit.

»Ah ... Sanemi! Du gehörst mir, mein süßes Kind. Ich liebe dich! Ich liebe dich so sehr, Sanemi! Ich werde dich nie mehr verletzen. Du wirst auf ewig mit mir ...«

In diesem Moment ging mit Ubumes Körper eine Veränderung vor sich. Sie hielt sich mit beiden Händen den Kopf, ihr Körper zitterte und krümmte sich, als würde sie gleich zu Boden sinken.

»Wa… rum … ist mein … Körper so …«

Ha, mein ganz besonderes Marechi macht sie verrückt!

Sanemi wischte sich mit dem Handrücken das Blut aus den Mundwinkeln und seufzte erleichtert. Seiner Erfahrung nach wirkte sein Marechi auf Dämonen umso effektiver, je stärker sie waren. Da dieser Gegner die Abnehmende Eins war, musste die Wirkung entsprechend groß sein.

»Warum … hast du … derart starkes Blut …«

Ubume hielt sich weiter den Kopf und keuchte wiederholt heftig. Diese Gelegenheit durfte Sanemi nicht ungenutzt verstreichen lassen. Er unterdrückte die Schmerzen seiner Wunden und versetzte dem Dämon den Hieb, den er vorher nicht hatte ausführen können.

Eine Kaskade von Wind-Schwertangriffen brauste wie ein Sandsturm auf den Körper des Dämons zu.

»Ugh …«

Obwohl Ubume in einem extremen Rauschzustand war, konnte sie Sanemis Attacke mit knapper Not abwehren. Sanemi hatte inzwischen die Blutung in seiner Seite gestillt und machte sich bereit für einen neuen Angriff.

»Jetzt bist du fällig. In der Hölle kannst du für Sae und alle anderen Kinder, die du umgebracht hast, Abbitte tun!«

In Sanemis Blickfeld erschien die Klinge des Freundes und zeichnete einen perfekten Bogen in die Luft.

»Windatmung, dritte Form, heiterer Be...«

Diesmal würde Masachika, der ein guter Kämpfer war, dem Dämon den Kopf abschlagen können. Doch in dem Moment, als Sanemi schon den Sieg vor sich sah ...

»Tu's nicht!«

Der Schrei hörte sich an, als ob mit ihm Blut ausgespuckt würde. Masachika sah, wie das kleine Mädchen auf Ubume zulief, zitterte und die Arme ausbreitete, um Ubume vor seinem Angriff zu schützen. Die Kleine sah ihn mit Tränen in den Augen an.

»Hör auf, meine Mama zu quälen!«

»Was? Uh ...«

Masachika konnte die Richtung seines Schwerthiebs gerade noch ablenken, fast hätte er das Mädchen getroffen. Der Wind-Schwertangriff ging um ein Haar an der Kleinen vorbei. Doch Masachika verlor die Balance und seine Atmung geriet ein wenig aus dem Rhythmus. Der Dämon versuchte, in einem Angriff gleichzeitig Masachika und das Mädchen zu töten. Masachika priorisierte das Leben des Mädchens. Indem er es schützte, musste er hinnehmen, dass Ubume nun mit ihrem Arm seinen ungeschützten Bauch durchstieß. Durch seinen Körper ging ein Ruck, und er spuckte eine große Menge Blut.

»Du hättest mich mitsamt der Kleinen töten können!«

»Ah … uh …«

»Du dummer Junge!«

Masachika fiel sein Sonnenschwert aus der Hand, und auch er selbst ging zu Boden. Ubume sah kalt auf ihn herunter, und in diesem Moment schlug Sanemi mit seinem Schwert lautlos ihren Kopf ab, der mit einem scharfen Geräusch zu Boden fiel.

Aus den Tiefen von Sanemis verletzter Kehle ertönte ein bestialisches Brüllen. Gegenstandslos gewordene Wut und das Gefühl unsäglicher Nichtigkeit erfüllten seinen Körper. Der von seinem Restkörper getrennte Dämonenkopf behielt sein künstlich wirkendes Lächeln bei, bis er sich schließlich in Luft auflöste.

Die beiden Kinder hatten überlebt, und die Kakushi genannten Aufräumarbeiter brachten sie in Sicherheit. Sanemi wurde an Ort und Stelle behandelt, Masachika war mit viel Mühe wieder zu Bewusstsein gekommen, blieb jedoch in kritischem Zustand. Man wollte nicht riskieren, dass er beim Transport sterben würde, daher ließ man ihn zunächst auf dem Zimmerboden liegen.

Sanemi setzte sich neben seinen Freund. Einer der Kakushi sprach ihn furchtsam an: »Herr Shinazugawa, Sie haben eine Menge Blut verloren …«

»Nicht der Rede wert. Lassen Sie uns alleine!«

»Nein, das geht nicht. Sie haben auch Knochenbrüche, und die Verletzungen in Ihrer Kehle können wir hier nicht behandeln. Wir empfehlen dringend eine Behandlung im Schmetterlingsanwesen. Wenn nicht, könnten schlimmstenfalls Sie beide …«

»Schnauze!« Sanemi sah den Kakushi finster an und verbot ihm, weiterzureden.

»Glauben Sie wirklich, dass Sie außer Gefahr sind? Können Sie das mit Sicherheit sagen?«, fragte ihn nun ein anderer Kakushi. Es war ein junger Mann mit müde wirkenden Augen. Sanemi nickte wortlos.

»Wenn das so ist, dann ziehen wir jetzt ab.«

»Aber Goto …«, versuchte sein Kollege aufgeregt zu intervenieren.

»Die beiden hier haben ihr Leben aufs Spiel gesetzt, um den Dämon zu besiegen. Nehmen wir Rücksicht auf ihre Gefühle«, widersprach Goto in unerwartet scharfem Ton. Er drängte zum Aufbruch und verließ mit dem Kollegen das Zimmer.

Nun waren nur noch Masachika und Sanemi in dem Zimmer, in dem Räucherwerk abgebrannt worden war, um den Gestank von Blut zu überdecken.

»Sane... mi ...«, sagte Masachika, der kaum bei Bewusstsein war, mit heiserer Stimme. Sein Gesicht war bleich wie ein Blatt holzfreies Papier.

»Die Kinder ... Die zwei Kinder ...«

»Sie sind beide wohlauf«, erwiderte Sanemi und stützte den Oberkörper des Kameraden. Masachikas Körper war äußerst kalt, ein Beweis, dass das Lebenslicht immer mehr aus ihm wich. Sanemi unterdrückte gewaltsam sein Bedürfnis laut loszuschreien.

»Die Kakushi bringen sie gerade ins Schmetterlingsanwesen.«

Masachika lächelte, aus tiefstem Herzen erleichtert. »Ein Glück. Und du ... Sanemi ...?«

»Ich bin natürlich auch wohlauf!«

Als Sanemi sah, dass Masachika sich selbst in diesem Zustand noch mehr um die Kinder und ihn selbst sorgte, biss er die Zähne zusammen, und tief in seiner Kehle spürte er eine Hitze, die ihn fast verbrannte.

Bei der Rettung der Kinder hatte der Junge vor Freude geweint, das Mädchen dagegen war geistesabwesend gewesen und hatte auch nicht auf die Worte der Kakushi reagiert. Es war wie bei Uraga, der zunächst geweint hatte, weil er nicht sterben und seine Freundin zurücklassen wollte, aber sich dann im nächsten Moment doch lieber selbst das Leben genommen hatte, weil er seine »Mutter« nicht verraten wollte. So wie Sanemis Kollege, der am Ende nicht von Ubume hatte lassen können, wollte auch das Mädchen weiter ihre »Mama« lieben und von ihr geliebt werden, auch wenn sie nur eine falsche Mutter war. Sanemi sah eine düstere Zukunft für das Mädchen heraufziehen.

»Keine Sorge, sie wird es schaffen«, hauchte Masachika heiser, als hätte er Sanemis Gedanken gelesen. »Weil sie ... so lange in Angst und Schrecken leben musste, konnte sie ... sich aus der Herrschaft des Dämons ... nicht befreien. Es wird sicher Zeit dauern ... aber irgendwann wird sie wieder wie früher sein.«

Bei diesen sehr mutigen Worten seines Freundes traten Tränen in Sanemis Augenwinkel.

»In deinem Zustand solltest du dich nicht um andere sorgen, du dummer Senior«, sagte Sanemi mit bebender

Stimme und kämpfte gegen die Tränen. Masachika kniff die Augen zu, als würde er durch das Licht geblendet. »Hör mal, Sanemi ...«

»Ja?«

»Auch wenn ich nicht mehr da bin ...«

Masachika hauchte mehr, als dass er sprach.

»Iss ... ordentlich, schlaf genug ... vertrag dich mit den ... anderen ...«

Sanemi schwieg.

»Leb dein ... Leben so ... wie es sein soll!«

»Ja ...«, antwortete Sanemi knapp. Er war sicher, wenn er mehr reden würde, kämen ihm die Tränen, und er würde jämmerlich schreien: *»Bitte stirb nicht!«*

Masachika sah Sanemi an und lächelte. Für Sanemi war es das zärtlichste Lächeln der Welt. Dieses Lächeln war ihm am Anfang zuwider gewesen, aber jetzt liebte er es. Dieses Lächeln hatte ihn immer wieder gerettet und am Leben gehalten.

Ohne Masachika hätte er viele brenzlige Situationen nicht durchgestanden. Dank ihm konnte Sanemi leben wie ein Mensch.

Warum muss so ein guter Kerl, so ein liebevoller Mensch sterben?

Weil er das Kind nicht verletzen wollte, das sich ihm entgegengestellt und den Dämon verteidigt hatte? Wie kann die Welt so ungerecht sein? Wenn es einen Gott gibt, dann soll er Masachika jetzt retten!

Das hätte Sanemi am liebsten dem Himmel entgegengeschrien. Dieser junge Mann hier war um ein Vielfaches liebevoller als er selbst. Und viel, viel stärker. Er konnte auch in Zukunft noch viele Menschen retten und sie alle glücklich machen.

»Den Rest überlasse ich dir ... Sanemi ... bleib am Leben!«

»Masachika ...«

»Werde glücklich ...«

Allmählich wich das Licht aus Masachikas Augen.

»Masachikaaa ...«

Sanemi hielt den Leichnam seines Freundes fest in den Armen und weinte lautlos und lange.

✻

Demon Slayer Masachika Kumeno wurde im gleichen Grab bestattet wie sein jüngerer Bruder, der vor längerer Zeit von einem Dämon getötet worden war.

Sanemi schmückte das Grab seines Freundes mit Blumen und Ohagi. Der Wind transportierte ein wenig Wärme und ließ die strahlend weißen Blumen wogen. Der Rauch der Räucherstäbchen stieg lang und dünn zum Himmel auf.

»Im Grunde hab ich dich gar nicht richtig gekannt.«

Sanemi hatte nicht gewusst, dass Masachika einen kleinen Bruder gehabt hatte, der vor seinen Augen von einem Dämon getötet worden war, und dass selbst er, Masachika, sich ständig selbst Vorwürfe deswegen gemacht hatte, obwohl seine Eltern ihn nie beschuldigt hatten. Masachika hatte sich von seiner Mutter, die geweint hatte und ihn zurückhalten wollte, losgerissen und war gegen ihren Willen in die Demon-Slayer-Truppe eingetreten, bereit dazu, alles andere aufzugeben.

Sanemi hatte von all dem nichts gewusst und nur Masachikas nach außen hin sichtbaren fröhlichen und ausgeglichenen Charakter gesehen. Er hatte ihn anfangs für einen Einfaltspinsel gehalten, der mit einem sorglosen, friedlichen Leben gesegnet war.

Aber auch in Masachika hatte ein tiefer, ewiger Hass und heiliger Zorn auf die Dämonen gebrannt. Aber Masachika hatte all das hinter einer Mauer aus Freundlichkeit versteckt, damit niemand, auch nicht Sanemi, seine innersten Gefühle erkennen würde.

Als sie gegen Ubume gekämpft hatten, war Masachika wahrscheinlich deshalb so wütend gewesen und hatte seine Gefühle nicht im Zaum halten können, weil die misshandelten Kinder ihn an seinen eigenen Bruder erinnerten. In dem Testament, das der gnädige Herr Sanemi gab, kam Masachikas unbekannte Seite zum Vorschein.

»Du hast in mir sicher deinen kleinen Bruder gesehen.«

Da war es nur folgerichtig, dass Masachika ihn bei jeder Gelegenheit spüren ließ, dass er der ältere Mitschüler war. Für Sanemi dagegen bedeutete ihr Altersunterschied nicht viel, im Gegenteil, er hatte Masachika sogar eher als so etwas wie einen kleinen Bruder gesehen, der ihn viel Mühe kostete.

In Sanemis Gesicht erschien ein zartes Lächeln.

»Du warst wirklich ein ganz schön aufdringlicher und nerviger Kumpel«, neckte er ihn nun, und die Zinnien wogten im Wind, als wollten sie ihm mit einem Lachen antworten.

»Sanemi! Los, wir gehen Rindfleisch-Eintopf essen!«

»Sanemi, ich hab Ohagi gekauft. Koch mal einen Matcha!«

»Mist, ich hab wieder verloren. Du bist frech geworden in letzter Zeit! Hab mal ein bisschen Respekt vor deinem älteren Mitschüler!«

»Oh Mann ... Mit so einem furchterregenden Gesicht wirst du keinen Erfolg bei den Mädchen haben!«

»Sanemi, ich hab Hirschkäfer gefangen. Schneid mal Melonen auf, für mich auch.«

»Leb dein ... Leben so ... wie es sein soll!«

Masachika hatte ihm gesagt, dass er sein Leben nicht aufgeben solle. Aber wie stand es um Masachikas eigenes Leben? War er glücklich gewesen? Für ein Weilchen gab Sanemi sich still ihren gemeinsamen Erinnerungen hin.

»Hör mal, Masachika«, flüsterte er dann. »Mein blöder kleiner Bruder ist doch tatsächlich in die Demon-Slayer-Truppe eingetreten.«

In Sanemis Stimme klangen Gereiztheit und Zorn mit, und die Zinnien wogten wie besorgt im Wind.

Sanemi schloss halb die Augen. Genya war für Sanemi der erste kleine Bruder. An dem Tag, an der er selbst ein älterer Bruder geworden war, hatte er furchtsam die kleinen Händchen des Neugeborenen in seine Hände genommen. Das Gesicht war ihm vorgekommen wie das eines Affenbabys, das mit noch geschlossenen Augen lächelte. Sanemis Brust war voller warmer Gefühle gewesen. Er hatte gedacht, seinen kleinen Bruder würde er unter allen Umständen beschützen. Danach bekamen sie weitere Geschwister und Genya begann Sanemi zu unterstützen. Beide schworen sich, der Mutter zu helfen und ihre jüngeren Geschwister zu beschützen. Aber für Sanemi blieb Genya einfach der kleine Bruder.

An dem Tag, an dem Sanemi ihre Mutter tötete, weil sie ein Dämon geworden war, weinte sein einziges verbliebenes Familienmitglied und nannte ihn, Sanemi, einen Mörder.

Sein dummer kleiner Bruder bereute dies bis heute. Aber das war nicht nötig. Genyas Worte konnten Sanemi nicht verletzen. Für Sanemi war nur wichtig, dass Genya lebte und glücklich war. Es war sein einziger Wunsch und sein Grund zu leben.

»Egal wie sehr Genya mich dafür hasst, ich werde ihn nie anerkennen. Ich lasse auf keinen Fall zu, dass er ein Demon Slayer wird.«

Dann hielt Sanemi inne, senkte den Kopf und fragte leise: »Masachika … Ich hab doch recht damit?«

Aber eine Antwort erhielt er nicht.

Nur der Wind wehte.

Wäre der Tote noch am Leben, was würde er dann sagen? Er, der ihn selbst als kleinen Bruder behandelt und ihm eine glänzende Zukunft gewünscht hatte?

Du würdest sicher »du Idiot« zu mir sagen.

Du, der netter als jeder andere war.

»Versetz dich doch mal in die Lage des kleinen Bruders und nimm Rücksicht auf seine Gefühle! Wenn wir ihn anleiten, wird das schon gelingen«, würdest du sagen und großherzig lächeln.

»Aber ich kann nicht anders!«

Masachika starb, weil er zu nett war.

Diese kompromisslose Nettigkeit hat mir den Freund geraubt.

Genya ist auch nett, er verteidigt immer andere, beschützt seine Freunde, bevor er an sich selbst denkt. Bevor diese Nettigkeit mir auch noch meinen kleinen Bruder nimmt, soll er mich doch so sehr hassen wie er will, das macht mir nichts aus. Ich bin nicht wie Kocho!

Ich kann nicht zulassen, dass Genya an meiner Seite kämpft. Denn ich will alles tun, um ihn zu beschützen, und ich kann ihn nur beschützen, indem ich ihn abweise.

Sanemi blieb noch ein Weilchen still so hocken, dann stand er schließlich auf. Der Wind fuhr sanft durch Sanemis Haar und die Blumen am Grab.

»Bis dann ...«, verabschiedete er sich ruhig. Dann kehrte die Säule des Windes dem Grab des Freundes den Rücken zu, auf dem das Schriftzeichen für »Töten« geschrieben stand.

Langsam schritt er voran. Die Zinnien, die den Tod eines Freundes symbolisierten, wogten hin und her. Und nur der Wind blies ...

殺

KAPITEL 2

Hotaru Haganezukas Omiai

Hotaru Haganezuka war ein versierter Schwertschmied. Natürlich beherrschte er die seit Generationen überlieferten Schleiftechniken, und darüber hinaus liebte er Schwerter auch mehr als jeder andere. Doch als Mensch hatte er charakterliche Defizite. Schon im Alter von zwei Jahren machte er seinen Eltern schwer zu schaffen. Später brüllte er einem jungen Demon Slayer, für dessen Schwert er als Schmied zuständig war, Dinge wie »Ich bring dich um!« und »Du hast tausend Tode verdient!« hinterher und verfolgte ihn mit dem Küchenmesser in der Hand, oder er würgte einen jungen Kollegen, oder er schlug eine junge Säule zusammen ... Sein unglaublich dreistes und gewalttätiges Verhalten war allgemein bekannt.

»Mit Hotaru hat man auch seine liebe Not.«

Tetchin Tetchikawahara tat einen tiefen Seufzer. Der Dorfvorsteher saß auf dem Ehrenplatz und griff nach einem Mitarashi-Dango. Die süßen Klöße waren ein Geschenk von dem jungen Demon Slayer Tanjiro Kamado für Meister Haganezuka. Nachdem Tanjiro dessen unermüdliche Schleifarbeit zunichtegemacht hatte, soll der Meister von ihm verlangt haben, ihm bis an sein Lebensende Mitarashi-Dango mitzubringen. Und Tanjiro befolgte diesen Befehl bewundernswert gewissenhaft.

Und wegen dieses 27-jährigen Mannes, der sich von einem gerade mal 15-Jährigen permanent Essen spendieren ließ, war dessen Pflegevater und Namenspate Tetchikawahara nun ziemlich deprimiert.

»Habe ich ihn vielleicht falsch erzogen?«

»Aber nein. Der geht auf die 40 zu und ist für sein Verhalten selbst verantwortlich«, erwiderte Kanamori ruhig und setzte Tee auf. »Stimmt's, Kotetsu?«

Der so angesprochene Junge sah von seinem Mitarashi-Dango auf. »Ja. Dass er ungeschickt im Umgang mit anderen, verschroben und jähzornig ist, das ist alles Herrn Haganezukas eigene Schuld. Sie müssen sich da keine Vorwürfe machen!«

»Trotzdem fühle ich mich verantwortlich«, sagte Tetchikawahara und zuckte mit seinen knabenhaft schmalen Schultern.

»Und es wäre schon gut, wenn er ein bisschen liebenswürdiger werden könnte. Gibt es keine Methode, das zu erreichen?«

»Nein«, behauptete Kotetsu kategorisch. »Es ist einfacher, einen Bären zum Pfötchen geben zu dressieren, als diesen Mann zu ändern.«

Doch der ältere und erfahrenere Kanamori dachte angestrengt nach und schlug schließlich zwanglos vor: »Wie wär's mit einem Omiai*?«

✱

Kanamoris Plan, Haganezuka zum Heiraten zu bewegen und ihn so zu einem ein wenig umgänglicheren und reiferen Menschen zu machen, kam, auch durch Tetchikawaharas enthusiastische Unterstützung, erstaunlich problemlos in Gang.

Sie hatten befürchtet, dass Haganezuka den Vorschlag brüsk ablehnen würde, doch gegen alle Erwartung zeigte sich dieser durchaus aufgeschlossen und willigte ein. Als Termin für das Omiai wurde der nächste Glück verheißende Tag im Kalender bestimmt.

Und nun war dieser verheißungsvolle Tag gekommen.

Kanamori, der den Vorschlag gemacht hatte, legte sich mit Kotetsu im Garten des teuren Restaurants, wo das

* *formelles Treffen zweier potenzieller Heiratskandidaten*

Omiai stattfinden sollte, auf die Lauer. Ihr Ziel war natürlich, den Verlauf der Begegnung zu beobachten.

Da man im Dorf der Schwertschmiede keine Außenstehenden sehen wollte, entschied man sich für ein Restaurant in einer Stadt, die weit genug vom Dorf entfernt lag. Der traditionsreiche Gasthof war für seinen schönen Garten bekannt, und da Kanamori selbst den Tisch für das potenzielle Brautpaar bestellt hatte, mussten er und Kotetsu sich nicht heimlich einschleichen.

Im Zentrum der über 20 Tatami-Matten großen* Gaststube saßen sich nun ein Mann und eine Frau gegenüber. Unnötig zu erwähnen, dass es sich um Hotaru Haganezuka und seine Omiai-Partnerin handelte. Der kleinwüchsige Tetchikawahara hockte ebenfalls am Tisch und wirkte wie schmückendes Beiwerk.

Die junge Frau in Festtagskleidung war hübscher als erwartet. Das Päonien-Muster ihres Kimonos passte gut zu ihrer schlanken und wohlgeformten Figur.

»Sie ist ja ziemlich hübsch! Ich werde gleich wütend.«

»Ja, sie trifft den Geschmack des Dorfvorstehers perfekt! Sie ist Frau Kanroji wie aus dem Gesicht geschnitten.«

Tetchin Tetchikawahara hatte die Omiai-Partnerin mit großer Sorgfalt ausgewählt. Er war normalerweise

* *ca. 33 Quadratmeter*

gelassen und unerschütterlich, manchmal ging aber auch eine überraschend einschüchternde Aura von ihm aus. Doch wenn es um Frauen ging, war er plötzlich ein Snob.

»Irre, dass so eine tolle Frau in ein Omiai mit dem da eingewilligt hat.«

»Na ja, rein vom Aussehen her macht Haganezuka einen guten Eindruck. Ein Omiai aufgrund eines Fotos von ihm ist also nicht sehr erstaunlich.«

»Es geht also immer nur ums Aussehen.«

»Nein, Kotetsu. Entscheidend ist die Liebe!«

Kanamori hatte seine Frau aufgrund von Liebe auf den ersten Blick geheiratet und war sicher der hingebungsvollste Ehemann im ganzen Dorf. Im Gespräch mit ihm musste man immer darauf gefasst sein, dass er im nächsten Moment von ihr schwärmen würde.

Das Omiai in der Gaststube ging derweil störungsfrei seinen Gang.

»Was ist Ihr Hobby, Herr Haganezuka?«

»Schwerter schmieden.«

Die Tierscheuche im Garten machte ein angenehm klackendes Geräusch.

»Ihr Vorname ist Hotaru, nicht wahr? Das ist ein schöner Name!«

»Danke.«

»Das meine ich auch! Den Namen habe ich ihm gegeben, aber der Junge beschwert sich immer, weil ihm der Name zu niedlich klingt.«

»Hi hi ... Ja, er verbirgt seine Verlegenheit!«

Wieder ertönte die Tierscheuche.

»Mein Hobby ist Kochen. Würden Sie mir verraten, was Sie gerne essen?«

»Mitarashi-Dango.«

Wieder klackte im Garten die Tierscheuche.

»Was machen Sie gerne in Ihrer Freizeit?«

»Mitarashi-Dango essen.«

»Ah, Sie lieben Mitarashi-Dango sehr, nicht wahr?«

»Ich will jeden Tag Mitarashi-Dango essen.«

»Sie sind ja süß, Herr Haganezuka!«

Wie um einen Schlussakkord zu setzen, klackte die Tierscheuche erneut.

»Nanu? So schlimm ist es doch gar nicht? Aber die Tierscheuche nervt!«

»Ja, es läuft viel besser als erwartet.«

»Nicht wahr? Die Atmosphäre ist locker und angenehm. Aber der Kerl kriegt ja den Mund nicht auf. Und wenn, dann spricht er zu leise.«

»Das ist die Nervosität. Er ist so seltsam verlegen ... Bei einem großen Mann wie ihm wirkt das peinlich.«

»Er hat ja bisher immer nur für seine Schwerter gelebt. Er ist erstaunlich unschuldig. Zumindest ist er bis jetzt noch nicht aus der Rolle gefallen, und die Dame scheint auch ganz angetan von ihm zu sein. Vielleicht wird es ja was mit den beiden ...«

Kanamori war so aufgeregt, als ob er selbst der Heiratskandidat wäre.

»Na, wollen Sie junge Leute jetzt nicht einen Spaziergang im Garten machen?«

Der Dorfvorsteher nutzte die herkömmliche Methode, um die nächste Phase einzuleiten, und so wurde der nächste Teil des Omiai in den Garten verlegt.

✻

Ein muskulöser Mann mit Hyottoko-Maske und eine schöne Frau im blühenden Alter wanderten ziellos im

Garten umher … Es war eine unbeschreibliche Szene.

»Sie sprechen ja nicht sehr viel, Herr Haganezuka.«

»Hah …«

»Ich mag schweigsame Männer. Sie wirken besonnen und rücksichtsvoll.«

»Ach.«

»Nächstes Mal bringe ich Ihnen selbst gemachte Mitarashi-Dango mit.«

»Danke.«

Nach wie vor sprach Haganezuka nur sehr wenig und extrem leise. Das nahezu einzige Gesprächsthema war Mitarashi-Dango. Doch die Stimmung zwischen den beiden war keineswegs unangenehm.

»Das ist ein Wunder, Kotetsu!«

Kanamori senkte seine Stimme noch weiter als zuvor, damit sie nicht entdeckt würden, und machte eine Handbewegung, als ob er sich die Tränen aus den Augen wischen würde. »Endlich kommt auch für Haganezuka der Frühling!«

»Ah! Eben hat die Frau von sich aus seine Hand genommen! Und Herr Haganezuka windet sich wie ein Krake!«

»Ja, vor Verlegenheit.«

»Verlegenheit? Das ist widerlich!«

»Ja, es ist widerlich, aber wir sollten beten, dass das Wunder bis zum Ende anhält!«

Kanamori als der Ältere wies Kotetsu freundlich zurecht. Haganezuka und seine Omiai-Partnerin bewegten sich nun auf den Baum zu, hinter dem sich Kanamori und Kotetsu versteckten. Diese machten sich noch kleiner als bisher und hielten den Atem an.

Haganezuka und die Frau blieben stehen.

»Herr Haganezuka ...«, sagte Letztere förmlich. »Ich hätte eine Bitte.«

Sie sprach in ernstem Ton, als hätte sie eine Entscheidung getroffen.

»J-ja?« Haganezukas Schultern zuckten vor Nervosität.

»Nach unserem Gespräch weiß ich nun, dass Sie Ihre Arbeit als Schwertschmied sehr ernst nehmen.«

»A-ach so?« Haganezukas Stimme wurde plötzlich heller. Doch die Frau fuhr fort: »Aber ich finde, Schwerter passen nicht mehr in die heutige Zeit.« Dann lächelte sie charmant.

»Niemand benutzt mehr Schwerter. Möchten Sie in Zukunft nicht lieber stattdessen Küchenmesser oder

Werkzeuge oder etwas in der Art anfertigen? Ich möchte nicht, dass mein geliebter Ehemann etwas so Barbarisches wie Schwerter herstellt.«

Nach dieser ungenierten Meinungsäußerung der Frau erstarrte Haganezuka zu Eis. Die heimlichen Zuhörer Kotetsu und Kanamori erstarrten ebenfalls und wurden kreidebleich.

»Oh nein! Eine Katastrophe! So was darf man auf keinen Fall zu ihm sagen!«

Gegenüber Hotaru Haganezuka, der Schwerter mehr liebte als jeder andere auf der Welt, stellte eine solche Äußerung in der Tat die Verletzung eines strengen Tabus dar. Im schlimmsten Fall konnte er darüber sogar zum Mörder werden. Für das Dorf der Schwertschmiede würde dies das Ende bedeuten.

»Kotetsu, wenn es hart auf hart kommt, lauf du mit der Frau weg! Ich werde Herrn Haganezuka dann mit aller Kraft in den Seiten kitzeln, damit verschaffe ich euch Zeit für die Flucht.«

»Verstanden, Herr Kanamori. Bitte bleiben Sie am Leben!«

Kotetsu und Kanamori waren sehr angespannt. Doch es verging eine lange Zeit, ohne dass Haganezuka losbrüllte.

Er stand einfach nur da und schwieg. Die Frau sprach ihn an: »Ähm ... Herr Haganezuka?«

»Mit so einem Schwert ...«, flüsterte Haganezuka daraufhin, »... das Sie barbarisch nennen, kämpft jemand und setzt für wildfremde Leute sein Leben aufs Spiel.«

»Was?«

»Er wird dabei verletzt, aber kämpft unbeirrt weiter, egal wie hoffnungslos die Lage ist. Dass ich sein Schwert schmieden darf, das sein Leben schützt, erfüllt mich als Schmied mit großem Stolz.«

Die Frau schwieg.

»Betrachten Sie unsere Unterhaltung bitte als ungeschehen.«

Die Frau war sprachlos. Ein kalter Wind blies zwischen den beiden. Haganezuka war nicht ausgerastet. Er, der sonst immer so impulsiv reagierte, hatte die Frau, die sich abfällig über seine geliebten Schwerter geäußert hatte, nicht angebrüllt. Er hatte ihr nur leise eine Absage erteilt.

Dies hatte sicher mit seinem Stolz und seiner Verbindung zu einem gewissen Demon Slayer zu tun.

Und so ging Herrn Haganezukas Omiai ohne weitere Zwischenfälle zu Ende.

»Nun, das war eben Schicksal. Viel Glück für das nächste Mal.«

Der Dorfvorsteher blieb optimistisch. »Mal sehen, welche Frau fragen wir als Nächstes?«

Eifrig sah er die Fotos möglicher Omiai-Partnerinnen durch.

»Nicht nötig ... Ich hab ja meine Schwerter.«

Obwohl schon einige Tage seit dem Omiai vergangen waren, lümmelte Haganezuka auf eine Weise auf dem Boden herum, die eines erwachsenen Mannes nicht würdig war.

Kotetsu stellte einen Teller mit einer großen Portion Mitarashi-Dango auf den Tisch und sagte mit leicht giftigem Unterton: »Liegen Sie hier nicht im Weg rum mit Ihrem riesigen Körper. Das ist störend!«

»Hier, die hat wieder Tanjiro geschickt. Iss Mitarashi-Dango, das bessert deine Laune.«

»Genau, Herr Haganezuka. Wie gut, dass Sie für das Schwert dieses netten jungen Demon Slayers zuständig sind. Nicht wahr? Das ist das Glück eines Schwertschmieds!«

»Hmpf. Das ist nur die selbstverständliche Wiedergutmachung dafür, dass er meine Schmiedekunst mit Füßen getreten hat.«

»Nun sei nicht so griesgrämig. Hier, ich schenke dir Tee ein.« Kanamori goss Tee in Haganezukas Trinkschale. »Uwah! Da drin schwimmt ein Teestiel aufrecht! Das verspricht Glück, Haganezuka!«

Tatsächlich, in der Trinkschale schwamm ein Teestiel aufrecht.

»Ich bin sicher, das nächste Omiai wird gut laufen!«

Trotz dieses glücklichen Moments wurde Haganezuka im nächsten Moment wütend: »Tee mit einem aufrecht schwimmenden Teestiel muss man heimlich trinken! Du hast es vermasselt! Wie willst du das wiedergutmachen?«

»Was?«

»Wenn das nächste Omiai kein Erfolg wird, bist du schuld! Dann musst du dich verantworten!«

Das war zu viel der falschen Anschuldigungen. Nun war selbst Kanamori verblüfft und beschuldigte den Dorfvorsteher: »Wie konntest du ihm nur so einen miesen Charakter anerziehen?«

»Hast du nicht gesagt, dass er mit fast 40 Jahren selbst für sein Verhalten verantwortlich ist?«

»Ja, das habe ich gesagt. Aber das eben ging wirklich zu weit. Ich sag's wie es ist: Der Kerl ist Abschaum!«

»Mir ist das egal.«

Tetchikawahara wies die Verantwortung als Pflegevater von sich. Er wandte seinen mit einer Hyottoko-Maske bedeckten Kopf ab und sah in eine andere Richtung. Kotetsu seufzte unter seiner Maske.

Aber es ist nicht so, als hätte Herr Haganezuka sich überhaupt nicht gebessert.

Zu sehen, wie er die Frau, die seine Schwerter schlechtgemacht hatte, zurechtwies, war ein Vergnügen gewesen. Da hatte er eine wirklich gute Figur abgegeben. Seine Worte waren voller Stolz eines Schwertschmieds gewesen und hatten Kotetsu, der in der gleichen Branche hier im versteckten Dorf der Schwertschmiede arbeitete, aufrichtig froh gemacht. Die Begegnung mit dem Jungen, der an seine Schwertschmiedekunst glaubte und sein Leben im Kampf einsetzte, hatte diesen Sonderling immerhin so weit verändern können.

Und deshalb …

O Gott, wenn Herr Haganezuka seinen miesen Charakter verändern kann, dann gib ihm bitte eine liebe Frau, die Verständnis für seine Liebe zu Schwertern hat!

So betete der Junge, dass eines fernen Tages auch für Herrn Haganezuka der Frühling kommen möge …

KAPITEL 3

Die Blume und das Biest

»Ino… su… ke … Inosu… ke …«

»Ja! Gut so! Du kannst ihn aussprechen!«

Als Inosuke endlich Nezuko erfolgreich die Aussprache seines Namens beigebracht hatte, ließ er einen Freudenschrei los und schlug einen Purzelbaum. Er wurde wegen seiner Verletzungen im Schmetterlingsanwesen behandelt, und als er am Vortag gehört hatte, dass Nezuko nun sprechen konnte, fasste er begeistert den Entschluss, ihr seinen Namen beizubringen. Das vorläufige Ergebnis war, dass sie zwar nun immer noch »Boff« statt »Boss« sagte, aber »Inosuke« brachte sie korrekt über die Lippen.

Der sonst so ungeduldige Inosuke hatte eine ungewohnte Beharrlichkeit an den Tag gelegt, und so war er nun euphorisch und schwebte geradezu über den Wolken.

Er schlug unzählige Purzelbäume und ließ Nezuko, als wäre sie sein eigenes Kind, immer wieder seinen Namen aussprechen.

»Inosuke!«

»Ja!«

»Inosuke!«

»Ja, genau! Sag es immer wieder! Das ist schließlich der Name von deinem Boss!«

Inosukes vor Stolz berstende Stimme erschallte durch den Garten des Schmetterlingsanwesens.

»Weil du es so gut gelernt hast, gebe ich dir diese glatte Eichel.«

Erfreut nahm Nezuko sie an und hielt sie gegen das Sonnenlicht. Sie hatte immer noch Reißzähne in den Mundwinkeln und rote Augen. Sie war immer noch ein Dämon, aber Tanjiro freute es riesig, dass sie nun unempfindlich gegen das Sonnenlicht war.

Inosuke erinnerte sich an Tanjiros Lächeln, als Nezuko in der Sonne gestanden hatte, und ihm selbst war warm ums Herz. Es war das gleiche Gefühl, das er oft spürte, wenn er mit Tanjiro und den anderen zusammen war. Normalerweise wehrte er diese Regung vehement als weibisch ab, doch jetzt konnte er sie zulassen.

Na ja, wenn die Untergebenen sich freuen, freut sich auch der Boss.

Hm-hm, schnaubte er zufrieden und nahm sich vor, weitere solche Untertanen um sich zu scharen.

»Kyaaah!«

In einer Ecke des Gartens, am Platz zum Wäschetrocknen, fiel etwas laut zu Boden, und es ertönte der Schrei eines Mädchens.

Es war Kiyo Terauchi, eine der drei Krankenpflegerinnen, die im Schmetterlingsanwesen arbeiteten.

Inosuke kam mit zwei gezückten Schwertern angelaufen. »Was ist los? Ein feindlicher Angriff?« Nezuko folgte ihm. Das laute Geräusch war offenbar von einer Stange ausgelöst worden, die vom Trockengestell gefallen war. Auf dem Boden lagen gewaschene, aber nun schmutzig gewordene Bettwäsche und Schlafanzüge. Davor saß Kiyo, hielt sich den Kopf und weinte. Aoi Kanzaki und Kanao Tsuyuri versuchten eifrig, sie zu trösten.

Inosuke bekam vor Wut auf beiden Armen Gänsehaut.

»Wer hat ihr das angetan? Ein Dämon?«

»Nein, eine Krähe!«, antwortete Aoi. Voller Mordlust zog Inosuke unter seiner Wildschweinmaske die Brauen zusammen. »Etwa eine Verbindungskrähe?«

»Ach was! Das würde eine Verbindungskrähe doch nie tun, oder? Es war eine normale Krähe.«

»Und die hat ihr wohl Fleisch aus dem Gesicht gebissen.«

»Sag nicht so schreckliche Sachen!« Aoi warf Inosuke, der voreilige Schlüsse gezogen hatte, einen missbilligenden Blick zu.

»Bis gestern hat es ja lange unaufhörlich geregnet, nicht wahr? Da ist so viel Wäsche liegen geblieben …«

Schon am frühen Morgen hatte sie mit Kiyo zusammen eine große Menge an Bettwäsche und Schlafanzügen gewaschen, erzählte sie. Als sie endlich fertig geworden waren und sie aufhängten, kam eine Krähe angeflogen und stibitzte Kiyo die Haarnadel vom Kopf. Dabei verlor Kiyo das Gleichgewicht und riss die Stange mit zu Boden.

»Haarnagel? Ist das was zum Essen?«

»Nicht Haarnagel, Haarnadel! So was hier!« Aoi deutete auf den Schmetterling in ihrem eigenen Haar.

»Haarnadel?«

Nun, da Inosuke genau hinsah, hatte er tatsächlich das Gefühl, dass an Kiyos Kopf vorher zwei kleine Schmetterlinge gesessen hatten und einer jetzt fehlte. Es war aber ein sehr geringer Unterschied, der einem nur bei genauer Betrachtung auffiel.

Ach so ... Inosuke war fast enttäuscht.

»Und hat sie sich verletzt?«

»Nein ... Nur ein wenig das Knie aufgeschrammt. Nicht wahr, Kiyo?«

Kiyo weinte immer noch und beantwortete Aois Frage mit einem leichten Nicken.

Kanao streichelte linkisch Kiyos Rücken. Nezuko tat es ihr nach und tätschelte Kiyo den Kopf.

»Alles ist gut! Es ist doch alles gut!«

Nezukos unbeholfenen Tröstungsversuch beantwortete Kiyo, die immer noch weinte, mit mehrmaligem Nicken.

Inosuke fühlte sich zunehmend unbehaglich. *Wieso weint die denn die ganze Zeit?*

Ihr war nicht das Essen weggenommen worden, und nennenswert verletzt war sie auch nicht. Weshalb also das Geflenne?

»Wein nicht wegen so einer Haarnadel. War doch bloß so ein kleines Ding«, bemerkte Inosuke genervt, und Kiyos Schultern zuckten vor Schreck. Aoi sah Inosuke finster und vorwurfsvoll an.

Aber es war nicht Aoi, die zuerst protestierte, sondern Kanao: »Das stimmt nicht!«

Das Mädchen war normalerweise sehr wortkarg und lächelte immer nur, aber nun waren seine sonst schneeweißen Wangen puterrot, und es sah Inosuke böse an.

»Für Kiyo ist ihre Haarnadel nicht einfach nur ›ein kleines Ding‹! Sie ist ein liebgewonnenes Andenken an Kanae … Ein familiäres Erinnerungsstück!«

Am Ende zitterte Kanao, machte auf dem Absatz kehrt und lief weg. Entgeistert sah Inosuke ihr nach.

»Kanao ...«, rief Kiyo weinend. Aoi tröstete Kiyo wortreich und stützte den zierlichen Körper des Mädchens. Dabei trafen sich ihre und Inosukes Blicke.

Inosuke ging in Hab-Acht-Stellung. *Geht sie jetzt auf mich los?*

Doch Aoi sah ihn nur kurz tadelnd und traurig an und sagte kein Wort.

✵

»So war das!«

Inosuke saß breit im Schneidersitz auf dem Bett von Tanjiro, der ebenfalls wegen seiner Verletzungen im Schmetterlingsanwesen gesundgepflegt wurde, und erzählte, was ihm gerade im Garten widerfahren war. Er wirkte dabei wie ein Schuljunge, der sich bei seiner Mutter den Kummer von der Seele redete. Der Junge mit dem Irokesenschnitt im Bett nebenan war nicht gerade begeistert: »Ich will jetzt schlafen. Tanjiro, pass bitte auf, dass er nicht zu laut wird.« Dann zog er sich die Decke über den Kopf und schlief ein.

Inosuke sprang auf. »Was willst du, Kerl mit den komischen Haaren? Krach?«

Aha!
Aha!

Tanjiro beschwichtigte seinen kampfeslustigen Freund wie üblich und kehrte zum ursprünglichen Gespräch zurück: »Und wie ging es danach weiter, Inosuke?«

Inosuke schnalzte verächtlich mit der Zunge und ließ sich erneut auf Tanjiros Bett nieder. »Also, nicht die Kleine, die immer so nervig nörgelt, sondern die andere, die nie was sagt, ist plötzlich ausgerastet!«

Die immer todernste Aoi hielt Inosuke bei jeder Gelegenheit eine Predigt, und der hatte sich schon daran gewöhnt. Wenn sie wütend wurde, dachte er nur: *Schon wieder.*

Aber dass Kanao, die sonst die Lippen nicht auseinander bekam, ihn ausgeschimpft hatte, hatte ihn sehr überrascht. Und dann auch noch wegen so einer Lappalie! Je mehr Inosuke darüber nachdachte, desto absurder kam ihm die ganze Sache vor, und er schnaubte heftig.

»Sie laberte irgendwas vonwegen, es sei nicht nur ein kleines Ding, sondern ein Andenken oder so was, dann ist sie weggerannt.«

»Ach, Kanao war das ...«

»Das war doch nur so ein kleines Ding? Sie war nicht verletzt, wieso hat die Göre so geweint? Ich kapier das nicht!«

Tanjiro hatte nun lange Inosukes Klagen zugehört und ihn kaum unterbrochen.

»Vielleicht hast ja doch du einen Fehler gemacht, Inosuke?«

»So kannst du doch nicht mit dem Mädchen reden!«

Ihm auf derlei abgeschwächte Art Vorwürfe zu machen, darauf verzichtete Tanjiro, aber er nickte Inosukes Rechtfertigungen auch nicht ab. Er sah ihn nur an, ohne etwas zu sagen. Sein Blick war freundlich, wenn auch ein kleines bisschen traurig.

Was soll das, Soichiro? Sag doch was!

Tanjiros Blick brachte Inosuke aus dem Konzept. Aoi hatte ihn auch so wortlos angeschaut, ohne wütend zu werden, und Tanjiros Schweigen löste nun wieder das gleiche Unbehagen in ihm aus. Nervös zappelte er hin und her.

»Hör mal, Inosuke«, begann Tanjiro mit leiser Stimme. »Wenn dir jemand deine Wildschweinmaske klaut, was machst du dann?«

»Ich hol sie mir zurück, was sonst?«

»Und was, wenn dein Lendenschurz, den du immer trägst, geklaut wird?«

»Den Dieb schlag ich zusammen!«

Auf Tanjiros rein hypothetische Szenarien hin wurde Inosuke wütend und reckte drohend seine geballten Fäuste in die Luft.

»Klar machst du das!« Tanjiro lächelte freundlich. »Es ist nur meine Meinung, und ich kann natürlich falsch liegen«, schickte er voraus und fuhr dann fort: »Dein Wildschweinkopf stammt von dem Wildschwein, das dich aufgezogen hat. Dein Vater oder deine Mutter hat deinen Namen auf deinen Lendenschurz geschrieben. Das sind also beides wichtige Gegenstände für dich, oder?«

Als sein Lendenschurz erwähnt wurde, schnaubte Inosuke. »Ich hab weder Vater noch Mutter.«

»Inosuke ...«

»Ich bin von einem Wildschwein aufgezogen worden.«

Aber warum ist mir der Lendenschurz dann so wichtig? Wenn es nur ein unbedeutender Gegenstand wäre, würde es mir nichts ausmachen, ihn zu verlieren.

Tanjiro beobachtete ruhig, wie Inosuke nachdachte, und als dieser sein friedliches Gesicht sah, fiel ihm etwas ein.

Als kleines Kind hatte er einmal den Opa, der ihm immer Kekse gab, gefragt, was auf seinem Lendenschurz stehe. Erst da hatte er verstanden, dass sein Name Inosuke Hashibira war.

»Das ist dein Name, den dir dein Vater und deine Mutter gegeben haben. Also halte ihn in Ehren!«

Das hatte der Opa gesagt, Inosuke erinnerte sich noch gut. *Aha! Der Lendenschurz ist mir also nur wichtig, weil mein Name draufsteht. Fast wäre ich in Sojiros Falle getappt!*

Das entscheidend Wichtige war nicht der Lendenschurz selbst, sondern sein Name, der auf ihm geschrieben stand.

»Ich kann ja nicht schreiben. Wenn ich meinen eigenen Namen nicht erkennen würde, könnte ich Probleme bekommen.«

Tanjiro ritt nicht länger auf diesem Thema herum. »Gut, dann lassen wir die Sache mit dem Lendenschurz mal beiseite.« Er nickte und fuhr fort: »Aber dein Wildschweinkopf ist doch ein wertvolles Andenken für dich?«

»Ja.«

»Ich glaube, für Kiyo ist ihre Haarnadel das, was für dich dein Wildschweinkopf ist.«

»Ein Andenken an den, der sie aufgezogen hat?«

Inosuke neigte fragend den Kopf zur Seite. Da fiel ihm ein, dass Kanao irgendwas von einem »liebgewonnenen

Andenken« gesagt hatte ... Welchen Namen hatte sie noch mal erwähnt?

»Kanee ... Kanei ... Kanai ... nein, Kanae!« Inosuke klatschte in die Hände. »Wer ist Kanae?« Dann legte er wieder den Kopf zur Seite und Tanjiro senkte freundlich die Augenbrauen.

»Ich glaube, sie war Shinobu Kochos große Schwester. Das hab ich mal von Frau Kocho, Kiyo und den anderen gehört.«

»Frau Kochos große Schwester ...?«

Inosuke erinnerte sich daran, wie Shinobu Kocho bei der letzten Mission neulich seine Wunden behandelt hatte. »Ich habe dir deine Wunden genäht. Du darfst sie nicht anfassen und auf keinen Fall selbst die Fäden ziehen!« Dann hatte sie ihm dieses Versprechen abgenommen, indem sie beide die kleinen Finger miteinander verhakten. »Yubikiri genman ... Versprochen ist versprochen!«

Das allein hatte gereicht, um Inosuke davon abzuhalten, eigenmächtig die Fäden zu ziehen.

»Ich glaube, Kanae Kocho war die große Schwester nicht nur von Shinobu Kocho, sondern auch von Kanao, Aoi, Kiyo, Sumi und Naho ... auch wenn sie nicht blutsverwandt sind.«

»Was ist aus dieser Kanae geworden?«

»Sie ist tot. Ich hab gehört, sie war eine Säule.«

»Aha«, erwiderte Inosuke kurz und knapp.

Alle Lebewesen sterben einmal. Wenn sie gestorben sind, kehren sie einfach nur in die Erde zurück.

Das hatte Inosuke immer gedacht, aber jetzt fiel ihm aus irgendeinem Grund sein Kleine-Finger-Versprechen mit Frau Kocho und das freundliche Lächeln wieder ein, das sie ihm geschenkt hatte.

»Alle hier im Schmetterlingsanwesen tragen einen Schmetterling im Haar, nicht wahr? Also hatte Kanae sicher auch eine solche Haarnadel.«

Tanjiro erklärte, dass für die Mädchen im Schmetterlingsanwesen diese Haarnadel sicher ein wertvolles Andenken an die geliebte Verstorbene war, und Inosuke hörte still zu. Dann sagte er: »Also war sie deshalb so wütend.«

»Kanao kann also jetzt sogar motzen, das ist ja toll!« Tanjiro strahlte.

»Dann war es doch nicht einfach nur ein kleines Ding«, murmelte Inosuke vor sich hin, und Tanjiro nickte: »Genau.«

Inosuke blickte eine Weile mürrisch zu Boden, dann sprang er plötzlich von Tanjiros Bett auf. Als er wortlos das Krankenzimmer verlassen wollte, sagte Tanjiro: »Ich bin sicher, dass Kanao auch schon losgegangen ist, um nach Kiyos Haarnadel zu suchen!«

Er hatte wie selbstverständlich das Wort »auch« benutzt, also stillschweigend vorausgesetzt, dass Inosuke das Gleiche vorhatte, ohne dies zu wissen.

»Ich komme mit«, fuhr Tanjiro fort und wollte schon das Bett verlassen.

»Ich gehe nur was zum Essen suchen, weil ich Hunger hab! Ich suche keine Haarnadel«, fauchte Inosuke absichtlich gehässig und deutete mit dem Zeigefinger auf Tanjiro. »Und du bleibst schön im Bett liegen und rührst dich nicht vom Fleck! Lauf mir ja nicht hinterher! Sonst fällst du wieder ins Koma! Kapiert?«

Nach dieser strengen Warnung verließ Inosuke den Raum.

Direkt danach richtete sich der Junge im Nachbarbett auf und sagte entgeistert: »Der Kerl ist ja echt ein schwieriger Charakter!«

Tanjiro erwiderte lachend: »Ja, er ist so wie du, Genya!«

»Vergleich mich nicht mit so einem dreckigen Wildschwein! Sonst bring ich dich um!«

Doch Inosuke bekam Genyas Beleidigung natürlich nicht mit, denn er war längst den Korridor hinuntergelaufen.

✵

»Waaah!«

Inosuke machte einen unnötig hohen Sprung von der Veranda und landete mit beiden Füßen im Garten, was ein ziemlich lautes Geräusch verursachte. Aoi trug gerade einen Korb mit der vermutlich ein zweites Mal gewaschenen Wäsche. Erschrocken blieb sie stehen und drehte sich furchtsam zu Inosuke um.

»Hey«, rief dieser. Kiyo, die neben Aoi stand, zuckte zusammen und versteckte sich hinter Aois Rücken. Aoi zeigte daraufhin einen leicht angespannten Gesichtsausdruck.

»Was willst du?«, fragte das unerschrockene Mädchen schroff und wandte sich Inosuke zu. Der störte sich nicht an Aois Ton, sondern lief schnurstracks auf sie zu. Sie hielt sich den Wäschekorb schützend vor den Oberkörper, während sich Kiyo hinter ihr an ihrer Kleidung festhielt.

»Wisst ihr, wo sie hin ist?«

»Hm?«

»Ich meine die Krähe, die der Kleinen vorhin die Haarnadel geklaut hat. Wo ist sie hin?«, fragte Inosuke gereizt. Aoi entfuhr ein »Ah …«, dann setzte sie mit verwundertem Gesichtsausdruck langsam den Wäschekorb ab. »Zu dem großen Berg da drüben ist sie geflogen.«

»Dahin also …«, bestätigte Inosuke die Richtung, in die Aoi gedeutet hatte. Er wollte schon losrennen, doch dann hielt er plötzlich inne. Einer Tasche seiner Uniform entnahm er eine Eichel und streckte sie Kiyo hin, die ein wenig verschreckt reagierte.

»Schenk ich dir«, sagte Inosuke schroff.

»Eh?«

»Das ist die größte Eichel, die ich habe. Sie ist ganz glatt wie ein Edelstein, siehst du? Deshalb gebe ich sie dir.«

»J-ja …«

Kiyo streckte furchtsam beide Hände vor, und Inosuke legte die funkelnde Eichel in eine ihrer kleinen Händchen. »Schön …«, murmelte Kiyo leise. Ihre Augen waren rot und geschwollen, sie sahen mitleiderregend aus. Der ihr noch verbliebene Schmetterling in ihrem Haar flatterte im Wind.

»Tut mir leid wegen vorhin«, sagte Inosuke nur, und Kiyo stotterte verdutzt: »Äh … ah …«

Inosuke beachtete sie nicht weiter, sondern lief in die Richtung, in die die Krähe geflogen war. Hinter ihm rief Aoi plötzlich seinen Namen, und er blieb stehen. Er sah sich um, und Aoi sagte mit ernstem Gesicht: »Es ging alles so schnell, deswegen bin ich nicht sicher, aber ich glaube, die Krähe hatte weiße Schwanzfedern.«

»Alles klar, danke«, rief Inosuke, und Aois Gesichtszüge entspannten sich. »Pass auf dich auf!«

»Ja!«

Inosuke lief stetig auf den Berg zu, hinter dem die Sonne sich allmählich senkte und den Himmel rot färbte.

✸

Was soll ich tun? Ich kann sie nirgends finden.

Kanao war ratlos. Sie lief am Hang des Berges umher, zu dem die Krähe Kiyos Haarnadel entführt hatte. Ein Teil ihres Gefieders war weiß, das hatte sie noch sehen können. Davon abgesehen war es vermutlich eine ganz normale Krähe. Nun lief sie nach Kräften in die Richtung, in der sie die Krähe vermutete. Einmal sah sie eine Krähe mit weißen

Schwanzfedern hangabwärts fliegen, aber sie war nicht sicher, wo genau, und ob sie die gesuchte Krähe war.

Sie durchsuchte Nester in den Bäumen und auch die Sträucher, aber nirgendwo fand sie eine Krähe mit weißen Schwanzfedern, geschweige denn Kiyos Haarnadel.

Die Sonne senkte sich, und in den Bergen wurde es nach und nach dunkler. Die immer schlechter werdende Sicht machte Kanao nervös.

Eigentlich hatte sie gute Augen und konnte auch nach Sonnenuntergang noch eine Weile ziemlich gut sehen. Aber wenn sie nicht bald zurückkehrte, würden die anderen sich Sorgen machen. Andererseits: Wenn sie mit leeren Händen zurückkäme, würde Kiyos Haarnadel wohl nie gefunden werden.

Kiyo …

Das sonst immer fröhliche Mädchen hatte so bitterlich geweint. Es hatte sich gekrümmt und gezittert. Fast wie damals, als es noch ganz neu im Schmetterlingsanwesen gewesen war …

Kurz nach ihrer Ankunft auf dem Schmetterlingsanwesen weinte Kiyo oft. Die seelischen Wunden, die die Ermordung ihrer Familie durch einen Dämon in ihr hinterlassen hatte, waren noch nicht verheilt. Sie musste bei jeder Gelegenheit an ihre verstorbenen Liebsten denken und bitterlich weinen.

Auch an jenem Tag weinte Kiyo in einer Ecke des Gartens lautlos vor sich hin. Kanao saß nach beendetem Training auf der Veranda und konnte nicht verstehen, warum das neu ins Schmetterlingsanwesen gekommene Mädchen weinte. Sie konnte Kiyos Gefühle nicht nachvollziehen.

Kanao döste zerstreut vor sich hin und beachtete nicht einmal die Schmetterlinge, die durch den Garten flogen. Als sie aufsah, hatte sich Kanae neben Kiyo gesetzt, und Kiyo sagte etwas zu ihr mit heiserer Stimme. Da die Veranda zu weit entfernt war, konnte Kanao dem Gespräch der beiden nicht folgen. Doch Kanaes Blick war unheimlich warm, zärtlich und voll tief empfundener Trauer.

Kanae sagte etwas, und Kiyo antwortete. Dann band Kanae mit ihren schlanken Fingern Kiyos Haare hoch, und erst als sie ihr zwei kleine Schmetterlinge als Schmuck ins Haar steckte, zeigte Kiyos von Tränen feuchtes Gesicht schließlich ein Lächeln.

In dem Moment hatte Kanae Kiyo sicher all die Last der unsäglichen Trauer, Einsamkeit, Wut und Furcht von den Schultern genommen und in sich aufgefangen, um die Wunden des Mädchens ein wenig zu heilen. Falls sie selbst dadurch verletzt worden war, hatte ihr das nichts ausgemacht.

So ein Mensch war Kanae, sie war die Gutmütigkeit in Person. Als ob alles Schöne und Warme dieser Welt sich in ihr konzentrieren würde, ein so von Grund auf gutes Herz hatte sie.

Es waren Shinobu und Kanae Kocho, die die nicht miteinander verwandten Mädchen in einer Art neuen Familie zusammengeführt hatten.

Die Haarnadeln, die Kanae jeder von ihnen, die ihr Zuhause verloren hatten, gegeben hatte, bewiesen dies auf sichtbare Weise.

Es waren überhaupt keine teuren oder seltenen Stücke, sondern tatsächlich nur »kleine Dinger«, wie Inosuke gesagt hatte. Allein das Tragen dieser Haarnadeln vermittelte ihnen, dass sie hierher gehörten und nicht alleine waren. Für Kanao, und sicher auch für Shinobu, Aoi, Naho, Sumi und Kiyo waren sie keine x-beliebigen Gegenstände.

Deswegen war sie so aufgebracht gewesen, obwohl sie wusste, dass Inosuke seine Worte überhaupt nicht böse gemeint hatte.

»Da nun einige aus deinem Jahrgang hier bei uns sind, willst du sie nicht mal von dir aus ansprechen? Mit Tanjiro

hast du dich ja auch angefreundet ... Das wird dich sicher innerlich wachsen lassen!«

Dies hatte Shinobu Kocho einige Tage zuvor zu Kanao gesagt, als diese von einer Mission zurückgekommen war. Für Kanao, die erst vor Kurzem beschlossen hatte, nicht mehr jede Entscheidung durch das Werfen einer Münze zu treffen, war dies eine schwere Aufgabe.

Als sie Inosuke Seifenblasen machen lassen und auf Anordnung von Aoi hin Genya seine Medizin bringen sollte, erledigte sie dies, ohne die Jungen anzusprechen, und ergriff dann sofort die Flucht. Doch heute hatte sie alles geben wollen, und dann war das passiert. Kanao ließ entmutigt die Schultern hängen.

Ich dachte, dank Tanjiro hätte ich mich ein bisschen verändern können ...

Hatte sie sich denn so gut wie gar nicht verändert? War Dämonen zu töten eben doch ihre einzige Fähigkeit?

Niedergeschlagen lief Kanao weiter am Berghang umher, aber da sie die Haarnadel nicht finden konnte, resignierte sie schließlich und stieg ab.

Lehrmeisterin, Kanae, es tut mir leid … Ich konnte nichts für Kiyo tun. Ich schaffe es einfach nicht, so geschickt zu werden, wie ihr es seid.

Als sie so vor sich hin sinnierte, erblickte sie am Fuß des Berges eine menschliche Gestalt. Wegen des Gegenlichts konnte sie deren Gesicht jedoch nicht erkennen. Kanao behielt den Menschen im Blick, ging auf ihn zu und erkannte schließlich die Wildschweinmaske auf seinem Kopf.

»Hallo«, sagte Inosuke.

»Eh …?« Bevor sie ihn fragen konnte, was er hier mache, sagte er: »Hier, nimm.«

Inosuke warf ihr etwas zu. Verdattert fing sie es mit beiden Händen auf.

Als sie die Hände öffnete, fand sie einen kleinen Schmetterling. Kanao riss die Augen auf.

»Das ist ja …«

Ein Faden saß etwas locker, und an einer Stelle der Haarnadel war ein Stückchen abgerissen, aber dies war eindeutig Kiyos Schmetterling.

Kanao sah auf. »Wi… wieso …?«

Wie hast du es geschafft, ihn zu finden? Wieso hast du ihn überhaupt gesucht?

Kanao sprach ihre Gedanken nicht aus, sondern starrte Inosuke ins Gesicht. Der Junge aus ihrem Jahrgang schnaubte überheblich und warf sich in die Brust.

»Ich bin der König der Berge! Alle, die in den Bergen wohnen, sind meine Vasallen. Um eine Krähe mit komischen Schwanzfedern zu finden, musste ich nur meine Vasallen fragen, nichts leichter als das.«

»Was? Sag bloß, du kannst mit Tieren reden?«

»Ich weiß, was sie denken.«

»Toll!« Als Kanao spontan ihrer Bewunderung Ausdruck verlieh, verbesserte sich Inosukes Laune sofort. »Ach, na ja«, sagte er erfreut und warf sich erneut in die Brust, als würde er sie auffordern, ihn noch mehr zu loben.

Wenn man sich Inosukes theatralische Maske und seine schroffe Art zu sprechen wegdachte, wirkte sein Verhalten ziemlich kindisch.

»Das Ding funkelt ja im Licht, nicht wahr? Vögel mögen so funkelnde Sachen.«

Daraufhin hielt Kanao die Haarnadel gegen den Himmel. Obwohl die Sonne schon untergegangen war, funkelten die dünnen Flügel im Abendrot. So im farbigen Licht wirkte der Schmetterling wunderschön. Ein Bild von Kanae zu Lebzeiten erschien vor ihrem Auge. In Kanao stiegen weitere

Erinnerungen auf, und sie hielt die Haarnadel vorsichtig, damit der Schmetterling nicht weiter beschädigt wurde.

»Wegen vorhin …« Die Worte sprudelten nun ganz natürlich aus ihr heraus. »Es tut mir leid, dass ich dich angebrüllt habe.«

»Hm? Was soll das auf einmal?«

»Danke, Inosuke.«

Kanao schlug die Augen nieder, und Inosuke sah sie erstaunt an. Als er dazu ansetzte, etwas zu sagen, aber dann verwirrt schwieg, merkte sie, dass sie ihn zum ersten Mal mit seinem Namen angesprochen hatte. Sie war irgendwie unheimlich verlegen. Aber es war überhaupt kein unangenehmes Gefühl.

»Ah … schon gut«, sagte Inosuke reichlich verspätet und nickte. »Überlass so was einfach mir. Ich bin schließlich der Boss!«

Inosuke schlug sich auf die Brust. Kanao nickte und streckte die Hand aus, um ihm die Haarnadel zurückzugeben. Wenn er sie Kiyo überreichte, würde das sicher ein Lächeln auf ihr Gesicht zaubern. Bei diesem Gedanken wurde ihr ganz warm ums Herz.

Aber Inosuke schüttelte den Kopf. »Gib du ihr die Haarnadel!«

»Aber du hast sie doch gefunden, Inosuke!«

»Aber es ist doch ein Beweis, dass ihr eine Familie seid«, unterbrach er Kanao. »Da du zu ihrer Familie gehörst, solltest du ihr das Ding auch geben.« Seine Stimme war tief, sein Tonfall harsch. Und wo diese Wildschweinaugen hinsahen, war auch überhaupt nicht erkennbar.

Aber warum klingt er trotzdem so nett?

Als Kanao nickte, streckte Inosuke sich. »Gehen wir zurück.«

»Ja.«

»Ich hab Hunger.« Wie um dies zu unterstreichen, knurrte sein Magen laut und vernehmlich.

»Ähm … Sollen wir unterwegs noch was zum Knabbern kaufen?«

Noch zur Stadt zu gehen, bedeutete einen Umweg, aber bei Kanaos Schritttempo würden sie dennoch rechtzeitig zum Abendessen zurück sein. Und so konnten sie noch Inosukes geliebte Klöße und die Überraschungs-Reiscracker kaufen, die Kanao so sehr mochte, dachte sie.

Doch Inosuke lehnte dies ab. »Nein, statt Süßigkeiten will ich heute lieber Tenpura essen. Mach bitte welche, wenn wir zurück sind.«

»Äh …« Diese völlig unerwartete Bitte erschreckte sie. »Tenpura? Ich?«

Für den gesamten Haushalt im Schmetterlingsanwesen waren Aoi, Kiyo, Sumi und Naho zuständig. Da Aoi geschickt war und sehr gut kochte, wurde das Essen ausschließlich von ihr zubereitet. Die anderen drei Mädchen wechselten sich täglich ab und halfen ihr.

Kanao dagegen hatte sich zwar schon verbessert, aber sie war so unselbstständig, dass man sie nach jedem Schritt dazu auffordern musste, den nächsten zu tun, und so war sie eigentlich keine Hilfe.

Als Kanae noch gelebt hatte, hatten alle einmal vor einem Feuerwerk gekocht, aber Kanao hatte man nur abschmecken lassen.

Als Tanjiro nach dem Kampf gegen die Zunehmende Sechs aus dem Koma erwacht war, hatte sie mit Kiyo zusammen Reisschleim gekocht. Das war das einzige Mal, dass Kanao etwas gekocht hatte, und auch dazu hatte Kiyo ihr alle möglichen Anweisungen geben müssen.

»Ich kann nicht gut kochen … Ich bitte nachher Aoi«, sagte sie nun, doch dann hatte sie das Gefühl, als würde Shinobu ihr etwas zuflüstern …

»Mit Tanjiro hast du dich ja auch angefreundet ... Das wird dich sicher innerlich wachsen lassen!«

Und ihr war, als hörte sie dazu auch Kanaes freundliches Lachen.

Kanao unterdrückte, was sie gerade hatte sagen wollen, und sagte stattdessen mit einem kleinen Lächeln: »Ich lasse mir zeigen, wie es geht, dann mach ich selber Tenpura!«

An diesem Abend briet Kanao also, unter Aois ausführlicher Anleitung, Tenpura. Es gab zwar angebrannte oder noch rohe Stellen, aber Inosuke verschlag einen ganzen Berg davon und rief: »Lecker! Lecker!«

Kiyo hatte sich den von der Krähe gestohlenen Schmetterling wieder ins Haar gesteckt, und aus irgendeinem Grund die glänzend glatte Eichel mitgebracht. Nun spielte sie mit Nezuko.

»In welcher Hand ist sie?«

»I-in der da!«

»He he ... Falsch! Sie ist in der anderen.«

»No-noch mal!«

Naho und Sumi blähten neidisch ihre Backen auf. »Das ist gemein, Inosuke!«

»Gib uns auch glänzende Eicheln«, bedrängten sie Inosuke.

Aoi wählte ein paar Leckereien für Tanjiro und Genya aus und platzierte sie auf deren Tellern. Über die von Kanao gemachten Tenpura sagte sie: »Die schneide ich klein und lege sie auf den Reis, dann gieße ich Tee darüber.«

Shinobu sah allen zu und lächelte liebevoll.

Als ihr Blick dem Kanaos begegnete, lächelte sie immer noch, und Kanaos Herz war voller Wärme.

Möge es immer so bleiben, hoffte sie. *Für immer und ewig.*

✻

»Inosuke, pack mich an den Schultern!«

Kanao kroch unter Inosuke Körper und stand auf, um ihn huckepack zu nehmen, doch sein muskulöser Körper war viel schwerer, als sie erwartet hatte. Sie selbst war auch verletzt worden und wankte nun hin und her, aber indem sie Kraft in ihre Beine legte, konnte sie schließlich aufrecht stehen.

Sie befanden sich in einem Raum des Mugen Castle. Nach dem schmerzlichen Verlust von Shinobu Kocho hatten die beiden mit viel Mühe die Zunehmende Zwei besiegen können und waren nun schwer verwundet.

Kanao hatte den größten Teil der Sehkraft ihres rechten Auges eingebüßt, auch Inosuke hatte am ganzen Körper Verletzungen. Sie hatte eine besonders tiefe Wunde genäht und verbunden, aber dass er überhaupt noch bei Bewusstsein war, war ein Wunder. Dennoch mussten sie vorwärts, fort von hier.

Sie schleppte ihren und seinen Körper mühsam bis zum Korridor. Inosuke trug seine Wildschweinmaske nicht und weinte wie ein Kind. Kein Wunder: Er hatte gerade erst erfahren, dass seine Mutter, von der er immer angenommen hatte, dass sie ihn ausgesetzt hatte, in Wirklichkeit ermordet worden war, während sie versucht hatte, ihn zu beschützen. Da Inosuke nun so wehrlos war und weinte, drängten auch ihre bisher unterdrückten Tränen hervor.

Shinobu …

Richtig zu weinen verbot sie sich dennoch. Tief in ihrer Nase brannte es schmerzhaft, und ihre Augen wurden feucht.

»Als ich Frau Kocho zum ersten Mal begegnete«, sagte Inosuke mit für ihn völlig untypischer, schwächlicher Stimme, »dachte ich, ich wäre ihr früher schon mal irgendwo begegnet. Aber das war falsch. Sie hat Mama geähnelt.«

Als sie Shinobus Namen hörte, hielt Kanao es nicht mehr aus, und Tränen tropften ihr aus dem Gesicht.

Ob Shinobu Kanae drüben treffen konnte? Konnten alle vier, die Eltern und ihre zwei Töchter nun glücklich zusammen im Himmel leben?

Ihre Tränen tropften eine nach der anderen zu Boden.

»Wein doch nicht!«

»Du weinst ja auch, Inosuke!«

»Nein, ich weine nicht!«, beharrte der starrsinnige Junge wütend. Er schob Kanaos Hand weg und setzte sich die Wildschweinmaske wieder auf. Als er versuchte, die Fäden aus seiner gerade genähten Wunde zu lösen, hielt sie ihn hastig davon ab.

»Du darfst die Fäden nicht ziehen! Dann geht die Wunde wieder auf, die ich extra genäht habe!«

»Aber mit dem ganzen Zeug auf meiner Haut verliere ich meinen Tastsinn!«

»Shinobu hat doch auch gesagt, dass man Wunden sauber halten muss!«

Als der Name Shinobu fiel, wurde Inosuke kleinlaut und ließ von seinem Vorhaben ab.

»Mach dir das dran«, sagte er schroff.

»Was meinst du?« Kanao runzelte fragend die Stirn, und Inosuke hielt sich die rechte Faust an den Wildschweinkopf.

»Na, das Ding da. Die Haarnadel.«

»Ah ...«

Endlich merkte sie, dass ihr Haar völlig zerzaust war. Die Haarnadeln ihrer beiden großen Schwestern trug sie in einer Tasche ihrer Uniform.

»Es war ihr letzter Kampf gegen Dämonen. Nimm deine Familie mit nach Hause!«

Auf Inosukes Worte hin riss Kanao beide Augen auf und sah dann wieder zu Boden. Viele verschiedene Gedanken und Erinnerungen an gemeinsame Zeiten im Schmetterlingsanwesen schossen ihr durch den Kopf, und die Gesichter der Schwestern erschienen vor ihrem geistigen Auge.

Sie hatte unter Einsatz ihres Lebens versucht, diesen geliebten Menschen zu beschützen, aber es war ihr nicht gelungen. Im Anwesen warteten nun die anderen und hofften darauf, dass alle heil von der Mission zurückkehren würden. Daher wollte Kanao wenigstens die Haarnadel mit zurückbringen, und mit ihr die Hoffnung auf den Frieden, für dessen Erhalt die beiden Schwestern ihr Leben riskiert und verloren hatten …

Ich will unbedingt …

Kanao biss sich auf die Lippen und band sich die Haare hoch, wie Kanae es früher getan hatte. Dann steckte sie sich das Andenken an die ältere Schwester ins Haar.

Kanae, bitte schau von oben zu!

Sie würden Muzan Kibutsuji auf jeden Fall töten. Sie würden verhindern, dass jemals wieder jemand diesen Schmerz würde ertragen müssen.

Bitte schaut uns von dort aus zu!

»Wir töten den Kerl auf jeden Fall und gehen dann zu den anderen zurück!«

Inosuke schaute wutentbrannt den Korridor hinunter, der tief ins Innere der Burg führte. Kanao nickte wortlos.

Dann liefen sie los, um diese lange, lange Nacht zu beenden …

KAPITEL 4

Ein Versprechen für morgen

»Die, bei denen das Hautmal schon erschienen ist, haben keine Wahl mehr. Ausnahmslos alle von ihnen werden …«

Die würdevolle und gleichzeitig vergänglich wirkende Stimme erreichte ihn wie eine fremde Sprache.

25 Jahre. Maximal so alt würden diejenigen werden, bei denen das Hautmal erschienen war. Sein Bruder war schon im Alter von elf Jahren gestorben.

Es war beschlossen worden, als Vorbereitung für die bald folgenden schweren Kämpfe »Säulen-Übungen« durchzuführen. Die dringliche Säulen-Versammlung, die nun zu Ende gegangen war, hatte auch dazu gedient, deren Übungen im Einzelnen zu besprechen, damit sie sich nicht überlappen würden.

Muichiro trat in den schön gestalteten Steingarten hinaus, um sich aus dem Ubuyashiki-Anwesen zu entfernen. Da hörte er hinter sich eine Stimme: »Hast du noch einen Moment Zeit?«

Auch ohne sich umzudrehen, erkannte er, wem die tiefe und ruhige Stimme gehörte. »Himejima!«

Muichiro wandte sich um. Gyomei Himejima, die Säule der Felsen, machte ein angestrengtes Gesicht und senkte die Lider seiner blinden Augen.

»Ich würde gerne mit dir sprechen.«

»Mit mir?«

»Ja. Wenn es dir recht ist, dann setzen wir uns irgendwo zusammen hin.«

Und so ging er mit Himejima zur Gartenlaube und setzte sich ihm gegenüber. Die in einer Ecke des Gartens für Ruhepausen gebaute Laube war gut durchlüftet, und das Schilfdach gab einen angenehmen Geruch ab. Wenn man die Ohren spitzte, konnte man die Blätter der Bäume im Wind rascheln und die Vögel zwitschern hören.

»Worum geht es denn?«

»Darüber, was Frau Ubuyashiki vorhin gesagt hat.«

Himejima wurde also nun etwas konkreter. Der geistesgegenwärtige Muichiro ahnte schon, worauf er hinauswollte, aber vergewisserte sich: »Dass die mit dem Hautmal nur 25 Jahre alt werden?«

»Genau«, sagte Himejima und nickte.

Muichiro sagte unbekümmert: »Als bei mir das Hautmal erschien, wurde ich körperlich unheimlich stark. Aber das war wohl eine Kraft, die mir schaden wird.«

Vielleicht war diese Kraft eine Art Vorschuss. Deswegen wurden die meisten, bei denen das Hautmal erschien, nur 25 Jahre alt, denn bis dahin hatten sie schon Kraft für ein ganzes Leben verbraucht. Aber immerhin konnte man mit dieser Kraft gegen Zunehmende Dämonenmonde kämpfen. Tatsächlich hatte Muichiro aufgrund dieser Kraft die Zunehmende Fünf besiegen können.

»Himejima, du bist ...«

Er hatte gehört, dass Himejima 27 Jahre alt war. Wenn bei ihm das Hautmal erschien, hätte er sein Höchstalter schon überschritten. Muichiro fragte beunruhigt, was dann wohl passieren würde, aber Himejima sagte nur: »Ich bin jetzt nicht so wichtig.« Seine Stimme klang ungewohnt grob, als er fortfuhr: »Ich habe mich schon lange auf meinen Tod vorbereitet. Aber du bist erst vierzehn!«

Himejimas Stimme und Gesicht verrieten eine unsagbare Traurigkeit. Er war als der körperlich Stärkste in der ganzen Truppe bekannt, und um seine imposante Statur beneideten ihn viele. Aber er war ein Mann mit dem milden Herzen eines Buddha oder Bodhisattva und vergoss nun für Muichiro Tränen.

»Tokito ... Ich will dich als Säule auf keinen Fall beleidigen oder deine Entschlossenheit infrage stellen. Aber bist du wirklich so gleichmütig?«

»Warum fragst du?«, wollte Muichiro mit aufrichtiger Neugier wissen, ohne jede Ironie, doch Himejima machte ein finsteres Gesicht.

»In deinem letzten Kampf ist dein Hautmal erschienen. Du hast nun keine Wahl mehr.«

»Das gilt doch für Kanroji auch. Mach dir lieber um sie Sorgen als um mich. Und auch um Iguro.«

»Kanroji, das verstehe ich. Aber warum erwähnst du Iguro?«

»Na ja, Iguro mag Kanroji doch sehr, oder?«

»Jetzt bin ich aber überrascht.«

Für einen Moment riss Himejima seine sehunfähigen Augen auf.

»Hast du es noch nicht bemerkt?«

»Doch ... Überrascht war ich nur darüber, dass du es gemerkt hast!«

Nach dieser unhöflichen, aber ungerührten Bemerkung lächelte Himejima zum ersten Mal leicht. *Mit diesem*

Gesichtsausdruck wirkt sein grimmiges Aussehen, das an einen strengen Bergasketen erinnert, viel sanfter, musste Muichiro plötzlich denken.

»Du hast dich verändert«, murmelte Himejima. »Oder warst du vielleicht schon immer so?«

Muichiro schwieg.

In der Tat: Bis vor Kurzem hätte Muichiro sicher nicht wahrgenommen, dass sich zwischen zwei Kollegen zarte Bande entsponnen hatten, obwohl es für alle anderen deutlich erkennbar war. Er hatte ja sogar seinen älteren Zwillingsbruder vergessen und an nichts Interesse gezeigt außer der Tötung von Dämonen. Es war, als würde er in einem dichten Nebel leben. Er hörte nichts und sah nichts.

Aus diesem Nebel herausgeholt hatten ihn die Worte von Tanjiro, der ihn an seinen toten Vater erinnerte, und Kotetsu, der ihn trotz seiner Schwächlichkeit tapfer zu retten versucht hatte. Dank dieser beiden konnte Muichiro alles wieder so wie früher sehen. Nun konnte er die Schönheit dieser Welt als solche erkennen und wie selbstverständlich bemerken, wenn Menschen gut zu ihm waren. Muichiro sah zum blauen Himmel, der sich jenseits des Schilfdachs erstreckte.

»Sie müssen unbedingt kommen, Herr Tokito!«

Muichiro musste wieder an das Versprechen denken, das ihm der junge Kotetsu abgenommen hatte, nachdem Muichiro ins Dorf der Schwertschmiede zurückgekommen war.

✵

»Nanu? Herr Tokito? Was führt Sie zu uns?«

Als der bandagierte Muichiro das Dorf der Schwertschmiede betrat, kam Kozo Kanamori überrascht auf ihn zu.

»Wie geht es Ihren Verletzungen?«

»Einigermaßen. Aber ich bin noch nicht ganz wiederhergestellt. Geht der Umzug des Dorfes voran?«

»Ja.« Kanamori nickte. »In zwei Tagen ist er abgeschlossen. Die Älteren, Frauen und Kinder sind sicherheitshalber schon im leeren Dorf eingezogen. Meine Frau packt drüben schon die Kartons aus.«

Bei dem Angriff zweier hochrangiger Dämonenmonde hatte es vor Kurzem viele Tote und Verletzte gegeben. Das Dorf selbst war aber nicht allzu sehr beschädigt worden, und so konnte der Umzug in ein für solche Fälle vorbereitetes leeres Dorf schnell eingeleitet werden.

»Werkzeug und Schwerter sind schon so gut wie alle drüben. Die Männer transportieren nun den Rest nach und nach ins neue Dorf und begraben diejenigen, die beim Angriff der Dämonen umgekommen sind. Nur Haganezuka ist schon ins neue Dorf gezogen, um Schwerter zu polieren. Aber das ist ganz gut so. Außer Schwerter schmieden und polieren kann er ja nicht viel, hier würde er uns nur im Weg herumstehen«, bemerkte Kanamori giftig unter seiner locker getragenen Maske.

Muichiro sah sich im Dorf um, in dem nun kaum noch Menschen lebten. In den beim Dämonenangriff beschädigten Häusern war es totenstill geworden. Früher hatte man überall das Schlagen von Metall hören können, aber nun wirkte alles hier verlassen und öde.

»Die Gräber werden wohl nicht ins neue Dorf überführt?«

»Nein.« Kanamoris Stimmung verfinsterte sich ein wenig, wurde aber gleich wieder hell. »Wichtiger sind jetzt erst einmal die Lebenden. Und wir wollen so schnell wie möglich neue Schwerter schmieden. Wir sind ja schließlich Schmiede!«

»Verstehe.«

»Aber was hat Sie hergeführt, Herr Tokito? Haben Sie noch etwas hier, das Sie abholen möchten?« Kanamori wiederholte seine eingangs gestellte Frage. Muichiro antwortete ruhig: »Ich möchte das Grab von Herrn Tetsuido besuchen.«

»Aha! Da kann ich Sie jederzeit gerne hinbringen.« Kanamori war erstaunt und nickte dann mehrmals.

Tetsuido war vor Kanamoris Zeit Muichiros Schwertschmied gewesen. Er hatte nicht nur sein Schwert geschmiedet, sondern sich auch sehr um Muichiros Wohlergehen gesorgt. Doch das hatte dieser zu Tetsuidos Lebzeiten nicht erkennen können. Er hatte sogar seinen Namen vergessen. Daher wollte Muichiro unbedingt an dessen Grab die Hände falten, solange das Dorf noch nicht völlig abgebaut war.

»Außerdem wollte ich Kotetsu besuchen.« Aber da die Frauen und Kinder schon umgezogen waren, vermutete Muichiro nun, dass auch Kotetsu nicht mehr im alten Dorf sein würde, doch ...

»Nein, Kotetsu ist noch hier!«

»Tatsächlich?«

»Ja«, murmelte Kanamori. »Wissen Sie, mit Kotetsu gibt es ein Problem.«

Danach führte Kanamori Muichiro zum Grab von Tetsuido, das Muichiro mit Blumen schmückte. Dann gingen sie zu dem Ort, wo Kotetsu sein sollte.

»Das ist ja ...« Muichiro fand sich in dem Waldstück wieder, in dem er Kotetsu zum ersten Mal begegnet war. Unter weit in den Himmel ragenden Bäumen saß der Junge vor dem »Yoriichi Typ 0«, einer Karakuri-Puppe* für Kampfzwecke. Neben sich hatte er allerlei Werkzeug liegen, offenbar war er immer noch mit der Reparatur der Puppe beschäftigt.

Kotetsu ließ niedergeschlagen den Kopf hängen und stieß einen tiefen Seufzer aus. Dann sah er Muichiro vor sich stehen und war völlig überrascht.

»Oh? Herr Tokito? Wieso sind Sie hier? Sind Sie wieder gesund? Obwohl Sie so schwer verletzt waren, dass Sie mit Schaum vor dem Mund auf dem Boden lagen?«

»Ja, ich habe zwei volle Tage geschlafen.«

»Aber nur durch langes Schlafen wird man doch nicht einfach wieder gesund? Sind Sie wirklich ein Mensch, Herr Tokito?«

Das war typisch für Kotetsu. Muichiro fragte ihn arglos: »Sag mal, warum bist du noch nicht im neuen Dorf?«

Kotetsu schien plötzlich deprimiert. Er ließ die

* *mechanische Puppe*

Schultern hängen und murmelte tonlos: »Ich kann noch nicht ins neue Dorf. Der Yoriichi Typ 0 ist noch nicht fertig repariert.«

»Weil ich ihn kaputt gemacht habe?«

Kotetsu schüttelte energisch den Kopf. »Nein, nein! Ich gebe zu, als der erste Arm abbrach, dachte ich: ›Der schamlose Seetang-Kopf soll sich umbringen‹, aber ...«

»Aber ...?«

»Auch mit nur fünf Armen hat er danach noch funktioniert. Außerdem habe ich ihn mit Tanjiro trainieren lassen. Das Ziel war, Sie zu besiegen.«

»Warum das denn?«, frage Muichiro verdutzt, und Kotetsu erklärte ihm die damalige Situation.

Herrn Tokito zu besiegen war nur ein Hintergedanke von Kotetsu, die eigentliche Bestimmung des Yoriichi Typ 0 war es, als Übungsmittel für Tanjiros Kampfschulung zu dienen. Kotetsu ersetzte dafür die übrig gebliebenen fünf Schwerter durch Holzstöcke. Zu Beginn des Trainings kam Tanjiro überhaupt nicht gegen die Karakuri-Puppe an, aber am siebten Tag konnte seine Klinge sie treffen. Doch der rücksichtsvolle Tanjiro war beim Angriff auf den Yoriichi Typ 0 zu zögerlich, wahrscheinlich wollte er

Kotetsus Gefühle nicht verletzen. Diese Nettigkeit Tanjiros war Muichiro auch gut bekannt.

»Deswegen hab ich zu Tanjiro gesagt: ›Schlag zu! Du darfst ihn ruhig kaputt machen! Ich kann ihn danach wieder reparieren, keine Sorge!‹«

Durch diese Worte angeheizt, versetzte Tanjiro dem Yoriichi Typ 0 einen empfindlichen Schlag.

»In dem Moment kam aus dem Innern des Yoriichi Typ 0 ein Schwert heraus, das Herr Haganezuka geschliffen hatte.«

»Ach, das Schwert?«

Mit diesem Schwert war es Tanjiro gelungen, die Zunehmende Vier zu köpfen. Deswegen hatte Kotetsu den Glauben an sein eigenes Talent nicht aufgegeben, sondern sich weiter angestrengt, denn Tanjiro hatte seinen Worten Glauben geschenkt und den siegreichen Schwerthieb ausgeführt. Doch ...

»Den Kopf und die Arme konnte ich notdürftig reparieren, aber den Mechanismus im Innern nicht.«

»Bewegt er sich gar nicht mehr?«

»Doch, ein bisschen schon, aber er funktioniert nicht mehr so wie vorher. Er kann die Formen für das Kampftraining nicht wiederholen. Weil ich unfähig bin!«

Dann verfiel Kotetsu in Schweigen. Muichiro berührte zaghaft einen Arm der Karakuri-Puppe. Das Holz fühlte sich hart und kalt an. Als er damals gegen sie gekämpft hatte, war die Puppe kaum von einem Menschen aus Fleisch und Blut zu unterscheiden gewesen, daher konnte Muichiro gut verstehen, warum Kotetsu so niedergeschlagen war.

»Warum bringst du den Yoriichi Typ 0 nicht mit zum neuen Dorf und reparierst ihn dort in aller Ruhe?«, schlug Muichiro vor, doch Kotetsu starrte weiter bedrückt zu Boden.

»Herr Tetchikawahara hat gesagt, ich soll ihn in den nächsten zwei Tagen, also bis der Umzug ganz abgeschlossen ist, so reparieren, dass er wie vorher funktioniert. Wenn ich das nicht schaffe, soll er weggeschmissen werden.«

Kotetsus geballte Fäuste begannen leicht zu zittern.

Für den Kampf gegen Dämonen wurden Sonnenschwerter gebraucht. Für die Demon-Slayer-Truppe war daher der Umzug des Dorfes der Schwertschmiede unabdingbar. Dieser hatte oberste Priorität und musste schnell und unbemerkt vonstatten gehen.

»Damit die Dämonen uns auf keinen Fall auf die Schliche kommen, wird der Umzug mit einer speziellen

Methode durchgeführt, und deshalb kann man nicht alles mitnehmen.«

»Du meinst, unnütze Gegenstände müssen hierbleiben?«

»Ja.« Kotetsu ließ den Kopf hängen. Unter seiner Maske war leises Schniefen zu hören.

Muichiro nahm die Hand vom Arm der Puppe. Früher hätte er sicher dem Dorfvorsteher Tetchikawahara Recht gegeben und auch gesagt, dass man nutzlose Dinge nicht mitnehmen soll. Seien es Gegenstände oder auch Menschen ...

Aber jetzt kamen ihm diese Worte schrecklich herzlos vor.

Die Karakuri-Puppe hatten Kotetsus Vorfahren erbaut und von Generation zu Generation weitervererbt. Für Kotetsu war sie also ein wertvolles Andenken und gehörte gewissermaßen zur Familie.

»Also muss sie wieder zu einem nützlichen Gegenstand gemacht werden«, murmelte Muichiro. Kotetsu war sichtlich aus der Fassung gebracht. »Aber ich ...«

Muichiro unterbrach ihn: »Ich kann mich noch an die Bewegungen der Puppe erinnern. Natürlich nicht an alle, aber ...«

Durch Kotetsus Maske hindurch trafen Muichiro verdutzte Blicke.

»Lass uns den Yoriichi Typ 0 gemeinsam reparieren!«

»Alles in Ordnung, Herr Tokito? Haben Sie auch kein Fieber? So etwas würden Sie doch normalerweise nicht sagen, oder?«

Muichiro ignorierte die unhöflichen Worte des verwirrten Kotetsu und sagte: »Ich erkläre dir die Bewegungsabläufe, an die ich mich erinnere, und du merkst sie dir oder schreibst sie auf.«

»Äh … Ah …«

»Wir haben nur zwei Tage Zeit, also fangen wir gleich an!«

»Ja!«

Kotetsu nickte, immer noch ganz durcheinander. Und die demolierte Holzpuppe sah auf die beiden herab …

»Der zweite Arm rechts hat sich so bewegt.«

»Ja.«

»Dann hat der erste Arm rechts so zugeschlagen.«

»So?«

»Nein, so. Schneller und härter.«

Im Kopf hätte er all das auf keinen Fall behalten können, daher schrieb Kotetsu eifrig mit. Muichiro legte das Oberteil seiner Uniform ab und rekonstruierte in Ruhe die elementarsten Formen des Yoriichi Typ 0.

Er hatte die Jacke ausgezogen, um Kotetsu seine Bewegungen besser zeigen zu können. Im echten Kampf trug er immer eine viel zu weite Uniform, damit die Dämonen seine subtilen Bewegungen nicht erkennen konnten.

Unbemerkt hatte sich der Himmel im Westen bereits rot gefärbt. Auf Kotetsus Gesicht zeigten sich erste Anzeichen von Müdigkeit, und als Muichiro eine Pause vorschlug, sagte Kotetsu, sichtlich erleichtert: »Dann gehe ich jetzt Wasser schöpfen!« Er ging zu einem nahe gelegenen Bach.

Sie saßen an einem Ahornbaum angelehnt und tranken das frische Wasser aus Bambusgefäßen. Es war kalt und schmeckte leicht süßlich.

»Sie sind wirklich toll, Herr Tokito«, murmelte Kotetsu, der neben ihm saß.

Überrumpelt von dem unerwarteten Lob, legte Muichiro den Kopf zur Seite: »Wie kommst du darauf?«

»Sie haben nur einmal mit dem Yoriichi Typ 0 trainiert, und doch können Sie sich an so viele Bewegungsabläufe erinnern! Ein normaler Mensch könnte das nicht.«

»Aber ich kann mich nicht mehr an alle erinnern.«

»Trotzdem ist es bewundernswert. Ich dagegen …«

Kotetsu wandte den Blick von Muichiro ab, sah zu Boden und ließ ein Seufzen hören, das für einen Zehnjährigen viel zu schwer klang.

»Sie sind mir eine große Hilfe, Herr Tokito, aber trotzdem habe ich Angst, dass ich die Reparatur nicht hinbekomme.«

»Du bist erst zehn, aus dir kann noch ganz viel werden!«

»Aber ich kann das nicht!«, rief Kotetsu spontan und sah immer noch zu Boden. Dann wurde seine Stimme wieder leiser.

»Ich habe nicht das Talent, um Schwerter zu schmieden, aber ich verstehe auch die Mechanik der Puppe nicht. Ich bin ein Nichtsnutz. Jemand wie Sie, der mit angeborenem Talent gesegnet ist, kann meine Gefühle nicht verstehen.«

Die Hände des Jungen hielten das Bambusgefäß fest und zitterten. Muichiro, der neben ihm saß, wandte den

Blick von ihm ab und sah geradeaus zu den üppigen Bäumen.

»Als ich so alt wie du war, hatte ich noch nie ein Schwert in der Hand gehalten.«

»Was?« Kotetsu sah verwundert auf. »Stammen Sie nicht aus einer berühmten Familie von Demon Slayern?«

»Unser Vater war Holzfäller.« Muichiro sah zu den Bäumen und blinzelte, weil sie so leuchtend grün waren. »Meine Eltern starben, als ich zehn war. Danach lebte ich ein Jahr lang nur mit meinem Bruder zusammen, aber damals konnte ich nicht mal Reis kochen, ein Küchenmesser benutzen oder Holz fällen. Mein Bruder schimpfte jeden Tag mit mir! Er sagte, das Mu in meinem Namen stehe für muno* und muimi** …«

Er war damals unfassbar unbeholfen und ein schreckliches Muttersöhnchen gewesen. Er hatte nicht einmal gemerkt, wie gutmütig sein älterer Zwillingsbruder war, der ihn mit aller Kraft beschützte. »Mein Bruder war in allem geschickt, ganz im Gegensatz zu mir.«

Er hatte gut Holz fällen und kochen können. Und mit wilden Tieren war er immer ganz schnell fertig geworden. Auch wenn er oft ironische und wütende Bemerkungen gemacht hatte, er war so lieb gewesen, immer wieder

* *unfähig*
** *sinnlos*

gekochten Rettich mit Miso zuzubereiten, den Muichiro so gerne aß. Besonders mit klarer Brühe schmeckte das so lieblich.

»Ist Ihr Bruder auch in der Demon-Slayer-Truppe? Sind Sie vielleicht beide Säulen?«

»Nein, er starb mit elf Jahren. Ein Dämon hat ihn getötet.«

»Wa...«

»Erst danach wurde ich Demon Slayer, daher ...«

»E-entschuldigen Sie, Herr Tokito!«

Dass Kotetsus Gesicht bleich wurde, war durch die Maske hindurch erkennbar. Muichiro wandte sich dem verwirrten Jungen zu und legte den Kopf zur Seite. »Warum entschuldigst du dich denn?«

»Na ja, ich habe Sie an etwas Schlimmes erinnert ...«

»An meinen Bruder erinnern konnte ich mich nur dank dir und Tanjiro!«

»Hm? Dank mir und Tanjiro? Was? Wieso erinnern?«, murmelte Kotetsu verwirrt hinter seiner Hyottoko-Maske.

Das musste Muichiro kurz erklären: Als er jenen Dämon getötet und damit seinen Bruder gerächt hatte, war er lebensgefährlich verletzt worden und hatte sein Gedächtnis verloren.

»Aber durch dich konnte ich mich wieder erinnern. Du hast trotz blutender Magengrube noch versucht, mich zu retten. Du wolltest alle im Dorf und die Schwerter schützen.«

»Was mit mir passiert, ist egal! Retten Sie Herrn ... Haganezuka! Und die ... Schwerter!«

Da hatte er überhaupt nicht an sich gedacht, er war von reinster Selbstlosigkeit beseelt gewesen. Er war kein Demon Slayer, sondern nur das Kind eines Schwertschmieds, aber er war bereit, sein eigenes Leben zu geben für den Schutz anderer.

»Deine Selbstlosigkeit und Tanjiros Worte gaben mir die Erinnerung an das zurück, was wirklich zählt.«

»Herr Tokito ...«

»Danke dafür!«

Diesen Dank hatte Muichiro schon die ganze Zeit aussprechen wollen.

»Ich bin froh, dass ich mich bei Herrn Tetsuido und bei dir noch rechtzeitig bedanken konnte.«

»Aber nein, ich muss mich bei Ihnen bedanken!« Kotetsu stand auf und verbeugte sich. »Vielen Dank, Herr Tokito!«

»Wofür bedankst du dich denn?«

»Ah ... Da bist du ja, Kotetsu! Endlich hab ich dich gefunden«, erklang nun die fröhliche Stimme von Mitsuri Kanroji, die herbeigelaufen kam. Sie trug einen riesigen Teller mit einer großen Menge Onigiri.

»Bringst du Verpflegung?«

»Frau Kanroji? Was machen Sie denn hier?« Kotetsu machte große Augen.

Muichiro schaute verwundert.

»Ich dachte mir schon, dass Muichiro bei dir ist! Prima!«

Mitsuri lachte arglos und stelle den Teller voller Onigiri vor den beiden ab. Ein für Onigiri untypisch lautes Geräusch erklang.

»Ich hab mich gefragt, wie die Lage im Dorf ist und wie es allen geht, die uns geholfen haben. Und ich wollte beim Umzug mit anpacken. Ich bin ja körperlich stark, wie ihr wisst! Ich kann viel Zeug schleppen! Aber als ich ankam, war der Umzug schon größtenteils geschehen, und ich wusste nicht, was ich tun sollte. Da traf ich Herrn Kanamori ...«

Kaum hatte Mitsuri das gesagt, streckte hinter ihr Kanamori das Gesicht aus dem Gebüsch.

»Aha.« Muichiro nickte. »Und wieso dachtest du dir schon, dass ich hier bin?«

»Weil Herr Kanamori sagte, dass du wahrscheinlich noch hier sein würdest, weil Kotetsu Schwierigkeiten hat, die Karakuri-Puppe seiner Vorfahren zu reparieren.«

Die Hyottoko-Maske bewegte sich auf und nieder.

»Und da Frau Kanroji sagte, sie wolle eine Zwischenmahlzeit machen und hierherbringen, habe ich ihr geholfen«, ergänzte Kamado und brachte einen Teekessel und vier Trinkbecher.

»Das hier ist übrigens hochwertiger Gyokuro-Tee.«

»Da fast unser ganzer Reis schon weggebracht wurde, konnten wir nur ganz wenig machen, aber dafür haben wir viel Salz reingetan und leckere getrocknete Pflaumen.«

»Nur ganz wenig nennen Sie das?«

Kotetsu bestaunte den riesigen Berg Onigiri, und Muichiro sagte leise zu ihm: »Für Frau Kanroji ist das nur ganz wenig!«

Mit Blick auf die beiden freute sich Kanroji: »Hi hi ... Ihr seid ja dicke Freunde geworden, Muichiro und Kotetsu! Reizend!« Und ihre Wangen färbten sich rot.

»Aber nein, Herr Tokito ist eine Säule ... Ihn als meinen Freund zu bezeichnen, das maße ich mir nicht an«, wehrte

Kotetsu ab. Dessen ungeachtet bestätigte Muichiro: »Doch, doch, wir sind Freunde.«

»Herr Tokito ...«

»Was ich damals sagte, war ganz falsch.«

»Deine Zeit hat einen viel geringeren Wert als die Zeit einer Säule.«

»Schwertschmiede können nicht kämpfen und somit auch keine Menschenleben retten. Sie können nur Waffen herstellen, das ist alles.«

»Mach dir mal klar, wer du eigentlich bist. Du bist schließlich kein Säugling mehr.«

Da war er schrecklich arrogant gewesen, und es war ihm nun sehr peinlich. Damals hatte er nicht verstanden, warum Kotetsu geweint und Tanjiro ihm seine Hand weggeschlagen hatte. Tanjiro hatte ihn rücksichtslos genannt, und das völlig zu Recht.

»Schwertschmiede machen eine ganz wichtige Arbeit! Sie sind anders als Kämpfer, aber sie beherrschen eine großartige Technik! Wenn sie nicht die Schwerter für uns schmieden würden, womit würden wir dann kämpfen?«

»Schwertkämpfer und Schwertschmiede brauchen einander!«

»Beide kämpfen auf ihre eigene Art!«

Tanjiro war wütend geworden, aber Muichiro hatte es nur »dummes Geschwätz« genannt. Es hatte ihn nicht im Geringsten berührt. Damals konnten die Emotionen anderer ihn einfach nicht erreichen. Er war selbst wie eine mechanische Puppe gewesen, die nur Dämonen töten konnte.

»Auch wenn es ziemlich spät ist, aber ich möchte dich ... und euch um Entschuldigung bitten.«

Muichiro senkte den Kopf, und Kotetsus Schultern zuckten. Angestrengt blickte er zu Boden und hielt seinen inneren Aufruhr in Schach.

»Das Schwert, das du und Herr Kanamori geschmiedet habt, hat mir das Leben gerettet, so wie Herrn Haganezukas Schwert Tanjiro gerettet hat. Demon Slayer und Schwertschmiede kämpfen zusammen. Tanjiro hatte völlig recht«, erklärte Muichiro aufrichtig.

Kotetsu konnte nicht mehr an sich halten. Tränen tropften von unter dem Kinn seiner Maske heraus. Er zog sie bis unter die Augen herunter und weinte lautlos.

»Sie sind erwachsen geworden ... Herr Tokito«, sagte Kanamori und fing ebenfalls an zu weinen. Er nahm die Maske ab, gab sein längliches Gesicht frei und weinte hemmungslos.

»Wenn Herr Tetsuido Sie nun so sehen könnte, wie sehr würde er sich freuen!«

»Ich bin auch ... ich bin auch so oft von Herrn Tetchikawaharas Schwert gerettet worden. Uwäääh ...« Nun brach auch Mitsuri in Tränen aus, und sie schien jeden Moment ihr Schwert zärtlich an ihre Wange legen zu wollen.

»Warum weinen Herr Kanamori und Frau Kanroji?«

Muichiro runzelte die Stirn.

»Herr Tokito ...« Kotetsu rieb mit dem Handrücken seine Wangen trocken. »Wenn wir mit den Onigiri fertig sind, helfen Sie mir dann wieder?«

»Ja. Geben wir alles!« Muichiro nickte, und Kotetsu lächelte über das ganze tränenfeuchte Gesicht.

»Ich unterstütze euch auch! Ich koche euch ganz viel, also strengt euch an, ihr zwei!«

Mitsuri umarmte die beiden fest und weinte.

»Also, es geht los!«, erklärte Kotetsu feierlich und steckte den Schlüssel in das Loch im Nacken der Puppe, die daraufhin Schwerter zückte und kraftvoll aufstampfte. Die sechs Schwerter flogen so schnell, dass man sie mit den Augen nicht verfolgen konnte, und Muichiro parierte sie eins nach dem anderen. Nach kurzer Zeit stoppte die Puppe, aber Muichiro war sicher, dass ihre Bewegungen genau die gleichen waren wie damals, als er gegen den Yoriichi Typ 0 gekämpft hatte.

Bis zum Abend des zweiten Tages hatten sie die Karakuri-Puppe für das Kampftraining endlich so weit repariert.

»Hah.« Mitsuris Mund entwich ein Seufzer der Erleichterung. Kotetsu verbeugte sich vor allen Anwesenden. »Im Moment kann er nur diese eine Form ausführen, mehr geht noch nicht.«

»Toll, Kotetsu!«

»Ja! Obwohl die Lage so aussichtslos erschien, hast du es so weit geschafft!«

Mitsuri applaudierte begeistert und Kanamori, der neben ihr stand, tat es ihr nach und nickte dazu.

»Der Dorfvorsteher hatte recht!«

»Was? Herr Tetchikawahara?«

»Ja, Kotetsu. Dass die Puppe weggeworfen wird, wenn sie nicht repariert werden kann, war eine Lüge.«

»Was?«

Kotetsu erschrak. Auch Kanroji sprang auf: »Was, das stimmte gar nicht? Wie konnte er ihn so dreist anlügen?«

»Was hat das zu bedeuten, Herr Kanamori?«, fragte nun auch Muichiro in vorwurfsvollem Ton.

»Hah.« Kanamori kratzte sich am Hinterkopf und begann seine Erklärung, die fast wie eine Entschuldigung wirkte. »Der Herr Dorfvorsteher sagte ...«

»Kotetsu ist ein guter Junge. Er ist redlich und klug. Er kann nüchtern Entscheidungen fällen und er hat einen ausgezeichneten analytischen Verstand. Aber ...«

»Er machte sich Sorgen, weil du dazu neigst, dir selbst Grenzen aufzuerlegen.«

»Man darf sich nicht selbst Grenzen auferlegen. Damit tötet man einen Teil seiner eigenen Fähigkeiten ab.«

»Also hat er Kotetsu eine erfundene zeitliche Frist gesetzt, um ihn anzufeuern?«, fragte Muichiro, und Kanamori nickte: »Ja, genau. Er dachte wohl, dass Kotetsu über sich selbst hinauswachsen würde, wenn er zeitlich in die Enge gedrängt würde – so wie man oft erst in aussichtsloser Lage zu einer Lösung findet. Und mir gab er die Rolle, das Ganze zu beobachten.«

Als Dorfvorsteher war Tetchikawahara um niemanden so sehr besorgt wie um den Jungen.

»Das hat Herr Tetchikawahara also für mich getan ...« Kotetsu dachte über die Absicht des Dorfvorstehers nach.

»Ich muss zugeben, dass ich dachte, du würdest aufgeben. Verzeih mir, Kotetsu! Ich habe dich unterschätzt.«

»Nein, nein! Alleine hätte ich das nie geschafft. Ich war ja schon ganz verzweifelt. Ohne Herrn Tokito hätte ich sicher aufgegeben«, sagte Kotetsu entschieden zu Kanamori, der demütig um Entschuldigung bat, und wandte sich dann an Muichiro: »Ich werde den Yoriichi Typ 0 auf jeden Fall ganz reparieren! Bitte kommen Sie dann wieder zum Trainieren!« Er verbeugte sich und fügte dann mit etwas Unbehagen hinzu: »Er wird dann richtig funktionieren und Sie an Ihren Schwachstellen angreifen.«

Muichiro musste an das Training mit Tanjiro denken. »Ach ja, du wolltest es mir ja nicht erklären, weil du mich nicht leiden konntest ...«

»Waah! Es tut mir so leid!«

Muichiro hatte eigentlich nicht sticheln wollen, aber Kotetsu wurde ganz kleinklaut.

»Damals habe ich Sie dauernd beleidigt ... Ich habe Sie ›Seetang-Kopf‹ genannt und ›zickiger kleiner Scheißer‹, ›Gnom‹, ›kurzbeinig‹ ... Ich bitte um Entschuldigung! Aber heute denke ich völlig anders über Sie!«

»Das alles hast du zu mir gesagt?«

»Uwaah! Es tut mir leid!«

Als Muichiro sagte, dass er nicht beleidigt sei, war Kotetsu endlich erleichtert und nahm Muichiro bei beiden Händen.

»Bitte! Sie müssen unbedingt kommen, Herr Tokito!«

»Ja!«

Muichiro nickte. Die Hände des Jungen hatten spröde Haut und waren grob und voller Blasen und kleiner Wunden. Es waren die Hände eines Menschen, der im Kampf sein Leben einsetzt. Es waren Hände wie seine eigenen.

»Melde dich, wenn du mit der Reparatur ganz fertig bist!«

»Das werde ich!«

»Dann laden wir auch Tanjiro und Nezuko, Genya und all die anderen ein, und auch Herr Kanamori und Herr Tetchikawahara müssen kommen. Dann essen wir alle zusammen was Leckeres!«, schlug Mitsuri vor und lächelte.

Das war eine für Mitsuri typische Idee. Egal, wie hart die Kämpfe waren, ihr grenzenlos heiteres Gemüt überstrahlte immer alles. »Wir können doch auch Tanjiros Kameraden aus seinem Jahrgang einladen? Das wird sicher lustig!«

»Stimmt.« Muichiro musste lächeln. Es kam ganz spontan und natürlich. Dieses friedliche Lächeln auf Muichiros Gesicht versetzte alle in Erstaunen.

Wann dieses Versprechen erfüllt werden würde, konnte niemand wissen. Alles war so unsicher, und es gab keinerlei Garantie. Angesichts der extrem harten Kämpfe gegen die Dämonen stand ein solches Versprechen auf tönernen Füßen. Doch es bedeutete einen wunderbaren warmen Hoffnungsschimmer, der Muichiros Herz hell erstrahlen ließ.

»Sie müssen unbedingt kommen, Herr Tokito!«

Mit diesen Worten winkte der Junge Muichiro und Mitsuri noch so lange nach, bis sie außer Sichtweite waren.

✱

»Tokito?«

Muichiro schwieg.

»Alles in Ordnung?«, fragte Himejima besorgt, da Muichiro immer noch still in den Himmel starrte. Aus seinen Erinnerungen an den Besuch im Dorf der Schwertschmiede herausgerissen, sah er nun zu Himejima, der vor ihm saß. »Ja, alles in Ordnung.«

Damit beantwortete er nicht nur Himejimas gerade eben gestellte, sondern gleichzeitig auch seine vorher an ihn gerichtete Frage. Er sah Himejima direkt in seine blinden Augen. »Ich bin nicht mehr der innerlich leere Muichiro von damals.«

Ich habe jetzt Freunde und Kameraden, die mit mir kämpfen. Ich habe einen Herrn, für dessen Schutz ich zu sterben bereit bin. Mein Bruder hat mich nicht kalt behandelt, sondern bis zu seiner Todesstunde für mich gesorgt. Er sagte, das »Mu« in meinem Namen stehe für »Mugen«.*

* *Unbegrenztheit, Ewigkeit*

Nein … ich war die ganze Zeit bestimmt gar nicht innerlich leer. Ich hatte nur nicht die Weitsicht, zu erkennen, was in mir steckte.

»Lass uns als Säulen gemeinsam alles geben!«, hatte die Säule der Flammen gesagt und mir warm die Hand auf die Schulter gelegt.

»Ich weiß nicht, ob das jemand versteht, aber wenn ich das von dir benutzte Schwert sehe, kommen mir die Tränen.« Ich wünschte, ich hätte die Herzensgüte meines alten Schwertschmieds, der sich immer um mich sorgte, früher erkannt.

»Vielen Dank, Himejima«, sagte Muichiro knapp, aber mit Gefühl. Er verbeugte sich innerlich auch vor Kyojuro Rengoku und Herrn Tetsuido und allen anderen, die sich um ihn gekümmert und ihn unterstützt hatten.

»Ich habe mir unnötig Sorgen um dich gemacht, verzeih mir.«

Vielleicht hatte Muichiros Stimme Himejima berührt, jedenfalls lächelte er nun sanft.

Muichiri stand auf. »Dann sehen wir uns bei der nächsten Säulen-Versammlung.«

»Ja. Bis dahin alles Gute.«

Auf Himejimas Gruß hin senkte Muichiro den Kopf und verließ die Gartenlaube. Gegen den Wind, der ihm ins Gesicht blies, schloss er die Augen halb und sah nach oben. Die Wolken zogen schnell dahin. Der zwischen den schneeweißen Wolken hervorlugende Himmel leuchtete blau.

Schau mir zu, Yuichiro!

Muichiro dachte an seinen Bruder, der schon mit elf Jahren diese Welt verlassen hatte. Hinter der Fassade seiner gehässigen und kalten Blicke war er ein warmherziger Mensch mit einer starken Überzeugung gewesen, und er hatte alles getan, um ihn zu beschützen. Sein kurzes Leben hatte er eifrig und unverdrossen gelebt. Muichiro selbst wusste auch nicht, was morgen aus ihm werden würde. Vielleicht starb er im Kampf gegen einen Dämon, vielleicht würde er Glück haben und überleben, aber spätestens mit 25 Jahren würde sein Leben zu Ende gehen. Doch merkwürdigerweise hatte er keine Angst.

Er nahm sich vor, so zu leben, dass er seinem Bruder und den Kameraden keine Schande machen würde. Dann würde einst, wenn er drüben ankam, sein Bruder ihn anlächeln und ihn loben: »Du hast dich wacker geschlagen, Muichiro!«

Auf dem Gesicht des jungen Mannes erstrahlte ein Lächeln, das an den blauen Himmel erinnerte.

KAPITEL 6

Die Geschichte von der Demon-Slayer-Schule ☆ Midnight Parade

»Nun denn, lassen wir die Formalitäten beiseite! Prosten wir Frau Kocho zu!«

Auf Tengen Uzuis Zwischenruf hin wurden überall Gläser angestoßen. Die von der Demon-Slayer-Schule nur zehn Gehminuten entfernte Kneipe war bereits brechend voll, obwohl es erst Donnerstag war.

»Ich bin Kanae Kocho und seit heute Biologielehrerin an meiner vertrauten Lehranstalt, in der ich selbst die Schulbank gedrückt habe. Da ich als Lehrkraft völlig unerfahren bin, bitte ich um Nachsicht und bin dankbar für jede Art von Unterweisung und Ermutigung!«

Kanae verbeugte sich grazil, und ihr reizender Anblick rief da und dort kleine Jauchzer der Bewunderung hervor. Auch ihre Schwestern waren so hübsch, dass sie den Jungs an der Schule den Kopf verdrehten, aber Kanae selbst war schon als Schülerin bei den anderen Schülern beiderlei Geschlechts unglaublich beliebt gewesen und hatte den Status einer lebenden Legende.

Das wird jetzt eine harte Zeit für die Jungs ...

Uzui trank sein Bier und ließ unauffällig den Blick über die anderen Gäste am Tisch schweifen. Nicht nur die männlichen, auch die weiblichen Lehrkräfte verfolgten jede einzelne von Kanaes Bewegungen mit Bezauberung.

Einige Tage zuvor, als Kanae beim Morgenappell ihre Aufnahme ins Lehrerkollegium bekanntgegeben hatte, war die schiere Hölle losgebrochen. Ein gewisses Mitglied des Disziplinarausschusses hatte in höchster Erregung einen markerschütternden Schrei losgelassen, bei dem sich alle Anwesenden die Ohren zuhielten. Und ein gewisser Sportlehrer hatte daraufhin den besagten Schüler mit einer Kanonade von Faustschlägen traktiert, sodass zwei Freunde den Bewusstlosen aus der Kampfzone hatten ziehen müssen.

Ganz anders die Lehrer hier am Tisch ...

Uzui beobachtete weiter die Kollegen um sich herum. Geschichtslehrer Kyojuro Rengoku trank nur mäßig und verputzte eifrig seine Süßkartoffeln. Mathematiklehrer Sanemi Shinazugawa kippte sein Bier, als wäre es Wasser. Per Smartphone hielt er seinem jüngeren Bruder eine Predigt wegen dessen Zensuren in Mathe. Uzui stellte sich den Gesprächspartner am anderen Ende der Leitung vor, wie er auf dem Boden kauerte und zitterte, und empfand tiefes Mitleid mit dem armen Jungen.

Da Gyomei Himejima, Klassenlehrer der Bambussprössling-Klasse im 1. Jahr, Kanae schon als Schülerin unterrichtet hatte, trat er ihr gleichsam mit der Haltung eines Erziehungsberechtigten entgegen.

Besagter Sportlehrer und Leiter des Disziplinarausschusses Giyu Tomioka verschlang nervös Knabberzeug und trank dazu Sake. Er sprach kein bisschen, dies war jedoch nicht etwa schlechter Laune geschuldet, sondern lediglich der Unfähigkeit, gleichzeitig zu kauen und zu sprechen.

Sind die alle plötzlich keusche Mönche geworden?, fragte sich Uzui angesichts der erstaunlichen Gleichgültigkeit seiner männlichen Kollegen gegenüber der hübschen jungen Frau, erkannte dann aber den möglichen Grund: Kanae saß am gleichen Tisch.

So gaben sich alle am Tisch ihren jeweiligen Tätigkeiten hin, und der Einzige, der das Gespräch am Laufen hielt, war Uzui. Kanae war eine ausgesprochen gute Zuhörerin und hatte mit sichtlichem Vergnügen zu jedem Thema etwas beizutragen.

»Die Vase im Bio-Saal und ein durch den Gang robbender Greis?«

Kanae führte eine Hand an ihr wohlgeformtes Kinn und dachte ein Weilchen nach.

»Oh? Sind Gruselgeschichten Ihre Schwachstelle, Frau Kocho?«

Auf Uzuis scherzhafte Frage hin lächelte Kanae und schüttelte den Kopf. »Nein, im Gegenteil, ich mag sie sogar ziemlich!« Dann fuhr sie mit ernster Miene fort: »Aber wenn Schüler Schaden nehmen, kann ich als Lehrkraft nicht tatenlos zusehen.«

»Da bin ich ganz Ihrer Meinung! Sie haben völlig recht!« Rengoku sah mit weit aufgerissenen Augen von seinem Süßkartoffelgericht auf. Er war ein Lehrer mit Leib und Seele, der bei vielen Schülern beliebt war und bei jeder Gelegenheit öffentlich erklärte, wie leidenschaftlich er sich für die Schülerschaft engagierte.

»Wenn Schüler in Bedrängnis sind, kann ich, Kyojuro Rengoku, nicht schweigen!«

»Doch. Schweig und iss deine Süßkartoffeln!«

»Lasst uns doch gleich morgen Nacht den Bio-Saal und den Gang inspizieren! Was meinst du, Uzui?«

»Was hab ich damit zu tun? Wer will denn nachts noch ins Schulhaus?«

»Den Schulfrieden zu bewahren ist unsere Aufgabe als Lehrkräfte!«

Der Enthusiasmus seines Freundes und Kollegen ging Uzui auf die Nerven. In solchen Momenten fand er den Umgang mit Rengoku schrecklich anstrengend. Als er anfing, sich den Kopf darüber zu zerbrechen, wie er ihn von seinem Vorhaben abbringen konnte, hob Kanae eine Hand und intervenierte: »Wenn Sie möchten, kann ich Sie gerne begleiten!«

»Was? Aber ich gehe nicht morgen Nacht ins Schulhaus!«

»Bitte nehmen Sie mich mit. Ich werde Ihnen beiden ganz sicher nützlich sein.«

»Ich sagte doch schon, ich geh da nicht hin!«

»Lasst uns gemeinsam die Schülerschaft beschützen! Komm schon, Uzui!«

Uzui wusste nicht mehr weiter. Die beiden waren nicht zur Vernunft zu bringen. An Rengokus spleenige Ideen war er ja gewöhnt, aber Kanae stellte nun ein zusätzliches Problem dar. Vier erwartungsvolle Augen waren nun direkt auf ihn gerichtet und bereiteten ihm extremes Unbehagen.

Ich glaube, ich breche das hier ganz schnell ab und gehe nach Hause.

Im Schulhaus bei Nacht würde es doch sowieso nichts zu sehen geben. Sie würden eine Stunde lang sinnlos durch die Gänge tigern und dann aufgeben.

»Alles klar! Gebongt! Wir treffen uns morgen Abend um 23 Uhr vor dem Haupteingang.«

»Ja!«

»Vielen Dank!«

Rengoku und Kanae lächelten. Uzui gab sich den beiden mit einer oberflächlichen Floskel geschlagen und sah dann zu Himejima, der ihm gegenüber saß. Wenn schon, dann sollte wenigstens auch er mitkommen.

»Du wirst doch auch dabei sein, Himejima?«

»Bei der Nachtwache?«

Für einen groß gewachsenen, muskelbepackten Mann wie ihn war Himejima sehr nah am Wasser gebaut. Er sah von seinem heißen Sake auf und vergoss tatsächlich Tränen.

»Natürlich würde ich gerne meine Teilnahme zusagen, aber morgen bin ich dienstlich unterwegs und weiß nicht, wann ich zurückkomme. Daher muss ich leider passen. Entschuldigt!«

»Zu dumm. Schlechtes Timing! Was ist mit dir, Shinazugawa?« Uzui wandte seinen Blick dem Kollegen zu, der rechts von Himejima saß. Dieser hatte gerade sein Gespräch mit dem jüngeren Bruder beendet. Er sah von seinem Smartphone auf und warf durch sein langes Stirnhaar hindurch Uzui einen finsteren Blick zu. »Hä?«

Shinazugawa trug selbst im Klassenzimmer keine Krawatte, sondern unterrichtete mit offenem Hemdkragen. Zu älteren Menschen, Frauen und Kindern war er sehr freundlich, trotzdem fingen Kinder an zu weinen, wenn er sich ihnen näherte, weil er ein so furchterregendes Gesicht und auch eine ziemlich unangenehme Art zu sprechen hatte. Mit Tomioka lag er extrem über Kreuz, aber solange er nicht mit diesem zu tun hatte oder jemand seine geliebte Mathematik verächtlich machte, war er trotz allem eine ganz umgängliche Person mit gesundem Menschenverstand.

Allerdings knöpfte er seinen Hemdkragen niemals zu, nicht einmal bei wichtigen Feierlichkeiten wie Hochzeiten und Bestattungen.

»Du hast doch trotz deines Telefongesprächs mitbekommen, worüber wir sprachen?«

»Sorry, aber ich kann nicht.«

»Wieso? Frauengeschichten?«

»Hä? Schließ nicht von dir auf andere, Kerl!«

Shinazugawa ließ verärgert seine Zunge schnalzen und fuhr in schroffem Ton fort: »Freitags kommt meine Mutter wegen Überstunden spät nach Hause.«

Vielleicht musste er sie von ihrer Arbeitsstelle abholen oder auf seine noch ganz jungen Geschwister aufpassen.

Sein Vater war offenbar gestorben, als er noch klein gewesen war, und die Mutter hatte ihre sieben Kinder alleine aufziehen müssen. Daher war dieser Kollege sehr um seine Mutter bemüht und legte großen Wert auf seine Familienangelegenheiten.

»Du bist eben mehr so der häusliche Typ, ich weiß«, neckte ihn Uzui.

»Halt die Klappe«, fauchte Shinazugawa giftig und zeigte ihm die kalte Schulter. Alle sahen ihn warmherzig an.

»Und du, Tomioka«, wandte sich Uzui an den Kollegen zu seiner Rechten. »Kommst du mit?«

Dieser hatte bis dahin noch gar nichts gesagt. Nachdem er einen Bissen hinuntergeschluckt hatte, öffnete er langsam den Mund und begann: »Also, ich ...«

»Wenn du nichts anderes vorhast, dann kommst du mit.«

Vielleicht lag es daran, dass er betrunken war, jedenfalls nuschelte Tomioka noch mehr als sonst, und so kürzte der genervte Uzui das Gespräch gewaltsam ab und schuf über Tomiokas Kopf hinweg vollendete Tatsachen. In diesem Moment wurden auf einer großen Platte Berge von Hühnchenflügeln, frittiertem Oktopus und Lachs mit Rettich serviert. Beim Anblick seiner Leibspeise begannen Tomiokas Augen dezent zu funkeln.

»Komm, trink! Prosit!«, sagte Uzui und goss dem wortkargen Kollegen nach. Dieser nickte und führte wortlos erneut das Glas zum Mund.

Kanaes Willkommensfeier dauerte noch bis Mitternacht an, und am nächsten Morgen standen viele Lehrkräfte übermüdet oder mit einem Kater vor der Tafel und gingen ihrer beruflichen Tätigkeit nach.

Und um 23 Uhr …

✻

»Brrr … Ist das immer noch kalt im Juni!«

Uzui krümmte sich ein wenig im kühl blasenden Nachtwind. Da er früher als verabredet gekommen war, stand er zunächst alleine vor dem Eingang der Schule. Er fror und hatte noch Alkohol vom Vorabend im Blut. Außerdem war er müde.

Um sich wachzuhalten, kaute er ein Kaugummi und öffnete verschiedene Apps auf seinem Smartphone.

»Sorry für die Verspätung …«

»Na endlich, Tomio…« Uzui drehte sich um und erblickte Giyu Tomioka, wie er mit erhobener Hand und

einem strahlenden Lächeln auf ihn zukam. Der Anblick dieses Lächelns brachte Uzuis Kaugummiblase zum Platzen.

Als Tomioka bei Uzui ankam, blickte er sich nach allen Seiten um und ließ dann einen Seufzer der Erleichterung hören.

»Sonst ist wohl noch niemand da. Obwohl wir schon Juni haben, ist es nachts noch empfindlich kalt. Hoffen wir, dass Frau Kocho als Letzte kommt und nicht auf uns warten muss.«

Uzui schwieg.

»Ah, Uzui-kun … Ist dir kalt? Soll ich dir meine Jacke zum Überziehen geben?«

»Wer bist du?«, rief Uzui, der nun endlich wieder bei Sinnen war. Tomioka blinzelte verwundert. »Hm? Wer ich bin? Giyu Tomioka, wer soll ich sonst sein?«

»Der Tomioka, den ich kenne, redet nicht so flüssig und deutlich, sondern ist ein finsterer, ungeselliger Typ, der die Lippen nicht auseinanderkriegt und bei dessen ausdruckslosem Gesicht man nie erkennen kann, was er denkt.«

»Jetzt bin ich aber beleidigt … Denkst du wirklich so über mich, Uzui-kun?«

»Und überhaupt, seit wann sagst du ›Uzui-kun‹ zu mir, als wäre ich einer deiner Schüler? So hast du mich noch nie angesprochen!«

Uzui fröstelte nun erst recht. Ihm war so unbehaglich zumute, dass er auf beiden Armen Gänsehaut bekam.

Was ist los mit dem Kerl?

Da fiel ihm ein, dass am Vorabend ein Pilz zweifelhafter Herkunft in Tomiokas Leibgericht geraten war. Der Wirt hatte erklärt, dass dieser aus Versehen unter die Zutaten gemischt worden sei, und sich entschuldigt. Vielleicht hatte Tomioka diesen Pilz nicht vertragen, befürchtete Uzui im Stillen.

»Sorry für meine Verspätung!«

»Ah, Rengoku! Du kommst gerade richtig.«

Uzui dreht sich um, und da stand Rengoku mit einem riesigen Bergsteigerrucksack auf dem Rücken. Uzui war perplex. »Sag mal, du weißt schon, wo wir hingehen, oder? Was willst du mit dem riesigen Rucksack?«

»Senjuro war sehr besorgt und hat mir sämtliche Salzvorräte, die wir im Haus hatten, mitgegeben.«

»Und das ist alles da in deinem Rucksack? Wie viel Salz hortet ihr denn bei euch zu Hause?«

»Da ist Tafelsalz, grobkörniges Salz und auch Steinsalz dabei! Und Salzgebäck!«

»Wozu soll Salzgebäck gut sein? Willst du zwischendurch was knabbern? Aber der Brocken Steinsalz da ist ja gigantisch … So groß wie ein Neugeborenes!«

»Stimmt. Welcher Laden verkauft denn solche großen Mengen an Steinsalz?«

Seitlich des entkräfteten Uzui streckte Tomioka plötzlich den Kopf hervor und lächelte strahlend.

»Du hast ja einen netten kleinen Bruder, Rengoku! Ich hab nur eine ältere Schwester, keine jüngeren Geschwister. Ich beneide dich!«

Als Uzui diesen für Tomioka äußerst untypischen Redefluss hörte, entsann er sich seines ursprünglichen Problems und packte Rengoku an der Schulter.

»Rengoku! Mit Tomioka stimmt was nicht!«

»Mit Tomioka?« Rengoku war perplex.

»Schon wieder?«, maulte Tomioka. Typisch, wie der sich wieder künstlich aufregte. Tomioka wandte sich Rengoku zu: »So geht das schon die ganze Zeit mit dem. Rengoku, rede du doch mal mit Uzui, ja?«

»Mit dem« … So komisch redet der doch normalerweise nie!

Uzui war gereizt. Er sah zu Rengoku, um seine Bestätigung zu erhalten, aber statt zu sagen: *»Du hast recht, mit*

Tomioka stimmt was nicht«, erwiderte er sogar: »Inwiefern stimmt denn etwas nicht mit ihm?«

»Was? Da fragst du noch?«

Rengokus völlig unerwartete Antwort hatte Uzui aus dem Konzept gebracht. In den Augen des Freundes stand nicht die geringste Spur von Argwohn.

»Du hast doch gesagt, dass mit Tomioka was nicht stimmt? Was an ihm ist denn so komisch?«

In Rengokus Augen erschien Tomioka also völlig normal, wie gewohnt? Als ob er schon immer dieser eloquente Sonnyboy gewesen wäre?

Was an ihm komisch sein soll? Na, alles! Er ist komplett wie ausgewechselt!

Es war ein Jammer, dass Sanemi Shinazugawa nun nicht hier war. Im Gegensatz zu dem begriffsstutzigen Rengoku würde der sicher eine Reaktion zeigen, die Uzuis Erwartungen entsprach. An dieser Stelle seiner Gedankengänge hielt Uzui plötzlich inne.

Moment! Stimmt das überhaupt? Was für ein Typ war Tomioka denn eigentlich ursprünglich?

Dass Rengoku nicht die geringste Auffälligkeit an Tomioka entdecken konnte, gab Uzui so sehr zu denken, dass sein Gedankengebäude zusammenzufallen drohte.

Tomioka. Giyu Tomioka. Der Tomioka, wie er ihn kannte …

Nun wurde Uzui mehr und mehr unsicher. Sein Kopf war voll mit Bildern seines Freundes und Kollegen, da hatte er plötzlich ein Gefühl, als würde ein Faden reißen.

Ah … Mittlerweile ist es mir wirklich egal.

Was veranlasste ihn überhaupt, derart intensiv über Tomioka nachzudenken?

Einbildung! Ich hab mir das sicher nur eingebildet.

Nun kam ihm plötzlich alles wie ein schlechter Scherz vor. Passenderweise traf nun auch Kanae ein. Alle traten zusammen durchs Tor und begannen dann ihre nächtliche Erkundung des Schulhauses. Drinnen war es natürlich dunkel, und so kam es ihnen vor, als würden sie in ein unbekanntes Gebäude eindringen.

»Uh … Es ist ja stockdunkel hier drin.«

»Es klingt vielleicht unpassend, aber ich komme mir vor wie bei einer Mutprobe.«

»Passen Sie auf, wo Sie hintreten, Frau Kocho!«

»Ja, danke!«

Rengoku mit seiner Taschenlampe und Uzui mit dem Licht seines Smartphones gingen voran durch den dunklen Gang. Kanae und Tomioka folgten ihnen.

»Gehen wir zuerst zur Vase im Bio-Saal.«

Da sie keine Ahnung hatten, wo genau der durch den Gang robbende Greis erscheinen würde, wollten sie mit dem bereits bekannten Ort beginnen.

»Hm! Also, ein Greis springt aus der Vase und robbt durch den Bio-Saal, richtig?«

»Ich glaube, du vermengst da zwei verschiedene Sachen!«

So wäre die Geschichte noch grotesker, als sie ohnehin schon war. Unterwegs zum Bio-Saal ordneten sie die beiden Gerüchte.

»Zum Monster in der Vase ist zu sagen …«

- Es hat drei Mäuler, ein Auge und mehrere Arme.
- Wen sich das Monster vornimmt, den belästigt es mit endlosem Geprahle.
- Wer seine schwer verständlichen Angebereien ignoriert, den kitzelt es mit all seinen Händen.

- Es ist definitiv alleinstehend (nach Zeugenaussage eines gewissen Jungen, der mechanische Puppen liebt).
- Bei genauer Betrachtung erkennt man, dass sein Körper asymmetrisch ist. Wenn man es darauf hinweist, reagiert es mit Wutausbrüchen und vulgären Beschimpfungen.
- Es spielt sich als sensibler Künstler auf, aber hat eine dreckige, ordinäre Lache.

»Und das andere Monster …«

- Es robbt weinend durch den Gang.
- Es ist ständig am Murren.
- Auf den ersten Blick wirkt es wie ein bekleideter Mann, bei genauerer Betrachtung aber bemerkt man seine zwei Hörner und Fangzähne. Es sieht also nicht aus wie ein Mensch.
- Wenn es einen Menschen erblickt, der kleiner ist als es selbst, überfällt und beraubt es ihn.
- Als es Tokito aus der Mittelstufe überfiel, verpasste der Schüler ihm einen Hieb mit der Ferse, seitdem hat es eine Beule am Kopf.

»Wenn ich mir das so anhöre, kommt mir das alles schrecklich albern und banal vor«, sagte Uzui und seufzte gelangweilt. Geprahle, Kitzeln, Leute berauben, das alles machten auch ganz normale Menschen. Von ihrer gruseligen äußeren Erscheinung abgesehen, waren beide einfach nur lästig. Und das durch den Gang robbende Monster war ja sogar einem Mittelschüler unterlegen gewesen. Uzui wusste wirklich nicht, was so furchtbar schlimm an denen sein sollte.

Seine von Anfang an geringe Neigung, an dieser nächtlichen Exkursion teilzunehmen, näherte sich nun dem Nullpunkt.

Ganz im Gegensatz zu Uzui war Rengoku aufrichtig erzürnt: »Das sind unverzeihliche Verhaltensweisen! So abscheulich behandelt man andere Menschen nicht!«

»Na ja, da hast du schon recht, aber ...«

»Wer auch immer Schüler verletzt oder beleidigt, kriegt es mit mir zu tun! Ich, Kyojuro Rengoku, werde ihn bestrafen, darauf kann er sich verlassen!«, verkündete lautstark der leidenschaftliche Geschichtslehrer.

Wie als Antwort ertönte plötzlich aus den Tiefen des düsteren Korridors ein unangenehmes, schleifendes Geräusch.

Krrchh krrchh krrchh …

Es war das Geräusch von etwas, das auf dem Boden herumkroch, gelegentlich mischte sich ein Schluchzen hinzu. »Warum …«, stöhnte jemand mit heiserer Stimme. »Warum ärgern mich alle? Ich habe doch nichts Böses getan! Warum?«

Vorwurfsvoll murmelte das Wesen weiter: »Ich bin nicht schuld! Ich bin überhaupt nicht schuld! Schuld sind nur meine Hände! Warum ärgern mich trotzdem alle? Ich hasse es. Ich hasse diese Welt, in der es nur grausame Bösewichter gibt, die die Schwächeren drangsalieren … «

Uzui blieb stehen und richtete das Licht seines Smartphones in die Richtung, aus der die Stimme kam.

»Uieeeeeh …«

Im Licht erschien nun ein Greis mit aufgesprungener Haut und zwei Hörnern. Er zitterte in übertriebener Weise. Diese in einen altmodischen Kimono gehüllte Gestalt hätte man auf den ersten Blick für einen Menschen halten können, bei genauerer Betrachtung wurde jedoch eindeutig klar, dass es sich um ein Monster handelte. Die riesige Beule, die sich von seiner Stirn bis zur Kopfspitze erstreckte, musste wohl von dem Tritt des besagten Mittelschülers namens Tokito herrühren.

Ich fasse es nicht! Das Monster gibt es also wirklich?

Uzui war sich nahezu sicher gewesen, dass es nur haltlose, unter den Schülern kursierende Gerüchte gewesen waren, und nun existierte dieses Monster tatsächlich!

Er war überrumpelt und ratlos. Wäre es ein Mensch, würde er nicht lange fackeln und ihn schlagen und ihm ein paar Tritte versetzen. Aber einem Monster würde man allein mit den Fäusten wohl nicht beikommen.

»Hey, Rengoku! Dein Salz! Streu mal Salz auf den da!« Uzui wandte sich zur Seite, doch von seinem Kollegen fehlte jede Spur.

»Hä? Wo ist er denn hin?«

Uzui riss erstaunt die Augen auf: Rengoku stapfte völlig ungerührt an dem Monster vorbei, ohne auch nur einmal stehenzubleiben.

Was macht er denn? Er versucht doch nicht etwa, seine Angst zu überspielen, indem er so tut, als sähe er das Monster nicht? Nein, nein, das traue ich ihm wirklich nicht zu.

Sie hatten sich schon als Schüler gekannt, und Uzui hatte kein einziges Mal erlebt, dass Rengoku vor irgendetwas Angst gehabt hätte. Außerdem hatte er ja verkündet, dass er im Interesse der Schüler die Monster bestrafen wolle!

Oder verfolgt er damit irgendeine Strategie? Aber wäre das nicht untypisch für ihn?

Uzui war verwirrt, und hinter ihm regte sich nun Kanae. Endlich erinnerte er sich, dass sie auch noch da war.

»Frau Kocho, alles in Ordnung?«, fragte Uzui, besorgt um die neue Kollegin, die ein so entsetzlicher Anblick sicher in große Angst versetzen würde.

»Wenn Sie Angst haben, schließen Sie die Augen und halten Sie sich an mir fe...«

Was ihm die Sprache verschlug, war die Tatsache, dass Kanae nicht die geringste Angst hatte. Die hübsche Biologielehrerin huschte an Uzui vorbei und stellte sich konfrontativ vor das Greisenmonster. Dann begann sie zu sprechen: »Rin – pyo – to – sha – kai ...«

Nachdem sie die ganze Beschwörungsformel aufgesagt hatte, holte sie so etwas wie ein Amulett aus ihrer Jackentasche und warf es dem Greis ins Gesicht.

»Gyaaaaaaah!«

Mit einem Schrei brannte das Monster zusehends nieder, und auch die zurückgebliebene Asche löste sich innerhalb kürzester Zeit in Luft auf. Um die Anwesenden herum breitete sich eine Stille aus, die fast wehtat.

»Wa…« Uzui war völlig perplex. Kanae lächelte: »Jetzt ist alles gut!«

»Wah!« Dieser schrille Schrei kam nicht von Uzui, sondern von Tomioka, der in kleinen Schritten vor Kanae zurückwich.

»Also, gehen wir weiter«, drängte die Biologielehrerin. Uzui konnte kaum begreifen, wie ungerührt und souverän seine neue Kollegin die Situation gemeistert hatte: »Hey! Was war das eben?«

»Was meinen Sie?«, fragte Kanae zurück und schenkte ihm das wunderschöne Lächeln einer Himmelsfee. Ihr sanftes und ruhiges Auftreten unterschied sich nicht von ihrem üblichen Verhalten im Alltag, doch Uzui interpretierte es als Drohung im Sinne von: »Stellen Sie mir keine Fragen.« Er verkniff sich jede weitere Bemerkung.

In solchen Momenten stellt man Frauen besser keine weiteren Fragen, das hatte Uzui aus Erfahrung gelernt.

»Was ist los? Auf zum Bio-Saal, schnell!« Rengoku, der vorausgegangen war, hatte offenbar endlich bemerkt, dass die anderen zurückgeblieben waren, und wedelte nun energisch mit den Armen.

Auch er verhielt sich nicht ganz wie sonst. Mehr noch, das außerordentliche Ereignis, das gerade eben stattgefunden hatte, schien ihn nicht im Geringsten zu kümmern. Uzui kam das extrem seltsam vor. Trotzdem folgte er dem Kollegen, der nun frohen Mutes zum Bio-Saal voranschritt. Direkt hinter Uzui folgte mit kleinen Schritten Tomioka. Möglicherweise hatte er große Angst vor Kanae, jedenfalls drehte er sich häufig um und achtete darauf, einen Abstand zu ihr einzuhalten, der über das normale Maß hinausging. Manchmal hatte Uzui sogar das Gefühl, dass Tomioka sich an ihn klammerte.

Hey, hey ... Ist der nicht ein bisschen zu ängstlich?

Auch Tomioka verhielt sich also seltsam. War er immer schon so ein Angsthase gewesen?

Doch Uzui wusste sowieso schon nicht mehr, was für ein Typ Tomioka ursprünglich gewesen war, deswegen hörte er nun auf, über ihn nachzudenken. Außerdem fröstelte er auf merkwürdige Weise und war unheimlich müde.

Ich will das hier schnell hinter mich bringen und dann Ramen essen gehen, dachte Uzui und beschleunigte seine Schritte.

✵

Vor dem Bio-Saal drehte Uzui sich zu Kanae um.

»Haben Sie die ominöse Vase selbst noch nie gesehen, Frau Kocho?«

»Nein, noch nie«, erwiderte Kanae, und es klang irgendwie bedauernd. Dies gab Uzui zu denken. Wenn sie als Biologielehrerin die Vase noch nie gesehen hatte, dann befand sich diese wohl nicht ständig dort.

»Kann sich die Vase etwa fortbewegen? Das ist doch unmöglich«, sprach Uzui zu sich selbst und öffnete die Tür zum Bio-Saal.

»Drinnen ist es ganz dunkel, bitte passen Sie gut auf«, warnte Kanae die anderen mit sanfter Stimme. Tomioka entfuhr ein unanständig klingender Schrei. Die schwarzen Vorhänge verdunkelten den Raum in der Tat völlig. Hier war es viel dunkler als in den Klassenräumen und dem Gang. Doch die besagte Vase war sofort erkennbar, denn aus deren Öffnung drängte ein missgestaltetes Lebewesen heraus wie ein Flaschengeist. Auch für Kunstlehrer Uzui hatte dieser Anblick etwas Surreales.

»Sieh an, die blöden Lehrer! Was wollt ihr denn von mir, dem großen Gyokko? Hyop! Hyop!«

Das Monster nannte sich also Gyokko und hatte offenbar Langeweile gehabt, denn als Uzui und die anderen den Bio-Saal betraten, grinste es sie erfreut an. Dann musterte es die Besucher eingehend. »Hmpf. Ihr Affen seid sicher allesamt Kunstbanausen, aber das soll mir recht sein.«

»Das Vieh ist ja noch nerviger und ekliger als die Gerüchte vermuten ließen«, bemerkte Uzui und runzelte die Stirn.

»Wie bitte?«, rief Rengoku. »Das Monster in der Vase gibt es also? Wo ist es denn?«

»Was fragst du so blöd? Da ist es doch! Direkt vor unseren Augen!«

»Hm? Wo?«

Der Kollege mit dem Steinsalz in der Hand sah in die falsche Richtung.

»Hinter einem Vorhang? Versteckt es sich hinter einem der schwarzen Vorhänge?«

»Nein! Es ist direkt vor unseren Augen! Was ist denn eigentlich los mir dir?« Uzui runzelte die Stirn. Kanae ging auf ihn zu und flüsterte ihm ins Ohr: »Herr Uzui! Herr Rengoku kann das Monster nicht sehen.«

»Hä? Da vorne ist es doch, deutlich erkennbar!«

»Manche Menschen sind nicht in der Lage dazu. Zum Beispiel sehr optimistische und energische Menschen, oder schrecklich unsensible Menschen ...« Besonders den letzten Teil sagte sie mit sichtlichem Unbehagen.

Optimistisch, energisch, schrecklich unsensibel ...

Waren diese Beschreibungen nicht wie auf seinen Kollegen zugeschnitten? Uzui dachte an Rengokus unverständliches Verhalten von eben, und seine Gesichtszüge entspannten sich wieder.

»Dann hat er den Opa vorhin auch nicht gesehen?«

»Ja, ich denke, er hat ihn nicht gesehen und wahrscheinlich auch nicht gehört.«

Auch während Uzui und Kanae miteinander sprachen, war Rengoku noch dabei, angestrengt die Umgebung nach dem mysteriösen Wesen abzusuchen, das die Schülerschaft so plagte.

»Komm raus aus deinem Versteck! Kämpfe mit offenem Visier!«

»Schon wieder so ein muskelbepackter Idiot, der meine wunderschöne Gestalt nicht erkennen kann. Wie kann man nur so stumpfsinnig sein! Hyop, hyop«, lachte Gyokko auf seine nervige Art. Uzui rief gereizt: »Rengoku! Rechts neben der Tafel! Beim Waschbecken!«

»Ach, da! Alles klar!« Rengoku nickte energisch und holte weit mit der Hand aus, in der er das Steinsalz hielt.

Kurz darauf ertönte ein lauter Knall, als das Steinsalz auf die Tafel traf.

»Hyop ...« Aus Gyokkos drei Mündern drängten debil klingende Schreie.

»Und? Hab ich getroffen, Uzui?«

Leider hatte der riesige Klumpen Steinsalz Gyokko um mehrere Zentimeter verfehlt. Doch das Monster war kreidebleich geworden und zog sich still und leise in sein Gefäß zurück.

Kanae ging mit Kennerblick auf die Vase zu, verschloss deren Öffnung mit einem Amulett und bedankte sich bei Rengoku: »Gute Arbeit! Dank Ihnen, Herr Rengoku, werden unsere Schüler von nun an nicht mehr belästigt, beschimpft oder gekitzelt!«

»Aha! Das freut mich!«

Kanae klatschte anerkennend in die Hände, und Rengoku lächelte fröhlich.

Der hat doch einfach nur physische Kraft benutzt, um das Monster in die Vase zurückzudrängen!

Uzui sah seinen Kollegen mit einer leichten Abneigung an.

»Was ist los, Uzui?«

»Nichts.«

Als Uzui wieder wegsah, begegnete sein Blick dem des kreidebleichen Tomioka. Uzui erschrak. Der Kollege sah sehr schlecht aus und wirkte fast wie eine Leiche.

»Tomioka! Alles okay mit dir?«

»Ja ... alles okay, Uzui-kun. Rengoku-kun war einfach so toll, dass es mich ein bisschen umgehauen hat ... ha ha ha ...«

Tomioka lächelte gezwungen, aber seine Augen sprachen eine andere Sprache. Er zitterte und schwitzte wie verrückt. Da war etwas ganz offensichtlich nicht okay mit ihm.

»Als Nächstes wäre dann das durch den Gang robbende Monster dran!«

Nach dem Motto ›Gutes soll man nicht verschieben‹ stürmte Rengoku aus dem Bio-Saal. Dass der Greis bereits von Kanae exorziert worden war, wusste er nicht. Uzui wollte ihm dies gerade erklären, da erschallte ein Ruf von außerhalb des Unterrichtsraums: »Ich hab's gefunden! Es ist oben!«

»Was? Das hat doch Frau Kocho schon längst ...«

Als Uzui auf den Korridor trat, hetzte Rengoku die Treppe neben dem Bio-Saal hoch, indem er pro Schritt sechs Stufen auf einmal nahm.

»Ich sag doch, das hat Frau Kocho schon unschädlich gemacht!« Uzui wandte sich hilfesuchend zu Kanae um, doch diese sagte mit besorgter Miene: »Ich habe da oben auch Geräusche gehört! Es waren Schrittgeräusche.«

»Vielleicht ist da ein Dieb?«

»Nein! Welcher Dieb würde denn solche seltsamen Schrittgeräusche machen?«

Und überhaupt, dies war eine Schule. Hier war doch so gut wie nichts zu holen. Andererseits war es nicht so, dass Diebe grundsätzlich nie in Schulhäuser eindrangen. Vor Kurzem erst waren aus einer anderen Schule alle gerade neu angeschafften Computer gestohlen worden.

Uzui hielt dies für unwahrscheinlich, aber folgte Rengoku dennoch die Treppe hoch. Es stellte sich heraus, dass die Geräusche nicht von einem Dieb hergerührt hatten.

»Was macht ihr denn hier?«

Uzui runzelte die Stirn. Diese Gesichter waren ihm alle wohlbekannt.

Es waren Tanjiro Kamado, Zenitsu Agatsuma und Inosuke Hashibira. Alle drei waren Mitglieder der Band ›Schick-barbarische Demokratie‹, der Tengen Uzui als Lead-Sänger vorstand.

✻

»Das heißt also, ihr seid nicht aus Neugier hierhergekommen, sondern um etwas gegen das Monster zu unternehmen, das die jüngeren Schüler und Schülerinnen belästigt?«

Als Rengoku sich der lauteren Absichten der Schüler vergewisserte, antwortete Tanjiro stellvertretend für alle drei in lobenswerter Weise. Der redliche Junge runzelte die Stirn und sah niedergeschlagen zu Boden.

»Alle Freundinnen meiner kleinen Schwester haben Angst vor dem Monster. Ich dachte, wir müssen irgendwas tun.« Dann berichtete er, dass er sich mit seinen beiden Freunden beraten habe und beide ihm bereitwillig helfen wollten.

»Ich geb mich keinem Monster geschlagen! Ich besiege es!«, schnaubte Inosuke und warf sich in die Brust. »Ich bin schließlich der Boss. Ich kann nicht zulassen, dass meine Vasallen in Gefahr geraten.«

Auch er war offensichtlich nur durch redliche Absichten motiviert.

»Auch ich will unbedingt den Schulfrieden bewahren«, sagte Zenitsu.

»Ja, ja. Wer's glaubt ... Und worum ging es dir wirklich?«, fragte Uzui sofort anschließend.

»Wenn ich das Monster aus dem Weg räume, vor dem die Mädchen sich so fürchten, dann werde ich superpopulär, das ist doch klar! Dann kriege ich nächstes Jahr am Valentinstag ganz viel Schokolade!«

Wie ein Wasserfall plapperte Zenitsu drauflos. Dann merkte er es plötzlich, erschrak und wurde kreidebleich.

Uzui schniefte verächtlich. »Er hat sich verplappert ... Interessant, er hatte also seine ganz eigenen Gründe!«

»Ich bin verleitet worden, ganz klar! Das war ein erzwungenes Geständnis! Gemeinheit!«, protestierte Zenitsu lautstark.

»Wer soll dich denn verleitet haben? Du hast doch freiwillig alles ausführlich berichtet! Dummkopf!« Uzui wandte sich angewidert von Zenitsu ab.

»Und? Was machen wir jetzt mit denen?«

Rengoku nickte nachdenklich und sah die drei Jungs an. Tanjiro wäre am liebsten im Erdboden versunken, Inosuke streckte stolz die Brust heraus und Zenitsu murmelte vor sich hin: »Nein ... Das stimmt nicht.« Er raufte sich die auch im Stockdunklen leuchtenden Haare.

»Vom Knaben mit dem goldenen Haar abgesehen, hattet ihr nur das Wohl der Schule und der anderen Mitschüler im Sinn. Das ist lobenswert. Aber unabhängig von euren ehrenwerten Motiven kann ich euer Verhalten, mitten in der Nacht ohne Erlaubnis ins Schulhaus einzudringen, auf keinen Fall gutheißen«, maßregelte Rengoku die drei, wie es sich für einen Lehrer gehört. Doch ...

»Das war nicht ohne Erlaubnis!«, widersprach Inosuke und bohrte sich dabei im Ohr. Uzui sah ihn fragend an. Tanjiro sprang dem Freund bei und erklärte: »Also, es war so: Wir dachten auch, dass wir nicht unbefugt ins Schulhaus gehen dürfen und berieten uns deshalb mit Herr Tomioka, und er war so freundlich, mit uns zu gehen. Im Moment ist er allerdings gerade auf der Toilette.«

Uzui lachte heraus: »Was?« Dass die beiden – von Zenitsu ganz zu schweigen – sich zu einer so dreisten Notlüge versteigen würden, das hätte er nie für möglich gehalten. Aber da waren sie an den Falschen geraten. »Hey, hey, nun lügt mal nicht das Blaue vom Himmel herunter! Tomioka steht doch hier direkt hinter mir!« Doch als er sich umdrehte, war Kollege Tomioka nicht da.

»Tomioka?«

Ist er noch unten? Ach ja, dem war ja schlecht ... Uzui sah die Treppe hinunter.

»Hast du mich gerufen?«, fragte Giyu Tomioka barsch und trat aus der Herrentoilette.

»Warst du ... auf dem Klo?«

»Ja.«

»Moment mal. Mir kannst du nichts vormachen! Du warst doch die ganze Zeit mit uns zusammen!«

»Nein.«

»Natürlich warst du das! Wir haben uns doch um 23 Uhr vor dem Schultor getroffen! Weißt du's jetzt wieder?«

Sie redeten offensichtlich aneinander vorbei. Uzui suchte Unterstützung bei Rengoku. Doch sein Freund und Kollege sah ihn nur verwundert an: »Wovon redest du eigentlich, Uzui? Tomioka hat doch gestern gesagt, dass er heute eine Verabredung hat und nicht kommen kann!«

»Was?«

»Aber dass er mit diesen Schülern verabredet war, überrascht mich auch! Mensch, Tomioka! Das hättest du ruhig sagen können! Du bist immer so zugeknöpft!«

»Entschuldigung«, murmelte Tomioka. »Ich war gestern ganz in mein Leibgericht Lachs mit Rettich vertieft.«

Diese flache, monotone Art zu sprechen. Diese überwältigende Maulfaulheit. Dieser nichtssagende Blick, aus dem man nichts herauslesen konnte. Und dazu diese maskenartige Ausdruckslosigkeit seines Gesichts. Dies war eindeutig Giyu Tomioka, wie Uzui ihn kannte.

Und wer hat dann die ganze Zeit mit uns das Schulhaus nach Monstern abgesucht?

»Uzui ... Du bist so komisch heute? Du führst ständig Selbstgespräche. Redest plötzlich von Tomioka, als ob er direkt bei dir stehen würde ...«

Selbstgespräche? Als ob er bei mir stehen würde?

»Du bist ganz bleich ... Hast du dich vielleicht erkältet, Tomioka?«

»In der Tat, er sieht nicht gesund aus.«

Stimmt, wenn ich so zurückdenke ...

Rengoku hatte den ganzen Abend nie Tomioka angesprochen, noch nicht mal seinen Namen ausgesprochen. Und Kanae hatte ihm erzählt, dass Rengoku keine übernatürlichen Erscheinungen wahrnehmen könne. Nicht mal ihre Stimmen ...

Und so ...

»Herr Uzui!«, sprach Kanae Uzui schuldbewusst an. »Ich dachte zuerst, das sei ein harmloser Geist, und griff erst mal nicht ein ... Aber offenbar hegt er einen tiefen Groll gegenüber Männern, die eine Frau oder Geliebte haben. Er nimmt die Gestalt eines Bekannten an und besetzt dann sein Opfer. Es ist ein böser Geist, der einen per Fluch töten kann! Ich bitte um Entschuldigung!«

Dann fügte sie mit einem strahlenden Lächeln hinzu, dass sie diesen Geist jedoch mittlerweile exorziert habe.

Uzui war sprachlos und sah, wie sich sein Gesicht im Fensterglas spiegelte. Seine Wangen waren eingefallen, er hatte Ringe unter den Augen und war aschfahl im Gesicht. Dann wurde Uzui schwindlig, und er verlor das Bewusstsein.

Danach schlief Tengen Uzui zwei volle Tage lang. Dank der aufopfernden Pflege durch seine drei Geliebten kam er wieder zu Kräften, doch unter den Schülern und Lehrern der Demon-Slayer-Schule machte bald das Gerücht der unerklärlichen, plötzlichen Krankheit des kerngesunden Herrn Uzui die Runde. Rengoku und Tomioka machten sich Sorgen, weil Uzui »sich so komisch verhalten« hatte, und Kanae gab ihm unauffällig ein Amulett.

Zenitsu wurde als Einziger dazu verdonnert, wegen seines nächtlichen Eindringens ins Schulgebäude einen Besinnungsaufsatz zu schreiben. Doch da er unbedingt am nächsten Valentinstag Schokolade erhalten wollte, involvierte er Tanjiro einen Monat später schon wieder in einen wahnwitzigen Geheimplan ... Aber das ist eine andere Geschichte.

Übrigens, der Bio-Saal, in dessen Tafel immer noch das Steinsalz steckte, wurde weiterhin benutzt, und man munkelte, dies sei möglicherweise eine neue Kraftquelle der Schule.

Und ein neuer, friedlicher Tag an der Demon-Slayer-Schule begann ...

NACHWORT VON KOYOHARU GOTOUGE

Hallo zusammen, Koyoharu Gotouge hier! Der dritte Band der Light Novel ist fertig. Vielen Dank an Aya Yajima! Mir sind bei den Illustrationen ständig Fehler unterlaufen, aber die Ninjas aus dem Dorf der Redakteure konnten sie mit ihren Fehler-Austreibungstechniken ausbügeln. Wie ich hörte, lesen auch viele Kinder die *Demon Slayer*-Light-Novel, und das freut mich sehr. Vielleicht schreckt die Textmenge einige auch ab, aber wenn man viele neue Wörter kennenlernt, ist das sehr praktisch, denn man kann sie später benutzen, um anderen die eigenen Gefühle mitzuteilen. Diese unglaubliche Welt ist voller Schriftzeichen und Wörter. Achtet auf eine ausgewogene Ernährung und lest Manga und Light Novel im richtigen Verhältnis!

Chin pui no pon!
Sim-sala-bim!
Kann nur ich nicht richtig fliegen?

NACHWORT

VON AYA YAJIMA

Gerade jetzt, da ich dieses Nachwort schreibe, ist die letzte Folge der Manga-Serie in der Zeitschrift Shonen Jump erschienen! Vielen Dank für Ihre wunderbare Arbeit, Koyoharu Gotouge! Alle 205 Kapitel habe ich wie ein Schulkind verschlungen, Woche für Woche. Vielen Dank, dass Sie trotz Ihrer unermesslich vielen Arbeit an der extrem populären Serie auch noch zwischendurch die Schriftleitung der Light Novel übernommen haben! Meine Freude an Ihren immer rührenden Umschlagbildern und den mal lustigen, mal traurigen, mal bezaubernden Illustrationen ist so grenzenlos wie meine Dankbarkeit. Ich liebe Ihre Illustrationen, Ihre Geschichten, Ihre Charaktere, Ihre Dialoge, die ganze Atmosphäre, die Ihr Werk verströmt, aus tiefstem Herzen.

Nakamoto von der Redaktion, vielen Dank für Ihre Hilfe. Es tut mir leid, dass ich oft so mutlos und besorgt war. Für Ihre Geduld bin ich unendlich dankbar. Weiterhin gilt mein herzlicher Dank allen in der j-BOOKS-Redaktion, die für mich insgeheim schon eine geistige Heimat geworden ist, Azai von Weekly Shonen Jump für die immer akkurate Redaktionsarbeit, Shiotani und Satou von NAHT books fürs Korrekturlesen, all den vielen Menschen, die auf die ein oder andere Art bei der Entstehung dieses Buches geholfen haben, und schließlich allen Lesern und Leserinnen!

KOYOHARU GOTOUGE

Hallo, hier ist Koyoharu Gotouge! Ich habe neulich einen Badminton-Partner gefunden und wir hatten viel Spaß zusammen. Allerdings schaffen wir nur zehn Ballwechsel, daher will ich mehr üben. Blanchierter Spinat ist lecker, nicht wahr? Ernährt euch ausgewogen und steigert eure Immunabwehr!

Aya Yajima

Auf dem Umschlagbild sind alle so entzückend, zum Dahinschmelzen! In Chibi-Form sind sie einfach zu süß! Auch die Illustrationen im Innern des Buches sind toll, bitte unbedingt anschauen!

DEMON SLAYER
DER WIND WEIST DEN WEG

von
Koyoharu Gotouge & Aya Yajima

1. Auflage, 2024
Deutsche Ausgabe/German Edition

Verlagsleitung: Andreas Mergenthaler & Luciana Bawidamann

Aus dem Japanischen von Burkhard Höfler

First published in Japan in 2020 by SHUEISHA Inc., Tokyo.
German translation rights in Germany, Austria and German-speaking Switzerland
arranged by SHUEISHA Inc. through VME PLB SAS, France.

Programmleitung: Alexandra Grimsehl
Redaktion & Lektorat: Markus Rohde
Lektorat: Andrea Bottlinger
Korrektorat: Peter Schild
Layout und Herstellung: Elke Epple
Satz: Rowan Rüster
Druck: GGP Media GmbH, Pößneck

Print-ISBN: 978-3-96433-889-1
E-Book-ISBN: 978-3-96433-888-4

www.manga-cult.de | Januar 2024